角川総一

完全制覇

なぜ日本の金利は常に米国より低いのか

全編語りおろし

131のステップで誰でもできる金利予想の教科書

ビジネス教育出版社

はじめに

「今でしょ」。こんな言葉がひと昔前に流行ったことがあります。ある有名予備校講師・林修さんがテレビコマーシャルのなかで言った「いつやるか？今でしょ」がそれです。これが爆発的な人気を呼び、2013年にはユーキャンの新語・流行語大賞で年間大賞を受賞した。

今、本書を刊行するに際し、多くの方に呼びかけたいのです。「金利を学ぶんだったら、今でしょ！」

世界的金利激動期が始まった

理由は2つあります。1つは、2022年の今、世界がかつて例を見ない金利激動期に入ったことです。すでに2021年から米国はじめ、世界のあらゆる国々で金利が急激に上がり始めています。過去に例を見ないピッチで上昇しているのです。

これは、世界全体の経済社会が急変していることを、何よりも雄弁に示しています。金利は、経済社会の変化を最も敏感にかぎ取り、動くのが常です。そして、物事は動いて初めてその本質が見えてくるもの。

だから、金利を学ぶなら今！

金利急上昇の直接の理由は世界的インフレです。コロナショックから回復しつつあるなかで需要が増えてきたところへ、ロシアのウクライナ侵攻が始まり、西側諸国がロシアからの原油・ガスの輸入を制限したため原油が不足。2021年初には1バーレル＝50ドル台だった原油価格は、2022年半ばには120ドル台まで急騰。さらには、世界の穀倉地帯といわれるウクライナからの小麦などの輸出が激減しました。これが世界的なインフレに火をつけのです。

その結果、2022年半ばのインフレ率は米国、EU、英国がいずれも9％前後と1980年代以来、40数年ぶりの高さにまで駆け上ったのです。

出典：各国中央銀行
国名のみは政策金利、10年は「10年国債利回り」

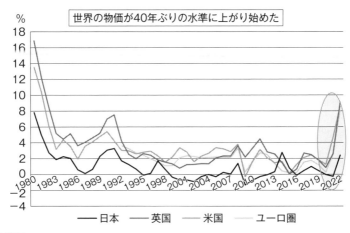

出典：IMF
いずれも消費者物価対前年比

　しかし、この世界的な物価高騰劇を見るとき、その背後にある経済のグローバル化の分断という、より本質的な構造変化に注目すべきです。過去50年にわたり着実に歩みを進めてきた経済のグローバル化。ヒト、モノ、カネの国境がどんどん取り払われたことで、世界全体で見ると、低コストで多くの製品が生産、それが効率的に流通・販売されることで、世界的に物価が抑制されていた。

しかし、米トランプ政権の誕生をきっかけに、米国は急速に自国利益優先の政策に転換、これにより対中関係は一気に悪化。とともに、各国ともに内向きの政策に急旋回したため、それまで着実に築かれてきた世界経済のサプライチェーンが崩れ始めたのです。それまで営々と築かれてきた効率的な生産・販売・流通システムが、棄損し始めたのです。生産、流通効率が低下すれば物価が上がるのは当然です。

　さらには、世界的に脱炭素への転換が進むなかで、石油会社が原油開発、関連設備維持のための投資を絞り込んでいました。このため、原油供給が停滞、価格が高騰したという事情もありました。

　実は2021年からの世界的な金利上昇の背景には、こうした世界経済の一大構造変化が横たわっているのです。そして（ここが大事なところなのですが）、こうした経済社会の地殻変動を最も敏感に反映するのが金利なのです。ほら、だから「今でしょ」。

　一方、2022年半ばではまだ、日本の金利は本格的に上がる兆しはありません。しかし、世界の動きは必ず日本にも波及します。つまり、日本も20年以上続いた超低金利時代からテイクオフ（浮上）する可能性が高いとみたほうがいい。

　では、20年以上も低金利が続いた日本で金利が上がればどうなるか？私たちの仕事は、日本の財政は、そして為替相場は、資産運用環境は？そして何より私たちの生活は？

　こんな今、金利に無知なまま、新しい時代を迎えるのは、まるで徒手空拳で得体のしれない怪物に挑むようなものです。

巷にはびこる金融に関する誤解、旧態依然たる金利常識の数々!!

　にもかかわらず、金利に関する多くの人の常識は誤解だらけであることに気づきます。また、今では通用しなくなった旧態依然たる常識にがんじがらめになっている人がほとんどです。

　実は、過去10数年間で金利に関する常識の多くがひっくり返ってしまった。ありていに言うと、人々がこれまで学んできた金利、さらには金融にか

かわる常識の多くが、通用しなくなってきたのです。

「金利を学ぶなら今でしょ」と私が考える2つ目の理由がこれです。具体例は枚挙にいとまがありません。

曰く「金利は短期の方が低いのがあたり前だ」「金利はすべて日本銀行が決めている」「単利運用よりも複利運用のほうが得だ」「マイナス金利の国債なんて誰も買わない」「金利を下げれば人は預金せず消費に向かう」「金利引下げは景気にプラス」「金融緩和とは日銀がお金をばらまくこと」。これらの「常識」の多くは通用しなくなってきたか、あるいは明らかに誤ったイメージなのです。

経済構造自体が10年、20年前とは様変わりなのに、金利について多くの方が抱いている常識はまったくリセットされていない。だからその「常識」では今の経済の現状が理解できない、だからチンプンカンプンなのですね。

以上のようなカッコつきの常識はなぜ間違いなのか、また現実の経済社会では通用しなくなってきたのか。本書ではそれらを丁寧に話していきます。

あらためて金利についての多くの書物を見渡してみると、古い常識にとどまった初級解説本か、一方ではそれなりの素養がなければ読みこなせない中級レベルの教科書しかないことに気づきます。「しかし多くの人は、わかりやすさは維持したまま、最新の現象をきちんと理解できるための金利についての新しい常識を求めているはず」。これが著者の思いです。

「時間」と「変化」がキーワード

今、少なくとも三角関数より金利を学ぶほうが100倍実用的な価値あり、です。統計学の手法を学ぶよりは、10倍の人が仕事で役立つことが実感できるはず。仕事だけじゃない。誰もが避けて通れない個人的なお金との付き合いを考えるうえでも、おおいに役立つのです。

お金は時間の経過とともにその価値は変化していく。増えたり減ったり。どんな比率で増えたり減ったりするかをいろんな角度から考えようっていうのが金利について学ぶということです。つまり「時間」と「変化」。この2つが金利を知るうえでのキーワードです。

金利の本質とその使い方が分かってくると、資産と負債からなる家計のバ

ランスシートの改善なんてアサメシ前です。さらには、保険料などの前納割引がどれだけ有効であるかがわかり、クレジットカードでのリボ払いの不注意な利用による損失を避けられる。

　また、金利と為替・物価の関係が理解できると、高利回りをアピールした外国債券に集中投資するファンドの危うさが見えてきます。あるいはちょっとしたコツさえ覚えれば、数か月先の金利の動きがおおよそ予測できるから、住宅ローンなどローン借り入れ時期を選ぶ上でも役立つのは当然です。

　ほら、三角関数や統計学よりも役立つでしょ。

「金利」を知らずに社会経済の因果関係はわかりっこない

　もちろん経済金融政策の基礎を知るには、金利がわからなければお話になりません。金利が経済社会でどんな機能を果たしているかの基本を知らなければ、経済社会で起きていることの因果関係がまるきりつかめない。金融の一番土台にあるのが金利だといってもいいくらいです。

　多くの人がイメージしているよりはるかに、金利が果たしている役割は大きいのですね。

　物価が上がれば必ず金利は上がり、米国金利が先に上がれば円安になる。そして日本のガソリンは上がり、家計は窮迫する。企業もコストアップを販売価格に転嫁しなくちゃやっていけない。また、米国の金利が上がってくると資源を持たない新興国の経済が手ひどい目に合うことを、我々は何度も経験してきた。さらには、金利が高い国の為替相場は中期的には下がるのはあたり前であることを知らなければ、国際分散投資などとてもできない。

　あるいは、金利がわずか１％上がるだけで、1000兆円の預貯金を持っている日本の家計の受取利息は、10兆円増える。10兆円といえば消費税の４％分。つまり、消費税が４％下がるくらいの経済効果があるのです。日本人口を１億人とすると１人あたり年に10万円利息が増えるってわけ。

　住宅ローン金利が１％上がればどうなるか。30年・3000万円の住宅ローン金利が２％から３％へ上がれば、毎月の返済額は11万6500円から12万7500円に１万円アップします。「月１万円強くらいなんだな」と思うかもしれないけど、支払い利息合計は396万円も増える。

また、国債を年に200兆円（いろんな国債全部で）くらい発行している日本政府が払うべき利子も２兆円増える。２兆円って言えば防衛費・文教費の半分弱だから、これは国の台所にとっても大きい。３年目には６兆円増える。たかが１％ではないのですね。

なぜ金利の話はイマイチピンとこないのか？

　しかし、多くの人にとり金利は経済・金融分野のなかでもとっつきにくい。残念ながらこれも否定できない。１つは金利を学ぶ過程では計算式がついて回るイメージがあることでしょうね。しかしこれは、２つの意味で必ずしも正しくない。

　１つは、金利の学習のうち金利計算は１割程度に過ぎないこと。計算より大事なことが山ほどあります。２つ目には、金利計算は、中学１年生の学力があれば100％の人が間違いなく理解できるということ。微分積分がわからず苦労したにもかかわらず、金利計算の本を何冊も書いている著者が言うのですから、間違いありません（笑）。

　もうひとつ。多くの人は金利にリアリティを感じられないこともある。たとえば「金利が0.5％上がった」といっても、それがどんな意味を持つのかがピンとこない人がほとんどでしょう。

　日経平均株価が「前日比245円高で２万8749円」ってテロップが流れる。多くの人は「ハハン、１％弱上がったんだな」って反応し、「日本の景気もまあまあいいんだ」とイメージできます。

　為替だったら「東京市場の終値は昨日に比べ１円20銭円高ドル安の１ドル＝109円85銭」とアナウンサーが読み上げる。これもわかりやすい。１％くらいドル安ってわかります。ドル建ての資産を持っている人は為替で0.5％くらい損した、ってイメージできる。また、円高だからトヨタの利益は減り、ガソリン価格はちょっぴり下がるというイメージかもしれません。

　そこへ行くと、金利についての情報にはリアリティを感じにくいのは多くの人の実感でしょうね。

　実は、金利の動きがニュースになるときはだいたい「10年国債の利回り」です。これは日本の金利でも海外の金利でも同じ。ただ、金利が動いたって

いう情報に接したときには、とりあえず３つイメージできればまず合格です。

　１つは、金利が上がったってことは値段が下がったってこと。金利と債券の価格は逆に動く。２つ目は、金利が上がっているということは景気も多少持ち直しているか、物価が上がっているだろうということ。

　そして３つ目は、10年債券だと0.1％利回りが動けば、値段は100円の額面に対して１円くらい、つまり１％くらい動いたってこと。つまり、さっきの例だと５％くらい値段が下がったってことです。この３つについては、本文で特に丁寧に話します。

全131ステップで入門前から中級レベルまでを一気に学ぶ

　本書は、金利についてはまったくの初心者でも気軽に取りかかれるよう、思い切って低いハードルから始めます。そして、全編を通じて終始、語りかけ口調で説明します。実況中継講義、といったイメージですね。また「ここではこんな疑問を起こす読者が多いだろうな」という箇所については、それに応える説明を挟んであります。

　本編だけで131ステップありますが、110ステップを超えるあたりからは、これからの金利の動きをどのように予想するか、金利を味方につけて家計を改善するためには具体的にどんな方法があるか、といったことまでわかるように工夫してあります。文字どおり、「入門前から中級レベルまで」というやや欲張った構成です。

〈本書の構成〉

　第１〜２章は金利の本質並びに様々な金利の種類、そして金利計算の初歩について過不足なく説明してあります。

　第３章からはそれを受け、金利を語るうえでは外せない債券の初歩を説明、続く第４章ではその債券につき、もう少し詳しい説明を試みることにします。

　第５〜６章では、金利の動きが経済社会でどんな役目を演じているかを、様々な観点から話していくことになります。その基本は、金利の動きと社会全体の動きが互いにどんな影響を与えながら動いているか、そのメカニズムを丁寧にたどることになります。ここでは特に、旧来の常識に対して、最新

の新しい常識を続けて説明してあることに留意してください。多くの方は「これほど常識が変わってきたのか」と驚かれるはずです。

　第7章は金利の世界の中核に位置する金融市場の内容、そして日銀の役割について丁寧に説明しておきました。

　続く第8章では、現代の経済社会のあちこちに隠れている金利の存在を取り出し、金利をより広い観点から考えるためのテーマをいくつか取り上げてあります。世界が米国金利の上昇を恐れる理由や、日本の財政と金利の問題などに切り込んでいきます。

　第9章以降は第8章までの説明を踏み台にして、金利の動きを予想するための基本的な考え方、そしてそれを実践するためのいくつかの具体的なスキルについて説明します。とともに、金利の考え方をうまく使えば、家計の現状をどのように改善できるかについて説明します。第9章は基本編、第10章は実践編です。

　最後に付録を2つ。

　1つは金利計算の基礎になる財務係数の考え方、具体的な利用法を数式とともに、それに基づき計算された財務係数表を掲載しておきました。

　2つ目には、リアルタイムの金利動向、時系列データなどが自由に閲覧できる厳選インターネットサイト情報を掲載してあります。金利の学習を教科書上だけで完結させるのではなく、時々刻々動いている金利の動きをチェックすることで、その知識を応用していただくためのものです。いずれも無料で利用できる公開情報です。サイトのURL並びにQRコード、情報の内容、必要に応じてその利用法についても記しておきました。

　長い前書きを最後までお読みいただき、ありがとうございます。では引き続き本文を…。

　2022年7月吉日

　　　　　　　　　　　金融データシステム代表　角川総一記す

第3章 〈基礎編〉
ちょっと債券なんですけど **その1** ···················· 95

第1章

ここから始める新時代の金利へのアプローチ

金利のことがわかればどうなるの？金利を勉強しても、金融とは関係ない仕事には役立たないんじゃない、って思っている人がいると思う。でも違うんだ

ちょっとイメージできないわ。日常生活で金利なんか意識しないし

大雑把に言って2つあるんだけど、ここではまず、そのうちの1つね。今、世界で何が起こってるか。その最先端の動きをキャッチする感覚が確実に身につくんだ。なぜかっていうとね…

　たとえば2021年3月ごろから、ある金利の動きを見てれば、その後、米国や日本の株がもたつくことや、ドル高・円安がガンガン進むこと、さらには日本のガソリン価格が上がると予想できた。で実際、そうなった。

　ある金利っていったけど、実は米国の10年国債の利回りなんだ。これが2021年3月ごろから上がっていた。一般のニュースではあまり報道されなかったけどね。

　テレビの定時ニュースなんかでは、NYダウと日経平均、それに円相場ぐらいしか報道しないものね。でもちょっとモノがわかった人だったら、アメリカの10年国債の利回りはチェックしている。

　そして、それが動けば何が起こるかっていうイメージもちゃんと持っている。これが1％くらいだったのがどんどん上がって、2022年半ばには3％まで上がっていったんだ。

　それに連れて日米の株は下がり、ドル高・円安が進み、日本のガソリン価

格が上がっていることに多くの人が気づいた。金の価格が下がっていることもね。でもこれは、金利の初歩がわかっていればあらかじめ予想されたことなんだ。

機体の状況を表す各種計器盤

　突拍子もないイメージなんだけど、僕たちが生活している経済社会がジェット飛行機だとしようか。外部環境は変化の連続だ。高度も変われば風向きも変わる。温度も、気圧も変化している。これらの変化を教えてくれるのが各種の計器盤だ。

　実は、そのうち最も重要な計器が米国の10年の金利データなんだ。金利はたとえていうと、高度計のようなものかな。高度センサーだね。今のように低金利ってことは超低空飛行、つまり経済のエネルギーが低いので、低空飛行してるってことだ。株や円相場のメーターを見てる人は多いけど、金利をチェックしてる人は少ないよね。

　株とか円相場も、経済社会の動きを反映するセンサーってことはわかるだろう。ジェット機にたとえると、株は機体の仰角や俯角を表すといったイメージかな。円相場はさしずめ、外気の気圧に相当すると言ってもいいかもしれない。

　これらの計器盤を見ていないってことは、今自分が乗っている経済社会っていうジェット機が、どれだけ順調に運航しているかに目をつぶっているようなものなんだ（この項つづく）。

たとえば、まじめに株式投資をしている人だったら、金利の動きは必ずチェックしている。日経平均を毎日見ている人やFXをしている人なら、米国の国債利回りはチェックしているはずです。もし見ていないならモグリだって言ってもいいくらいだ。

　さっきちょっと触れたけど、2021年3月、米国10年国債の利回りが急上昇した。1％から1.7％まで上がったんだ。あ、国債っていうのは、国が銀行や個人などからお金を調達するために発行する借用証書のようなもんだ。そして毎日、売り買いされている。

　そのときについた利回りが、金利のなかでも最も大事な金利なんだ。詳しくは第3章で話すけど、今のところはそのくらいの予備知識があれば十分だ。

　さて、「そんな国債の利回りが上がったことで何がわかるの？」そんな声が聞こえてきそうだ。結論から言うとね、アメリカの金融政策の方向が変わるらしいってピンとくるんだ。そこで、市場ではちょっとしたパニックになった。

株安・円安そしてガソリン高

　実際そのころから、日米の株は調子がおかしくなった。それに遅れて、2022年からは円安が一気に進んだ。グラフでもわかるけど、特に2022年になってから金利の上げピッチが速くなり、株価とドル円相場が急変している。

　それだけじゃない。日本でもガソリン価格はどんどん上がっていった。金利が上がり始めた2021年2月には1リッター135円くらいだったのが、その後2022年初めには170円まで上がった。

　念のために言っておくが、この時点ではまだロシアのウクライナ侵攻は始まっていなかったのでその影響は受けていない。

図表1-2-1　米10年債とNYダウと米10年債とドル円相場

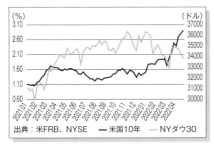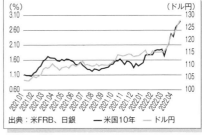

図表1-2-2　米金利上昇とともに上がるガソリン価格

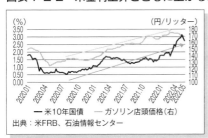

　つまり金利を見ていれば、これからの経済・社会の変化についてのイメージを持てるんだ。逆に言うと、金利を見てなきゃわからないことはとても多いってことだ。

　社会経済を巡るシナリオの、イロハのイくらいはイメージできるんだね。米国の金利が上がってきたので当面、株はちょっとやばいかもしれないとか、円相場が下がるかもしれないな、っていうこと以外にも色々ある。

　お金を上手にコントロールしていく上で、住宅ローン借入れや、不動産投資や金、株式への投資タイミングの取り方についてのいくつものヒントがもらえるんだ。また、日本銀行の金融政策を読むうえでとても大事なヒントを与えてくれる。

　もちろんそのためには、金利が景気や株価や円相場、金や不動産価格等とどんな関係があるかの基本がわかっている必要がある。

　金利の動きについての基本がひととおりわかれば、今まで暗闇を手探りで歩いていたのが、うっすら光がさして、自分の行く方向がぼんやりとでも見えてくるようなイメージだ。暗闇の中を歩きたくはないよね。

金利って言うと金利計算をイメージする人が多いよね

うん。私なんか、金利には計算がついて回るっていうイメージしかないんだけど…

いや、それは金利のごく一部に過ぎないんだ。それより、そもそもなぜ金利が動くのか、金利が動いたら私たちの生活や仕事にどんな影響があるのかとか。さらに、金利を使いこなせばどんな風にうまくお金の「使う、貯める、投資」ができるかの方がはるかに大事なんだ

　たしかに金利の1つのテーマとして、金利・利回り計算もある。しかし、それはごく一部に過ぎない。また、金利計算のほとんど9割方は、小学3〜4年生で習ったはずの算数、つまり「＋－×÷」の四則演算と初歩の分数だけでOKなんだ。

　恥を忍んで言うけどね。僕は、微積分あたりで数学がほぼわからなくなった口なんだ。にもかかわらず、1980年ごろ、債券や預金、各種ローンなどの金利計算の実務についての本を自費出版したんだけど、思いのほか売れ行きが良かった。
　日銀本店内にある本屋さんに置かせてもらったら、1週間に50冊も売れたことを覚えている。これはうれしい誤算だった。今から思うと、とても初歩的な本だったんだけど、この種の啓蒙書がそのころはなかったんだね。
　でもね、金利を学ぶには金利計算以外の方がずっと大事なんだ。さっきもちょっと話し始めたけど、金利が急に上がったとするね。そうすると、まず物価が上がってきたのかなとか、株は一時的にせよ下がる可能性が高いなっ

ていうイメージが自然に浮かんでくる。金利が動く基本原理がわかっていればね。

また、米国の金利が上がったらどんな影響があるかについても、いつかの具体的なイメージが持てるんだ。原則から言うと、米国金利が上がればドル高・円安になるのはあたり前だ。それから、ドル高になると一時的にせよ金価格や不動産価格は下がるかもしれないな、ってわかる。

またドル高だと、海外で運用されている投資信託の運用成績が上がるってこともわかる。

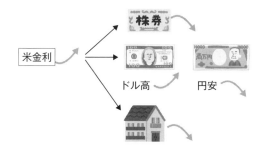

一変した金利についての常識

それと、もう1つ強調しておきたいことがある。それは、これまであたり前だと思われていた金利の常識が、通用しなくなってきたことなんだ。これまでの常識で説明できないことが、次から次へと起きている。

詳しくは2章以降で話すけど、たとえばマイナス金利政策と言って金利の一部がマイナスになったり、低金利はむしろ景気にはマイナスだっていう考え方が有力になってきたり、金利を下げても物価は上がらなくなってきたりとかね。

これまでの常識では考えられなかったことばかりだ。今までは、金利はマイナスになるはずないとか、金利を下げると物価も上がって景気が良くなるっていうのが常識だったんだからね。

そんなことも含めて、経済社会で金利が果たしている役割を学ぶと、社会経済全体のことから家計のヤリクリまで、いろんな場面で役に立つ。もちろん簡単な金利の計算も含めてね。

「手なづければ忠実な家来、敵に回せば手ごわい」

=金利がわかれば経済がわかる！生活が変わる！ その4 =

 金利ってのは手なづければ忠実な家来、敵に回せば手ごわい、って言われる。どういうことか？金利をうまく利用すれば、家計を改善するために様々な手立てがとれるんだ。逆に、金利に無知な状態だと、とんでもない損をする

それはぜひ聞きたいわ

 そうだね。金利の基礎を学ぶと、世の中全体の景気や株価などがわかるだけじゃなく、ローンを利用するときや保険料など月々の支払いをするときに役立つ

　最初に気づいていてほしいのが、これから預貯金は実質的に目減りする可能性がとても高い、ってことだ。これは第9章で詳しく話すけど、一言でいうと、少なくとも日本では今の低金利が長引き、円安が進むなかで、物価がさらに上がっていきそうなんだ。

　つまり、物価の上がるピッチに預貯金の金利が付いていけない。預貯金が事実上目減りするんだ。だったら、何とかしなくっちゃ、ってことになるよね。こんなときでも、金利の基本がわかっていれば打てる手がいくつもある。

金利のワザを使ってローン返済、債務の一括前納

　たとえば、多少なりともお金に余裕があれば、ローンを優先的に返済することが、今のような低金利時代にはとても有効だ。

　かいつまんで言っておこうか。利率が2％の住宅ローンを返すってことは、家計全体で見ると2％でお金を運用しているのと同じだ。それもまったくノーリスクでね。

　ほら、マイナスを減らすってことは [−]×[−]＝[＋] だものね。これは

企業財務なんかにとってみれば、ごくごく初歩的なテクニックなんだ。こんなところで算数が役に立つんだよね。

　あるいは、ローンの返済方法の1つにリボ払いってのがあるけど、この方法でお金を返している人のうち多くが、ローン地獄に陥る。どんな仕組みで返せなくなってしまうのか。これなんかも、金利の初歩とお金の返済方法の基本がわかっていれば、絶対避けられるんだ。

　また、毎月決まって支払わなければならない保険料やNHKの受信料なんかは、前もって一括で払うと割引かれるので、相当高い金利でお金を運用しているのと同じ効果があることもわかってくる。これらのテーマは第10章で詳しく話すからね。

　今のような預貯金がほとんどゼロっていう時代なのに、こんな方法を使うと実質的には2％とか3％でお金を運用すると同じ効果があるんだよね。お金の運用といえば、多少なりともリスクがついて回ると思うかもしれないけれど、こんな方法だとリスクはまったくない。

　つまり、金利を巡る初歩的な知識が身につけば、生活の面でもいろいろ得をすることが少なくないんだ。このような金利との上手な付き合い方については、第10章で話すことになるので楽しみにね。

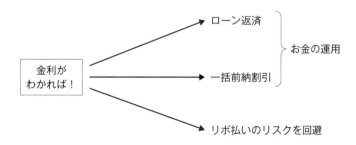

05 金利とはお金の生産性＝投資尺度である
＝金利は7つの顔を持つ その1 ＝

 まずは、金利は少なくとも7つの顔を持つっていう話から始めようか

 なんだか七色仮面みたいね

 そうだ。これから学ぼうとすることについては、最初に、全体のイメージを大雑把に把握しておくといい。これから探検するところの地図のようなイメージだね

1 一定の元手が年にどれだけの付加価値を生むか

　金利とか利回りっていえば、多くの人は「元手があってそれが1年間にどれだけの利息を生むか、その比率のこと」、っていうだろうね。預貯金なんかのイメージだ

　言い換えると、お金自身が働いてくれて、一定期間にどれだけ儲けてくれるかの比率だ。100万円を預けると1年後に103万円になったのなら、利回りは3％って表現される。

　100万円が自分で働いてくれて年に3万円の収益を稼いでくれた、といってもいいよね。だったらこれは預貯金だけではなく、株式投資でも投資信託でも、賃貸用不動産の運用でも使える。

2 会社の資産がどれだけ効率的に使われたか

　もう少し一般的な言い方もできる。会社がお金や原材料や機械などの設備、そして労働力をつぎ込んで1年間でどれだけの収益を稼いだか、っていうのも金利の考え方なんだ。原材料や設備、そして労働力はお金に換算できるからね。

　A社が1億円の元手を分けて年に1億1,000万円の価値のある製品・サービスを生産・販売すれば、1,000万円が利益だ。1億円からみれば10%だ。このとき「利益率は10%」という。つまり利益率も、金利、利回りの一種だ。どれだけ効率的にモノを生産したか、という経営効率を比べることができる。

　実際、資産をどの程度有効に使ったかという尺度として、ROA（総資産利益率）なんて指標が使われるが、これも広い意味での金利だと言っていい。

3　借り手の信用を表現するもの

　金利って、お金を借りようとする人の信用度を表すっていう言い方もできる。

　同じ100万円のお金を近所のS信用金庫から借りようとしても、結構儲かっている焼き肉店だったら0.9%で借りられるけど、学校の前にある最近さびれてきた文房具屋さんだったら、1.2%でなければ借りられないなんてことがあたり前にある。

　つまり、社会経済的に信用がある人が借りるときには金利は低いけど、あんまり儲かっていない人だと、高い金利でなければ借りられない。逆に言うと、借入金利をみればその人がどの程度の経済的な信用を持っているかがわかるんだ。

4　ローンで買うときの実質的な購入価格を左右する

　住宅など高額な買い物をするとき、特に問題になるのがこれだ。たとえば、同じ4,000万円の戸建て住宅を買うときでも、ローン金利いかんで実質的にその購入価格が大きく変わってくる。

　「えっ？」と言われるかもしれないけど、たとえば1%の金利でローンを借りたら、最終的に5,000万円の返済で済んだけど、2.5%の金利だと総支払額は6,000万円ってイメージだ。つまり、実際の出費額がローン金利いかんで想像以上に変わってくる。

　これって、言ってみればその戸建て住宅を安く買えたのか、それとも高い値段で買わざるを得なかったのか、という問題だ。金利が変わるってことは、実質的な購入価格が変わったと同じ意味を持つんだね（この項つづく）。

06 金利は景気の体温計である
＝金利は７つの顔を持つ その2 ＝

七色仮面の話をつづけるね（笑）。ここでは、マクロ経済、つまり経済社会全体のなかで、金利がどんな役割を演じているか、っていう観点から見てみよう

ちょっと教科書的なお話になるのね？

そういわれればそのとおりだね（笑）。でもこれがわかると仕事だけじゃなく、株式や為替での資産運用で役立つよ

5　お金の流れを変える力を持つ

　今ほとんどの経済活動ではお金が行き来している。つまり流れている。このとき、金利はお金の流れを変える大事な仕掛けだ。

　銀行から住宅ローンを借りようとして１％だったら借りるけど、10％だとほとんどの人は借りるのを躊躇するね。つまり、ローン金利が上がれば銀行から個人にお金が流れなくなる。

　海外の金利が高ければ、海外の債券への投資が膨らむ。つまりお金が海外に流れる。そうすると、円が売られてドルが買われるので円安になる。円安になると、海外からの輸入品の値段が上がる。たとえば原油や穀物、鉄鉱石などだね。そして、これらを原材料として使っている多くのメーカーはコストが上がるからそれで収益は圧迫される。あるいは、そのコストを売値に転嫁すると小売価格は上がり、消費者の懐は寂しくなる。

　このような金利が持つ力を利用しているのが中央銀行なんだ。日銀は、金利を自在にコントロールする権限がある。そこで、金利を上げ下げして、お金の流れをコントロールし、経済活動を誘導しているんだ。

金利は七色仮面である
❶ 一定の元手が年にどれだけの付加価値を生むか
❷ 会社が資産をどれだけ効率的に使っているか
❸ 借り手の信用を表現する
❹ ローンで買うときの実質的な購入価格を左右する
❺ お金の流れを変える力を持つ
❻ 景気の体温計
❼ 今のお金と将来のお金の交換比率を示す

6　景気の体温計

　金利は景気の良しあしを反映する。ということは、金利の水準、その動きを見ていれば、景気がいいか悪いかが判断できるんだ。

　直感的にわかると思うけど、今、日本の景気は相当悪い。賃金も上がらないし、税金や社会保険料などが上がる一方で平均的な人々の暮らしも苦しい。そして金利はとても低い。

　でもむかし高度経済成長期って言われた1960〜70年代には、預金金利なんか平気で6％や8％はあった。賃金も毎年5％、10％上がっていった。

　海外を見渡しても、たとえばアメリカや中国は日本よりは景気はいい。とともに金利も高い。経済が成長しているかどうかっていうのと、金利が高いか低いかっていうのは、とても密接な関係を持っているんだね。

　つまり、金利を見ればその経済社会の景気、成長率がわかる。飛行機にたとえてみると、日本のように景気があまりよくなく「低空飛行」しているってことは、金利も低いってイメージだ。

7　今のお金と将来のお金の交換比率を示す

　ここで「はい、金利には以上6つの顔があります」と言って終わってもいいんだけど、これじゃ、ちょっとモノのわかった人に叱られる。「一番肝心の説明がないじゃないか」ってね。それがこれだ。

　多くの教科書でも、金利っていえば「異時点における通貨の交換条件である」なんて定義していることが多い。確かにそのとおりなんだけど、これじゃわからないよね。項を改めてきちんと説明しておこう。

07 金利とは「今のお金」と「将来のお金」の交換条件である

=これが教科書的な定義=

 金利とは、将来のお金と現在のお金の交換条件だ。といってもわかりにくいよね？『今の100万円を放棄して1年後の110万円を手に入れる』ってイメージだ。預貯金なんかがこれだね。ほら、1年後の110万円を今の100万円と交換しているんだよね。このとき金利は10％って表現する

 うん、時間をまたいだ交換ね。その差が金利なんだ

 そうそう。それを比率で示したものが金利だ

　金利っていうとまず思い浮かぶのが預貯金だね。つまり「100万円預けたら1年後に110万円になった」というイメージだ。こんなとき、金利は10％だ、っていうのはわかるね。

　これは図にあるように、Aさんの側から見た場合だ。Bさんから見ると逆になるね。「今100万円を借りて、1年後に110万円を返す」っていうことだ。

交換＝貸し借りである

　つまり、AさんとBさんは『今の100万円』と『1年先の110万円』とを交換しているんだ。このとき「金利は10％」という。今の100万円の10％にあたる10万円が利息として上乗せされ、1年後には110万円になっている、っていう意味だ。

　つまり、金利が高いってことは今のお金と将来のお金の差が大きい。現在のように金利がとても低いときには、その差はほとんどない。つまりほとんど利息は払わなくていいよ、っていうわけだ。

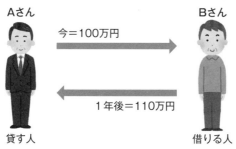

〈お金の貸し借りとは今と将来を交換すること〉

Aさん　　　　　　　　　　　　Bさん

今＝100万円

1年後＝110万円

貸す人　　　　　　　　　　　借りる人

　ここで「交換」っていう言葉を使ったけれど、「貸し借り」といった方が分かりやすいかな。同じことなんだけどね。今の100万円を手に入れる代わり、1年先の110万円を相手に払うBさんは「100万円を借りる人」だ。逆に、今の100万円を差し出す代わりに、1年先に110万円を受け取るAさんは「100万円を貸す人」だ。

　身近な例だと、Aさんは銀行に預金する人で、Bさんはお金を借りる側の銀行だね。

　マネーをはじめいろんな分野での評論のほか小説なんかも書いている橘玲っていう人は、面白い言い方をしている。金利とは「将来のお金を現在に運ぶためのタイムマシーンの利用料金」ってね。さすがに小説家だ。

　こんな風にいえば、金利、利回りが少しは見えてきたかい？いずれしても、今の経済はお金の貸し借りがなければ成り立たない。4,000万円の自宅が欲しいが、そのお金を貯めてから買おうとしたら、65歳になっていた。で、その家に住めたのは亡くなる75歳までの10年間だけだったというんじゃあ、お話にならないよね。

　また、アイディア、能力があるけどお金がない人がお金を借りる仕組みがなければ、スティーブ・ジョブスのアップルコンピュータだって、ビル・ゲイツのマイクロソフトだって、あるいはソニーだってホンダだってなかったかもしれない。つまり、スマホもパソコンも小型バイクも、まだこの世にはなかったかもしれないんだ。

「金利とは交換条件である」。これが金利の定義としては本丸なんだけど、実は経済の一番根っこのところにあるのが交換だ。売り買いも貸し借りもよーく考えれば、みんな交換だよね

そう言われてみるとそうね。すべての経済活動の原点にあるのが交換なんだ

そう、レンタカーなどの貸し借りだってそうだよ。時間を区切って車を使う権利そのものを、お金と交換しているともいえるよね

　普段は意識しないけど、世の中の経済活動はみんな交換なんだ。働くってことは労働力と賃金の交換だ。会社勤めでも自営業でも同じことだね。そこで手にしたお金を使ってスーパーで野菜や雑貨・日用品を買うのだって交換だ。アパートで毎月賃貸料を払うのだって、お金とそのアパートの使用権の交換だからね。

　つまり、あらゆる経済活動の基礎にあるのが交換なんだ。逆に言ってもいいよ。交換を伴わない経済活動ってあるだろうか？ってね。

　電気を使う。これもお金と電気（エネルギー）の交換。教育、理容、介護などの各種サービスも同じ。誰かが提供してくれる労働力とお金との交換なんだ。拡大解釈すると、税金を納めるのも税金といろんな公共サービスを政府との間で交換しているんだと言えなくもない。

　金融の分野でも同じだ。株を買うとはお金と株券の交換。そしてその株券には「①利益の配分を受ける、②企業経営に参加する、③財産が余ったらそ

れを分配してもらう」という権利がついている。つまりこれらの権利とお金を交換しているんだね。

　もちろん、外国為替取引もそう。円をドルに換え、あるいは米国債の売却で手に入れたドルを円に交換する。お金を別のお金と交換している人だ。

交換＝売り買いである

　ところで交換は「何かを売って何かを買う」と言い換えられる。トマトを買うとは、お金を売ってトマトを買う。お金を売るっていう表現はちょっと変だけど、相手に譲り渡すということだから、これは手放すことであり、売るってことだ。

　買うとは手に入れること。何かを手放して何かを手に入れる。何かを手放さなければ、別の何かは手に入らない。こう考えると交換って人生そのものだね。

　株を買うとはお金を手放して、株券を手に入れること。ドルを買うとは、円を手放してドルを手に入れることだ。ギブ・アンド・テイクだよね。

「売り買い」「貸し借り」＝「交換」

図表1-8　すべての経済は交換である

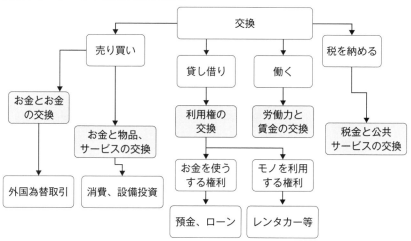

09 お金と信用を交換するのが 貸し借りの本質だ
＝金融とは信用供与である＝

 さて、お金の貸し借りは実はお金と相手の信用を交換している、って言うこともできるんだ

 はあ、信用ですか？そりゃ、相手を信用しなければ貸し借りは成り立たないわね

 うん。さっき、金利はその人の信用度って言った。ということは、金利はお金と相手の信用を交換するときの条件だって言うこともできるんだ

　すでに話したように、金利とは現在のお金と将来のお金の交換条件を示すものだよね。「今の100万円」と「1年先の110万円」を、AさんとBさんが交換するって話はさっきした。

　お金の借り手Bさんは「今の100万円を手に入れ」、「1年先の110万円を手放す」。貸し手のAさんは逆。「今の100万円を手放し」、「1年先の101万円を手に入れる」。経済では「異時点における貨幣の交換」なんてむずかしい言い方をする。それにしても、なぜ、こんな面倒な表現をするんだろうね（笑）

　「今の100万円」が「1年先の110万円」と交換されたときには「金利は10％」となる。正確に言うと「年利10％」だ。

　さらに進むね。今の100万円は目に見える現象だよね。でも「1年先の101万円」は所詮、約束事にすぎない。借り手であるBさんが「今100万円を借りるけれど、1年先には110万円返すよ」というときの「1年先の110万円」というのは、よく考えれば実体がない。

じゃあ、何なんだってことだけど、実は、借り手Bさんの信用なんだよね。ここまでは「今の100万円」と「1年先の110万円」が交換されるって言ってたけど、見方を変えると「今の100万円」と「1年先にBさんがAさんに110万円を返済する」という約束＝信用が交換されている、ともいえるんだね。

信用供与＝信用してお金を貸す

「必ず110万円を返すから信用してね」と、BさんはAさんに言う。そしてAさんは「はい、君を信用するよ」っていうわけだ。これを経済では信用供与っていう。AさんはBさんを信用してお金を貸してたんだけど、このときAさんはBさんに信用を与えた＝供与したってわけだ。

だから、経済の世界では金融のことを信用と呼ぶこともある。JAバンクなどの農林系統金融機関では金融事業のことを「信用事業」って言ったりする。

〈お金の貸し借りとはお金と信用を交換すること〉

Aさん　　　　　　　　　　　　　　　　Bさん

今＝100万円 →

1年後＝110万円 ←

貸す人　　　　　　　　　　　　　　　借りる人

Aさんから言うと、Bさんに信用を供与する（＝信用する）とともに、今、100万円を貸す、っていうわけだ。

だからこそ、Bさんがどれだけ信用できるかによって、この交換条件＝金利は変わってくる。信用度が低い人からは高い金利を取らなければ割に合わない、って言うのは直感的にわかるよね。

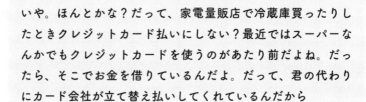

人生にお金の貸し借りは付き物だ、って言ったらどう思う？

でも私なんかふだん、お金の貸し借りなんてしていないわよ

いや。ほんとかな？だって、家電量販店で冷蔵庫買ったりしたときクレジットカード払いにしない？最近ではスーパーなんかでもクレジットカードを使うのがあたり前だよね。だったら、そこでお金を借りているんだよ。だって、君の代わりにカード会社が立て替え払いしてくれているんだから

　クレジットカード払いなんか、れっきとしたお金の貸し借りだよ。だってクレジットカード払いでモノを買うと、カード会社が君に代わってその店にお金を払っているんだから。

　そして、その支払い分を改めて君に請求して、君が届けて出てある銀行口座から引き落とされるって仕組みだ。つまり、君は一時的にカード会社からお金を借りているともいえるんだ。

　もっとも、お金を借りてるって言っても、1回払いなんかのときには別に手数料や利息を払うわけじゃない。カード会社は、君の代わりにお金を払った手数料相当分を、支払った先の店から徴収している。日本ではこれが大体2〜3％くらいだ。これ、海外の国に比べてとても高いって問題になることがあるけど、まあそれは別の話だ。

　だから、ほら、ガソリンスタンドなどでは、現金払いのほうが安いのが普通だ。リッターあたり1円か2円安いところが多い。これは、君が現金で払うんだったら、ガソリンスタンドはクレジットカード払いのときのように、カード会社に手数料を払わなくても済む。だから、その分だけ安くするよ、ってことなんだ。

　まだあるよ。銀行や郵便局にお金を預けていない人はいないよね。お金を預けるってことは、そもそも、お金を貸しているってことだ。当面使わないから、「どうぞ使ってね、その代わり利息をもらうし、公共料金引き落とし決済とか年金受け取りなんかもしておいてね」っていうわけだ。

　そのほかにもある。君は年金保険料を毎月払っているよね。「払っている」って言うけど、実際には「預けている」といった方が正しい。「払う」っていうのはその見返りに何かを買ったり、サービスの提供を受けたりしてそれでつじつまが合っている。

　しかし、年金というのは厚生年金でも国民年金でも同じだけど、これは年金運用を仕事にしている基金（ファンド）にお金を預けているんだ。つまり運用してもらっている。だから、老年になれば老齢年金として受け取れるし、障害を負えば障害年金を受け取れる。

　つまり「払っている」というより「預けている」といった方が実態に近いんだ。

年金基金（ファンド）

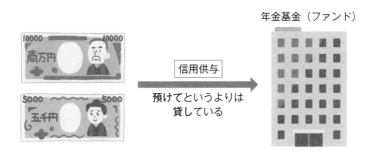

信用供与
預けてというよりは
貸している

　税金にもそんな側面があるって言うと、ちょっと拡大解釈が過ぎるかな？これも、税として納めたお金の一部は、ごみ集め、道路の維持管理、公立学校などの教育、図書館など公共施設の利用など様々な公共サービスとして返ってくるんだからね。あるいは、市役所や町村役場に勤めている人の給与として使われている。

　「税金を払っている」というより「税金として預けている」という側面があるんだ。預けたお金だから、その分、いろんな公共サービスとして自分たちに返ってくるのはあたり前なんだね。

金利がゼロでも日本景気が浮上しない不思議！
＝これまでの金利の常識をリセットする＝

ここでちょっと寄り道するね。なんで今、金利なのか？っていう話をしようと思うんだ。今、2022年だけど、金利の話を多くの人に届けたいのには理由がある。私たちがこれまで習ってきた金利についての常識が、ことごとくひっくり返ってきているんだ

たとえば預金金利が事実上ゼロだかとか？

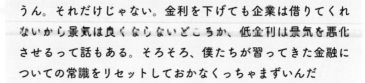

うん。それだけじゃない。金利を下げても企業は借りてくれないから景気は良くならないどころか、低金利は景気を悪化させるって話もある。そろそろ、僕たちが習ってきた金融についての常識をリセットしておかなくっちゃまずいんだ

　実は、僕たちが習ってきた経済常識が、あちこちでほころび始めてきている。金利についての常識もそうだ。

　今、小中学校で習う金利にまつわるテーマだと、日銀が金利を下げれば景気は良くなる、なんてのがあるよね。金利を下げると、銀行が企業などに貸す金利が下がり、企業は積極的に借りる。そして、コストが低くなったお金をじゃんじゃん事業に振り向ける。機械設備を買い、店舗を増やし、人を多く雇って生産を増やし、売り上げを増やし、そして利益も増える。

　こんなストーリーを習った人は多いはずだ。しかし、日本では預金などほとんど金利がゼロという時代が20年以上も続いているのに、景気が良くなる兆しはほとんどない。

　2013年から2021年まで続いた第二次安倍政権でも、ほとんどゼロだった預貯金金利はさらに下がったけど、結局、この間景気はほとんどよくならなかった。ちょっと専門的な言葉を使うと、この8年間の経済成長率は年平

均でわずか0.1％だったんだ。賃金もほとんど上がらない。すでに平均賃金で韓国にも抜かれているっていうニュースにびっくりした人も多かったはずだ。

　なぜだろう？不思議だよね。金利がほぼゼロなんだから、景気が良くなり賃金もモット上がるはずだった。でも現実はまったく違う。こんなことは従来は想定できなかったんだ。

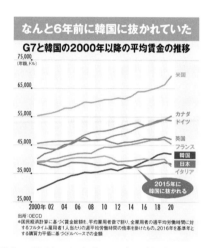

出典：ダイヤモンドオンライン（2021/8/12）

　ほかにもあるよ。金利はゼロだとかマイナスになることはない、っていうのが常識だった。だって、僕たちが習ってきた常識だと、お金を貸すってことは、その間お金を使えないわけだから、その代わりに利息をもらうのがあたり前、っていうことだった。

　でも、今は銀行間でお金の貸し借りをするにしても、一部の金利はマイナスだ。国がお金を集めるために発行している借金証書のような国債でも、利回りは一時マイナスになった。つまり、マイナスの利回りでもお金を貸す人がいるとか、マイナス利回りの金融商品を買う人がいるんだ。にわかに信じられないよね。でもそれが現実なんだ。（⇒第7章で詳しく話します）。

　ということは、現実の経済の動きをちゃんと理解しようと思ったら、金利についての古い常識をいったんリセットしておく必要がある。そうじゃなきゃ、今、世の中で何が起きているかがチンプンカンプンになるんだ。

12 金利は魚群である
＝金利がすべて同方向に動く理由 その1 ＝

金利はとっつきにくいと思っている人が多いと思う。その理由を考えてみようか。株式や為替だと銘柄、相手の通貨によって上がったり下がったりバラバラだ。トヨタ自動車株は上がったけどソニー株は下がったとかね。円はドルに対しては上げたけど、対ユーロでは下がったとかね

そりゃ当然よね。会社の業績や国ごとの景気は違うんだから

そう。でも金利はそうじゃない。金利にはいろんな種類があるけど、基本的には同じ方向で動く。金利によって上がったり下がったりなんてことはほとんどない。このあたりがわかりにくいのかもしれないね

　株式や為替だと会社により、また相手通貨によって動きはバラバラだけど、金利はほとんど同じ方向で動く。預金金利が上がるときにはローン金利も上がるし、債券の利回りなんかも上がっている。日銀が決める政策金利も上がっている。

　あ、政策金利って突然出てきたけど簡単に説明しておくね。銀行同士がお互いに短期のお金の貸し借りをしているときにつく金利なんだけど、日銀はいろんな手段でこれを巧妙にコントロールしている。詳しくは第7章で図入りで詳しく説明するけどね。

　ほら、同じ種類の魚がターンしたり、一気に上昇あるいは旋回したりするときには、ほぼ一斉に同じように動くよね。金利はちょうどこんなイメージなんだ。

　さらに、よく見ているとわかるんだけど、先頭の魚が一瞬早く動き、ほか

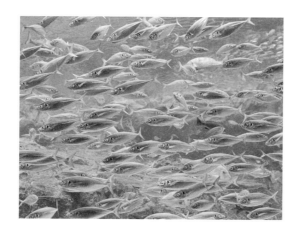

の大多数の魚がそれに追随するよね。金利もそうなんだ。

最初に動くのが10年国債利回り

　ここではまだ詳しい説明はしないけど、イの一番に動く金利は政府が発行する10年の国債利回りだ。これが先行する格好で長期住宅ローン金利が続き、やや遅れて、政策金利が動き、さらにほかの金利、たとえば預貯金金利や企業向けの短期貸出金利やカードローン金利なんかが追随していくんだ。

　なぜ金利は同じ方向で動くかって？かいつまんで話しておこうか。国債の利回りが上がったとする。そのとき、預金金利がそのままだと、一方的に国債の利回りが有利になるから、多くの人は預金を解約して、国債にお金を振り向けるだろう。

　これじゃあ、銀行は困る。だから国債の利回りが上がれば、それに応じて、預金金利も引き上げなければならない。

　また、銀行にとっては集めた預金をもとに、企業などに貸し出している。そのとき、預金金利が上がれば貸出金利も上げなければ、銀行は利益が確保できない。だから結局、貸出金利も上がるってわけだ。こうして金利は連動して動くんだ（この項つづく）。

13 人はそれを金利体系という
＝金利がすべて同方向に動く理由 その2 ＝

　さっき話したのはほんの一例だけど、いろんな金利の間にはある種の力学が働いている。このため、金利の位置関係は全体としてみると一定の体系を作っている。網の目のように、いろんな金利が互いの関係を維持しながら動いているんだね。それで全体としてのバランスをとっている。平衡状態にあるんだ。こんなのを金利体系っていう。

　同じ1年定期預金であっても、三菱UFJ銀行とみずほ銀行の金利は、ほぼ同じだ。これは、預金金利は銀行の業績とは関係ないところで決まっているからだ。三菱UFJ銀行の業績が飛び抜けて良くなれば株価は上がるけど、預金金利や貸出金利には影響ない。あたり前だね。「満期になって預金が返って来ないリスクはどちらの銀行でもほぼゼロ」だと皆が信じているからだ。であれば、同じ1年定期だったらどのメガバンクでも金利はほとんど同じなのが合理的だよね。

安全性、期間が同じ＝金利も同じ

　期間3年の預金が2％で、3年国債の利回りが5％ってこともあり得ない。どちらもほぼ確実に元本と利子が回収できるのに、こんなに金利差があれば、誰も預金しない。つまり、安全性が同じで期間が同じだったら、預金と国債の金利もほぼ同じであるのが自然だ。

　また1年定期が1％だったら「2年定期は1.2％くらいが妥当かな」っていう水準がある。つまり1年定期のチョット上で2年定期の利率は決まるのが普通。ということは、1年定期が動けば2年定期もほぼ同じ方向で動くってわけだ。

　また、銀行の預金金利より貸出金利が高いのはあたり前だ。でなければ銀行業務が成り立たない。だから、同じメガバンクだったら、貸出金利も大体同じ水準で決まっている。銀行の業績にはほとんど関係ない。

図表1-13　一定の秩序のなかで連動して動く金利＝金利体系イメージ

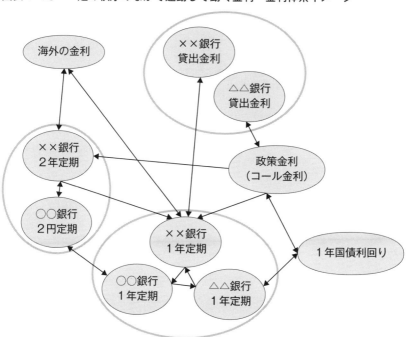

　あるいは、海外の金利が上がれば、それにつれて日本の金利も上がるのが基本だ。金利が高い海外にお金が逃げていけば困るので、それを防ぐためには国内の金利もある程度上げざるを得ない。つまり、金利はいろんなしがらみのなかで、大体同じように動くのが原則なんだ。

　そこへ行くと、株式なんかは企業の業績を反映するのが基本だから、業績がバラバラなら株価の動きもバラバラだ。トヨタは「前期比24％の増益」で日産が「10％減益」なんてことはあたり前にある。こんなとき、トヨタの配当は増加するけど、日産の配当は減る可能性が高いよね。だったら、日産株は売られて安くなり、トヨタ株は買われて上がる。業績いかんで株価が逆に動くのはあたり前だ。

　為替もそうだよ。ユーロの景気が悪くって米国の景気がよければ、ユーロが下がって米ドルは上がる。つまり、ユーロの対円相場は下がるけど、米ドルは円に対して上がるのが原則だ。バラバラに動かないとおかしい。

＜頭の体操＞「＋10％」「－10％」・・・ 10年目にはいくらになっている？

金利にまつわるテーマでは、直感を裏切ることがままある。そんな一例をここで紹介しておこう。

株式投資で大事なのが、前期に比べて企業利益が増えたか減ったかだ。じゃあこれから、1年ごとに10％の増益、10％の減益、10％の増益、っていうように推移していったら、この会社の10年後の利益はどうなっていると思う？

「う〜ん。直感で言うと今と変わらない」。そう思うよね。

実際に計算してみればいいだけのことだ。計算式は次のとおりだよね。

$$1.1 \times 0.9 \times 1.1 \times 0.9 \times 1.1 \times 0.9 \times 1.1 \times 0.9 \times 1.1 \times 0.9 \cdots \cdots \cdots$$
$$= (1.1^5) \times (0.9^5) = 0.95099 \cdots$$

アレアレ。10年後には利益は5％減少しているんだよね。なぜかな？

これは最初の1.1＊0.9だけを考えてもわかることだよ。

つまり1年目には10％増え、2年目には10％減ったんだ。さて1年目に増えた10％のもとになる金額と、2年目の10％減少する基準になる金額とではどちらが大きい？　当然2年目の10％減少の計算の基準となる金額のほうが大きいよね。

だって最初は100の10％分が増え、2年目には110に対して10％減るんだ。ということは、増減幅でみれば、1年目の増益幅より、2年目の減益幅のほうが大きい。つまり、すでに2年目の利益は当初スタート時の利益を下回っているってわけだね。

これを繰り返せば、利益はどんどん減少していくに決まっている。

第**2**章

〈実務編〉
金利、はじめの一歩

01 お金の運用３ケース・どれが一番効率的だった？
＝元本、期間、元利合計、金利の関係＝

さて、いよいよここからは、金利についての具体的な話をしていくよ。まずは金利って考え方に慣れれば、どんなときに役立つのかを知ってもらおうかな

そうね。できるだけ具体的な方がいいな。そして計算式はできるだけ少ない方がいいんだけど

ようし。じゃあね、どこにでも転がっているケースで考えてみようか

　いきなりだけど、次の３つのうち、一番効率的にうまくお金を運用したのはどれかね？

〈三者三様のお金の運用〉
Aさん：利率２％の２年定期預金に預けて満期になった
Bさん：10万円で買った投資信託が３年間で5,000円の分配金がつき、３年後に10万100円で売れた
Cさん：１グラム7,000円で買った金が４年後に7,840円で売れた

　これ、条件がバラバラだね。AさんとCさんは運用した金額はわからない。また、運用した期間も３人ともバラバラだ。これじゃ、比較できないよ、と思うよね。
　でも、ここで考えてもらいたいのは「どれが一番効率が良かったか」っていうことだ。結果的にだけど、誰が一番有利につまり効率的にお金を運用したかってことなんだね。

　さあ、こんなときには、「元手になるお金が1年につきどれだけの利益をあげたか」を基準に測れば簡単だね。これを示すのが金利なんだ。「お金」に「利子」が付くって言ってもいいし、「お金」が「利益」を生む、って言ってもいい。こんなとき、1年あたりの利子が元本に対して何%かを計算すればいいだけだね。

　Aさんは2%という利率が明らかだから簡単だ。Bさんの利益は、5,000円プラス100円の5,100円だから、1年あたりでは1,700円だ。Cさんの利益は840円で1年あたりでは210円だね。

　すると、次のようになる。

〈運用年利回りを計算する〉

$$金利 = \frac{1年あたりの利益}{元手} \times 100 \ (\%)$$

Aさん：　　2％

Bさん：　　$\dfrac{1,700円}{10万円} \times 100\% = 1.7\%$

Cさん：　　$\dfrac{210円}{7,000円} \times 100\% = 3.0\%$

　結局このケースでは、Cさんが一番上手にお金を運用した、つまり増やした、っていうことになる。もっともさっき言ったように、金額とか期間の違いとかはまったく考えないという前提条件だけどね。

　こんな風に考えれば、どんなお金の運用でも、それがどれだけうまくいったのかがすぐわかる。

　もちろん、お金を借りるときでも同じことだ。1年あたりどのくらいの率で利息を取られていたかがわかれば、その巧拙が簡単に比較できるってわけだ。

インカムとキャピタルのバランスで
金融商品の安定性は決まる
＝金融資産の収益には２種類あり＝

 どれだけうまくお金が運用できたか、っていう尺度が金利だってことはわかったよね。そのとき、対象となる商品、資産からどんなふうに収益が生まれるか、が大事だ。実は２種類ある。金（きん）と預金をイメージしてみるとわかるんだけど

 あ、そうか。金は持っていても利子はないけど、預金は定期的に利子がもらえる

 そう、でも金は値上がりするけど、預金は値上がりしない

　投資対象の金融資産がどの程度、収益が安定しているかを考えるとき大事なのが、利子がつくかどうか、それ自体の価値が上がったり下がったりするかだ。これインカムゲインとキャピタルゲイン（ならびにロス）っていう。インカム（income）は、所得とか収入っていう意味だ。キャピタル（copital）は資本だね。

　預貯金は利息が付く。ただし、預金本体の値段が上がったり下がったりすることはない。こんなのを利子収益（インカムゲイン）だけの資産っていう。

　逆に、金（きん）は持っているだけでは一切利息は付かない。金に投資して得られる収益は、値上がり益だけだね。これをキャピタルゲインと呼ぶ。もっとも値下がりすることもある。これがキャピタルロスだ。つまり値上がり益・値下がり損だね。

　お金の運用手段として使われる資産にはいろいろあるけど、煎じ詰めれば、その収益がどんなふうに生まれるかは、基本的にこの２種類だけなんだ。

　株式は両方あるね。原則として毎年配当金が手に入るし、株価自体も上がり下がりする。債券はどうかな。これも定期的に利子が手に入るし、債券自体の価格も毎日のように動いている。

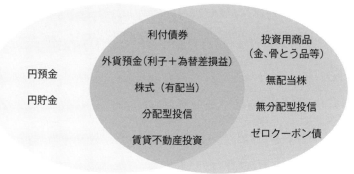

図表2-2　インカムゲインとキャピタルゲイン・ロス

インカムゲインの世界　　　**キャピタルゲイン・ロスの世界**

円預金

円貯金

利付債券

外貨預金（利子＋為替差損益）

株式（有配当）

分配型投信

賃貸不動産投資

投資用商品
（金、骨とう品等）

無配当株

無分配型投信

ゼロクーポン債

　ただし、株式でも業績が悪くて配当がないものもあるし、債券でも途中で利子の支払いがないというゼロクーポン債という例外もある。こんなのはキャピタルゲイン・ロスだけの商品だ。

　投資信託も同じだ。株式や債券運用で得た収益から、定期的に分配金が支払われるし、その１口あたりの価値（基準価額＝株価のようなもの）も上がり下がりする。ただ、途中で分配がない無分配タイプものもある。賃貸アパート経営などの不動産投資も似たようなもんだね。賃貸料が定期的に手に入るほか、物件自体の価値も動いている。

　つまり、預貯金と金（きん）を両極に置くと、運用対象になる資産のほとんどは、インカムゲインとキャピタルゲイン・ロスの２つの要素を併せ持っているんだ。

　一般にはインカムゲインだけの資産は収益が安定しているが、キャピタルゲイン・ロスだけの資産は不安定だ。これはわかるよね。

　次に大事なのは、この両方の要素を持っている資産では、それらのバランスがどうか、っていうことだ。つまり、インカムとキャピタルのバランスだね。

　たとえば株式でも、多くの配当を毎年コンスタントに払っている銘柄は、インカムゲインの比率が高いので、収益は相対的に安定している。あるいは投資信託でも、株式が多く債券の組入れが少ないファンドは、結果的に株価の変動から受ける影響が大きいので収益は相対的に不安定だ。

「わかりにくいときには分ける」。これがモノを知るための方法の１つだ。金利といっても様々だ。預貯金金利や住宅ローンやカードローンなどのローン金利、企業が借りるときの金利、そして国がお金を集めるときに発行する国債の利回りなどだね。これらの金利全体をいくつかの切り口で整理してみると、全体が見通せる

そう、全体像がわかるってわけね

うん。ここでいくつかの代表的な切り口を上げておこう

「金利・利率・利子・利息・利回り（年利回り・年利）・表面利率・利子率…」

金利っていう言葉には類語が多い。ここで簡単に交通整理をしておくことにしよう。

金利…もっとも一般に用いられる言葉だね。これ以降で取り上げる用語は全部「金利」っていう言葉で呼んでも間違いじゃない。

利率…預金など個別の金融商品について用いられることが多い。「２年定期預金の利率は…」といったように。

利子・利息…金利と同じ文脈で使われることが多い。ただし、預貯金については古くから郵便局（ゆうちょ銀行）では利子、民間の銀行では利息と呼ぶのが慣行になっている。

利回り…これも金利とほぼ同じ意味で用いられるが、あえて言えば、一定の金利・利率である期間運用された結果、１年あたりの収益が元本にたいしてどのくらいであるかを示すもの。１年あたりで示さ

れたものは年利回り、略して年利と呼ばれることもある。

表面利率…債券に固有の用語。額面100円あたり年にいくらの利子が払
　　　われるかを示すものだ。つまり、債券の券面の表面金額に対し
　　　て表面利率をかけたものが実際の利子として払われる。クーポ
　　　ンとも呼ばれる。詳細は第3章債券のところで。

利子率…学者、専門家はえてして難しい言葉を使いたがるが、これは金利
　　　とか利率と同じだとみて差し支えない。「利子率の水準を勘案す
　　　れば…」なんて言ったりする。

　さて、ここからは金利の種類を思いつくままにあげていってみよう。

❶短期・長期

　お金の貸し借りに伴い金利をやり取りする契約の有効期間がこれ。期間1
年を境に、それ以下は短期、1年超は長期と呼ぶのが一般的。ただ、債券の
世界では2年未満が短期、2〜6年未満が中期、6年〜10年未満が長期、
10年超を超長期と呼ぶ。

❷固定・変動

　契約期間中に利率が変わらないのが固定金利、一定のルールによって変わ
るのが変動金利。ルールっていうのは、世の中の金融情勢や金利が変われば
それに応じて変更されるっていうこと。住宅ローン金利なんかはわかりやす
い。住宅ローンを組むときにはまず、固定にするか変動金利にするかを決め
る必要がある。

❸単利・複利

　利息を計算するときに「当初元本×利率」として計算するのが単利、途中
で利息が付いて元本が増えていれば、その増えた元本を基準に利率をかけて
利息が計算されるのが複利だ。単利ではどこまで行っても利息は一定だけど、
複利では計算の基準になる元本がどんどん膨れ上がっていくから、利息もど
んどん増えていく。雪だるまだね。

　以上いずれもここではきちんとわからなくもOKだよ。この章の05項から
順に説明していくからね（この項つづく）。

利率/年平均利回り/表面利率/名目金利/実質金利/日歩/月利/年利
＝金利を分類する　その2＝

❹利回り・割引率

9万円借りて1年後に10万円返した。このとき、9万円が1年に1万円の利益を生んだと考え11.11％って表現するのが利回り、その1万円の利益は10万円の10％と考えるのが割引率だね。何を基準にして利益の額を計算するかってことで変わってくる。

❺年利率・年平均利回り

元本に対して1年あたりいくらの利息が付くかを示すのが年利率、複利で運用して一定期間後に得られた元利合計金額から1年あたり平均の利息を計算し、それが元本に対してどれだけの比率であるかを示すのが年平均利回り。

❻利率・表面利率

預金など預けられた元本に対して、利息がいくら付くかを示すのが利率。一方、債券では額面金額に対していくらの利子が支払われるかが示される。これが表面利率。

96万円で額面100万円の債券を買ったとき、表面利率5％といえば、1年に受け取る利子は5万円（100万円×5％）。でも預金で利率5％だったら、96万円に対して5％だから利息は4.8万円だ。この違いは大事だよ。

❼名目金利・実質金利

物価の動きをまったく考慮しない表向きの（名目上の）金利が名目金利。これに対し、実質金利とは、物価上昇率を考慮したうえで算出される実質的な金利のこと。名目金利が3％でも、3％分の利子をもらったときに、物価が2％上がっていれば、その利子の価値は実質的には1％分増えたに過ぎない。つまり実質金利は1％だ。

❽日歩・月利・年利

一般には元本が1年につきどれだけの利息を生むのかで、金利は表わされる。年利回り（略して年利）がこれ。しかし、なかには1日あたり、あるいは1カ月あたりの利息が元本にたいしてどの程度であるかで金利が示される

〈一言で金利といっても…〉
❶短期・長期
❷固定・変動
❸単利・複利
❹利回り・割引率
❺年利率・年平均利回り
❻利率・表面利率
❼名目金利・実質金利
❽日歩・月利・年利
❾規制金利・自由金利
❿約定金利・実効金利
⓫国内金利・海外金利

こともある。1日あたりの金利は日歩、1カ月あたりで示されたのは月利と呼ぶ。これは、金利の種類というより表現方法といった方がいい。

❾規制金利・自由金利

法律の規制を受けている金利が規制金利、取引当事者が自由に決めることができるのが自由金利。カードローンなどの消費者ローンなんかは、上限が決まっているから規制金利。多くの預貯金や債券の金利は自由金利だ。

❿約定金利と実効金利

銀行などの貸出金利につき、この2つの用語が区別されて使われることがある。約定（やくじょう）金利とは、文字どおり、約束によって定めた金利。契約上の金利だといっていい。しかし銀行は、貸出金の一部を預金として一定の残高を積んでおくことを企業などに要請することが多い。この場合、貸出金利より預金金利の方が低いため、企業の側から見ると実質的な借入コストは約定金利を超える。こうした事情を考慮したうえで算出される貸出金利が実効金利。

⓫国内金利・海外金利

国内の金融市場で取引された結果ついた金利が国内金利。海外市場でついた金利が海外金利。国内の銀行が、海外の市場でお金の貸し借りをしたような場合は海外金利になる。

05 3年定期の利息の付き方には 2種類あるって?

＝単利と複利の違い＝

一番利用されている定期預金っていえば、銀行のスーパー定期だろうね。でも知らない人も多いんだけど、3年以上の定期を組もうとするときには必ず、単利にしますか複利にしますかって聞かれる。つまり選ばなくちゃならない。説明書には「3年以上の定期預金を個人が利用するときには複利を選択可能」って書いてある

えー。そんなの知らなかったわ。そもそも今は金利が低いし、しかも普通預金も定期もほとんど金利は変わらないから、定期は利用していないんだけどね

たしかにそんな人が多いだろうね。ただ、こんなルールになっていることは知っておいていい

金利の最初の説明で取り上げたいのが、単利と複利の違いなんだ。今は預金の種類に関係なくほとんど金利は横一線だし、しかもコンマ以下のゴミみたいな金利しかついていないから、この違いは実感できないんだけど、やはり基本なので押さえておきたい。

単利は単純、複利は複雑、っていいたくなるけど、ちょっと真面目に話しておくね。

今の金利はあまりに低すぎてわかりにくいので、ここでは3年定期で年利率は景気よく12%だって考えよう。

預金利息が付くのは年2回だ。つまり半年ごと。100万円を3年目の満期まで預けるとするね。このとき、単利コースだと図表1のようになる。つまり、半年ごとに12%の半分の6%分の利息が受け取れる。つまり6万円

単利と複利（3年の場合）

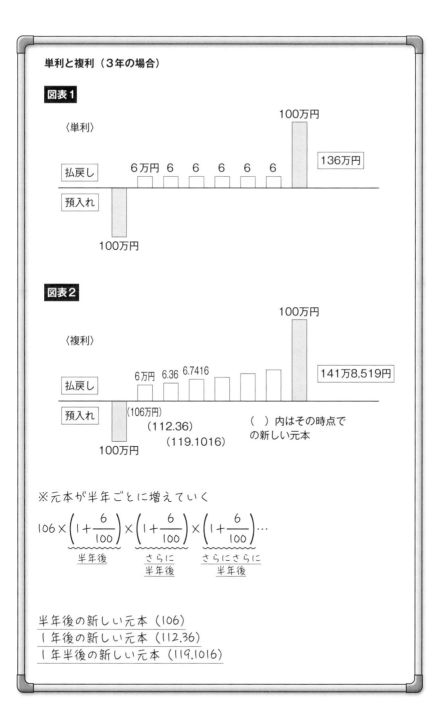

図表1

〈単利〉

払戻し　6万円　6　6　6　6　6　　136万円

預入れ

100万円

100万円

図表2

〈複利〉

払戻し　6万円　6.36　6.7416　　　　141万8,519円

預入れ

（106万円）

（112.36）

（119.1016）

100万円

100万円

（　）内はその時点での新しい元本

※元本が半年ごとに増えていく

$$106 \times \left(1 + \frac{6}{100}\right) \times \left(1 + \frac{6}{100}\right) \times \left(1 + \frac{6}{100}\right) \cdots$$

半年後　　さらに半年後　　さらにさらに半年後

半年後の新しい元本（106）
1年後の新しい元本（112.36）
1年半後の新しい元本（119.1016）

だ。

　ここでは、税金は考えないでおこう。この利息は変わらない。つまり、３年間で36万円の利息を手に入れる。もちろん、満期のときには100万円の元本が戻ってくるから、最終的には136万円を手にするってことだ。これは簡単だね。

　じゃあ次は複利だ。図表２だね。１回目の利息は６万円。これは単利のときと同じだ。でも、２回目の利息は６万円じゃない。預けてから半年後に受け取っていた６万円を最初の元本である100万円に足せば、この時点で預けてあるお金は106万円になっている。つまり２回目の利息は、この106万円を基準に計算されるんだね。だから２回目の利息は106万円の６％分だから6.36万円だ。

雪だるま式に増えていく

　じゃあ３回目の利息はどうなるか？２回目の利息を受け取った時点で銀行に預けているお金は全部で112.36万円になっている。だから、これを元手と考えて、これに対して６％分の利息が付く。つまり３回目の利息は6.7416万円だ。

　こんな風に、利息が付くたびにその利息込みのお金を基準に、その次の利息が計算される。つまり、利息込みの元本が新しい元本とみなされたうえで次の利息が計算されるんだ。複利は雪だるま式っていうのがわかるよね。

　そうすると、３年後の満期のときには、141万8,519円（未満切り捨て）になっている。単利のときには136万円だ。複利コースの方がトクな気がするよね。

　ウン？「気がする？」

06 「単利より複利が有利」は 間違いである！
＝異なった前提では比較できない＝

こんな風に説明すると、同じ期間、利率の定期だったら単利より複利の方が得だって思う人が多いだろうね

だって、３年後には複利の方が多くのお金が返ってくるんだから得じゃないの？

本当にそう思うかい？でもそれ、ちょっとおかしくないかなあ。だって、単利だと半年ごとに３万円もらえて、それを引き出して使えるんだよ。でも、複利コースを選んだときには、引き出せないし使えない。言ってみれば、利息は人質にとられているようなものなんだから

　同じ相手が提供してくれるサービスで、期間などが同じなのに、利用方法により一方的に有利とか不利といったことはほとんどないよ。定期預金の単利コースと複利コースも同じだ。同じ土俵上で単純に有利、不利を比較することはできないんだ。

　だって、単利だと半年ごとに利息の３万円を引き出せるけど、複利コースだとそれができない。引き出せない分だけ利息計算では有利なだけだ。つまり、どんなふうにその預金を利用するかによって、コースを選択すべきなんだよね。
　ただ、３年未満の定期だと、複利コースはないことは知っておいた方がいいよ。単利だけしか選べないことになっている。これは、預金者から見てちょっとどうかなと思うんだけどね。
　２年定期を利用する人のなかにも、途中の利息は引き出さないから複利コースで多くの利息を手にしたいって人はいるはずだ。でもスーパー定期の２

年ものには複利コースはない。理由はわからないけど、そういう仕組みになっている。

　3年定期で単利コースを選んだときには、利息は定期口座ではなく普通預金口座に入金される。しかし複利コースだと、利息も定期預金口座の中で処理されるんだ。

半年複利・1カ月複利・1年複利

　それから、複利についてはもう1つ大事なことがある。前項では定期預金を例にとって、利息は半年ごとに払われるというケースを取り上げた。実際、現実にある多くの金融商品は債券も含め、ほとんどは年2回の利子なんだけど、それ以外に1カ月複利とか1年複利っていうのもある。つまり、利子がどんなインターバルで払われるかっていうことだね。

　たとえば、証券会社等が扱っている投資信託の一種でMRFってのがある。これ、「マネー　リザーブ　ファンド」っていう投資信託の一種なんだけど。つまり、何かの準備資金として使うためのものだね。証券会社の普通預金口座っていえばイメージとしてわかりやすいかな。

　株式を売ったとき、そのお金を振り込んでもらったり、株式を買うときにはこの口座から必要な購入資金を引き落としてもらうっていう風に使う。確実に利子が払われる短期の金融資産だけで運用されており、ほとんどリスクを取っていないので、元本割れはまずない。

　これなんかは、1カ月ごとに利息が付いて複利運用されるんだ。つまり1カ月ごとに利息がついて、その利息込みの新しい元本が基準になって次の月末に利息が付く。

　また、銀行の定期預金でも期日指定定期預金っていうのがある。満期を1日刻みで自由に設定できるので、こんな名前がついているんだけど、これなんかは1年ごとに複利運用される。つまり1年複利運用なんだ。

　つまり複利には、半年複利だけじゃなくって1カ月複利とか1年複利っていうのもあるんだね。

07 1年複利より半年複利が有利なわけ
＝複利効果の測り方＝

単利と複利の違いのあらかたはわかってもらったと思うけど、ここで複利効果の話をしておくね

つまり…単利よりどれだけ有利かっていう問題ね

まあ、一応そういうことだ。単利の場合に比べお金の増え方がどれだけ速いかっていうテーマだ。これは３つのテーマに分けて説明できる。さっきは利息が付くタイミングの違いがあるってことを話したけど、利率の高さなんかでも複利効果は違うんだ。

　単利で運用したときに比べ、複利運用のときにはお金の増え方はどんなふうに違うか。これを複利運用効果ってよぶ。ここで大事なことは３つだ。１つ目はさっき話した利息が付くタイミングの違いによるもの。２つ目は利率が違えばどうなるかっていう問題だ。さらに３つ目は、期間が違えばどうかっていうことも話しておこう。

　ここでは、この３つのテーマを一気に説明するね。利率は年６％のほか、３％、９％のときも考えてみよう。そのうえで、期間も１年から20年までで計算してみよう。

　複利で運用したときの基本計算式は❶～❸だ。そしてまず、利率６％で運用したとき元利合計がどうなるかをグラフにしておいたよ（図表2-7-1）。わかりやすいように元本は１としてある。

〈半年複利・1カ月複利・1年複利〉

n…年数

❶半年複利：元利合計 $= \left(1 + \dfrac{年利率 \div 2}{100}\right)^{n \times 2}$

たとえば年利率6％で3年後の元利合計は

$\left(1 + \dfrac{6 \div 2}{100}\right)^{3 \times 2}$ となる

❷1カ月複利 $= \left(1 + \dfrac{年利率 \div 12}{100}\right)^{n \times 12}$

❸1年複利： $= \left(1 + \dfrac{年利率}{100}\right)^{n}$

とくに説明しなくてもこの図表2 7 1で次の3つのことがわかるよね。

❶利息が払われるタイミングが短いほど複利効果は高い（1カ月複利
　が一番有利）
❷期間が長くなるにしたがい複利効果は高くなる

　じゃあ次に、運用利率を変えてみようか。3％と9％の場合を計算したら
どうなるか。ここではいずれも1年複利だ（図表2-7-1）。ほら、利率が高
いほうが、複利効果が高いことがわかるよね。

図表2-7-1　1カ月、半年、1年複利の複利効果を測る

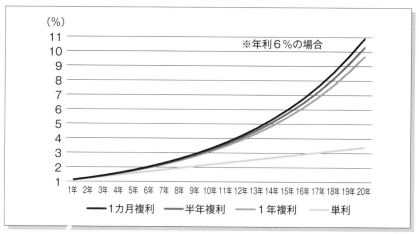

図表2-7-2　3％、6％、9％の複利効果を測る

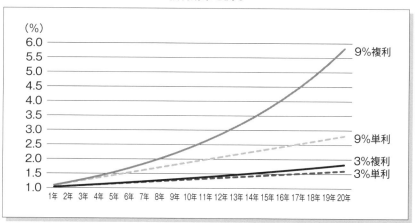

08 誰でも自然に複利で運用している

＝長期運用の基本は複利＝

少なくとも日本ではまだ金利は低い。でも、これから金利が上がるのは間違いない。だから、この複利運用効果の原則は知っておいていいよ。なかでも特に大事なのが時間だ。お金の運用では「時間を味方につける」なんて言い方がある

つまり、積立をするのでもできるだけ若いときから始めなさいっていうわけね

そうだ。ちょっと極端なんだけど、コロンブスがアメリカ大陸を発見した1492年に1セントを頂金して平均して年利6％で運用していたら、今ごろアメリカ全土を買い占めることができた、なんて話がある

　期間が長くなれば、とんでもない複利効果が得られることについてのエピソードは実に多い。コロンブスの話もそうだけど、日本では頓智で知られる一休さんの話が有名だ。あるとき、殿様が日ごろの一休さんの働きに目をとめ、「そちの欲しいものをなんでも与えてつかわせるぞ」と言ったという話が伝わっている。

　そこで一休さん、頓智を利かしたんだね。「この部屋の畳の隅の一隅に最初の日は1粒のコメを、そして次の日には次の畳目にその2倍の2粒を、その次にはさらにその2倍の4粒を。こんな風に30日目に積まれた米俵をいただきたくございます」とね。殿様は「何のそれしきのことか。たやすいことじゃ」とでも言ったんだろうね。

　そして実際に15日目を過ぎたころから、殿様はあっけにとられたんだ。何と、この調子で米粒を積み上げていったら部屋に入らないくらいの米俵に

なることがわかったんだ。そこで「参った」となったっていう。

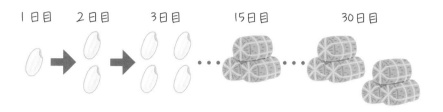

これなど、時間がどれだけ大事かってことを教えてくれているんだ。

さて、実際のお金の運用でもそうだ。長期でお金の運用を考えるときには複利で、というのが基本だ。

なんとなく金融商品には単利型と複利型があるようなイメージがあるけど、実際には長期でみると、私たちは意識しなくてもごく自然に複利でお金を運用している。

だって、最初１年定期に預け、金利が高くなってきたのでその払戻金を全額２年定期に預けて満期を迎えた。そして、それを今度は株式投信に投資して３年後に換金っていうときには、全体を通してみるとこれ複利で運用したことになるよね。

つまり、単利か複利かっていうのは、個別の金融商品について回る性格のモノっていうよりも、どんなふうにそれを利用するかっていうことなんだ。それと、長期でお金を運用しているときには、ごく自然に複利運用しているんだってことだ。

利息→孫利息→ひ孫利息→玄孫利息…

孫利息って聞いたことないかな？たぶん多くの人は、「利息がさらに利息を生むっていうやつでしょ」とイメージしていると思う。

この章で複利の説明をするとき、利息が支払われるごとにそれが元本に加えられ、それが新しい元本になって利息を生む、って説明した。利息の増え方図（その１）だね。

このように、複利のイメージっていえば「複利って雪だるま式に増えていく」と説明されることが多い。それはそれでいいんだけど、これは利息が払

われるごとに元本全体が膨らんでいくっていう考え方だね。

　でも、この利息が利息を生むという視点で見ると、ちょっと違った説明もできるんだ。利息の増え方図（その２）で示したからわかるんだけど、元本は当初元本でいつまでも変わらず、新しく手に入れた利息がどんどん利息を生むっていうように考えてもいいんだ。雪だるま式じゃなくって、ネズミざん（算）だね。

図表2-08　雪だるま式とねずみ算式（複利の増え方）

複利の増え方図（その１）＝雪だるま式＝

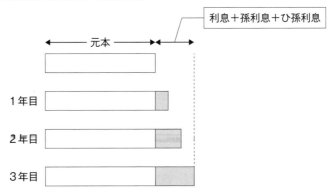

複利の増え方図（その２）＝ねずみ算式＝

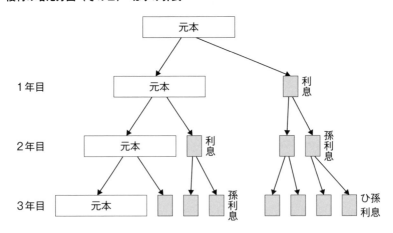

　これは結局同じことなんだけど、ここでちょっと気づいてほしいことがある。それはね、雪だるま式で複利運用をイメージしているときには、ほとんど無意識に元本も利息も同じ金利で運用されていることを前提としている。元本から利息が生まれるときの金利と、利息がさらに利息を生むときの金利が同じだっていう前提に立っているんだね。

単利商品を複利運用商品に仕立て上げる？

　でも、ねずみ算だとこんな風には考えられないかい。

　途中で受け取る利子は自分で運用するってね。そうするとたとえば、100万円を利率６％の３年定期に預けたとして、半年ごとに受け取る３万円を自分で、利率８％で運用するってことも可能だ。つまり、当初元本から得られる利息を、別の金利で再運用すればいい、ってことになる。

　こんな風に考えると、たとえばスーパー定期預金の３年物で、単利方式を選んだときでも、別の普通預金口座に入金された利息を自分で運用すればいいだけのことだ。

　こうすれば、全体として複利で運用していることになる。もっとも、今のような超低金利の時代には現実には無理だけどね。

　つまり、前にもどこかで話したように、複利運用って言うのは個別商品ごとに備わっている性格というよりは、自分自身でどのようにマネーをコントロールしていくかっていう問題なんだね。

世の中の金利には固定と変動ってのがある。途中で金利が変わることはないか、それとも一定のルールで変わるか、っていう問題だ。多くの預貯金は固定金利だ。これに対して、たとえば10年個人向け国債は半年ごとに利率が変わる変動金利だ。じゃあ、どっちがリスクが高いだろうね

そりゃ、変動型でしょ。途中でどんなふうに変わるか、前もって予測できないんだから。そこへ行くと固定は決まっているから安心でしょ

そうかな？気持ちはわかるんだけどね。でも本当は固定、つまり決まっている方がリスクが高いともいえるんだ

　最初にこんなイメージを持ってもらおうか。強風が吹いたとき柳と普通の木、例えばケヤキでもいいけど、どちらが強いだろうね？風向きに合わせて樹枝が揺れる柳の方が強いよね。幹枝が動かないケヤキの方がもろい。

　強風が吹いて柳は「へん、おいらへっちゃらさ」、ケヤキは「う〜ん。もうぽきりと折れそうだ。助けてくれ！！」ってね。

　一般的に言うと、周りの変化に合わせて自分も変化するっていう柔軟性を持っていた方が強靭だ。生物学の世界でも力の強い種じゃなく、変化に対応できた種が生き残ってきた、っていう考え方が今では主流だよ。

　たとえば、固定金利の代表である定額貯金を考えるね。３年以上預けたときの利率が今だと、0.002％だ。これに預けたのはいいけど、たとえば３年先になって新規に預けるときの利率が３％に上がっていたとする。こんなときでも、定額貯金につく利子はあくまで0.002％だ。こんなとき「金利が決

まっているからリスクはない」って言えるだろうか？

　一方、10年の個人向け国債は変動金利だ。半年ごとにそのときどきの経済・金融状況によって金利が変動する。たとえば、最初に買ったときには利率が0.05％だとしても、3年後には一般の金利もすべて上がっていて、3％になっていたとしようか。こんなとき、この変動金利国債の利率もたとえば3％に上がる。つまり利子が増えるんだね。

　こんな風に考えると、金利が固定しているよりも自在に変動する方がリスクは少ないといえないだろうか？

物価上昇に断然強い変動金利

　ここで、実はもう1つ大事なことがある。金利が上がっているときは、原則として物価が上がっている。つまり、物価高の時には金利も上がっているんだ。この理屈は第5章で詳しく話すけどね。

　ともあれ、物価が上がり金利も上がっているときにでも、固定金利の定額貯金の利率は据え置かれて低いままだ。でも、変動金利型の国債の利率はアップする。ほら、こんな風に考えると固定金利だと物価高に対抗できないけど、変動金利は物価高に強いよね。

　なにしろ、お金の問題で一番怖いのは、物価が上がってお金の実質的な価値が下がるということなんだから。つまり、物価が上がることでお金の価値が目減りすることだね。

　さっきが金利が上がるときには固定金利はリスキーだって話だけど、逆に「金利が下がったときはどうなんだ。固定の方が有利じゃないか」と突っ込まれそうだ。

　でもね、金利が下がっているときには変動金利で利息が減っても、一方ではインフレ率が下がっているはずだから“損した”という感覚にはならないんだ。

　変動金利は変わり身が速いっていうとマイナーなイメージだけど、でも物は言いよう。環境の変化に対し柔軟性が高い生命体が生き延びるっていうイメージを持った方がいいよ。

割引率の低さに騙されるな！
＝割引率と実質金利＝

商売やってると、売上げ代金を現金じゃなく手形で受け取ることがある。たとえば文房具屋さんが地元の建設会社に販売したいろんな品物の支払いについて、「（１年先の）2022年12月末支払い　額面100万円」っていう手形を受け取る。これだと１年先にならないと現金は手に入らない。でも文房具屋さんの仕入のほとんどは現金払いだから、それまでにお金が必要だ。手形が現金になる１年先までは待てない

そこで銀行にこの手形を割り引いてもらうのね

そうだ。商売をしているとこんなことはしょっちゅうだ

　現実には手形は３カ月のものが多いのだけど、ここでは理解しやすいように期間は１年としよう。これを今、銀行へ持って行ったら割り引いてくれる。

　このとき、割引率は５％だったとするね。つまり、この手形を銀行に譲り渡すと、額面100万円から５％分の５万円が割引かれて95万円の融資が受けられる。つまり、現金が手に入るわけだ。

　このとき、何が起こっているかっていうと、銀行はこれを95万円で買い取るんだね。そして手形の期日である１年先に、銀行は手形を振り出した建設会社から100万円の支払いを受ける。つまり、その差の５万円が銀行の儲けになる。銀行にとっては資産の運用なんだ。

　このとき、文房具屋さんは１年先に100万円手に入れる権利を銀行に譲る代わりに、今、95万円を用立ててもらったとも言える。これは今95万円を貸してもらって、１年後に受け取れるはずだった100万円を返済する（＝譲り渡す）のと同じことだ。銀行にお金を貸してもらったんだね。つまり、

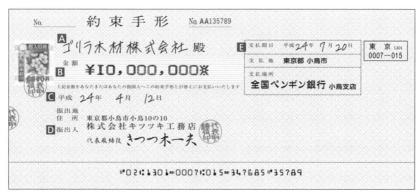

A　受取人を記入
B　手形金額を記入
C　振出日を記入
D　振出人の記名捺印
E　支払期日を記入

出典：全国銀行協会「お金に代わる働きをする手形・小切手」を一部改変

図表2-10　手形割引はお金の貸し借りである

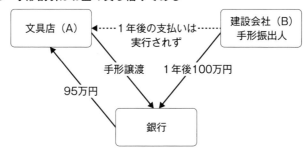

1年先に（A）が（B）から受け取るはずだった100万円は銀行に支払われている
＝（A）がいったん受け取って銀行に100万円返済したに等しい

手形を割引いてもらうってことは、お金を貸してもらうということだ。

　ここで銀行は「年５％で割り引く」っていったけど、実はこの５％という割引率がクセモノなんだ。

　結論から言うと、このとき文房具屋さんにとっての実際の借入れのコストは５％じゃないんだ。これは、この手形を買い取った銀行が、どれくらいの利回りでお金を運用できたかって考えればわかりやすいよ。

銀行の運用利回り＝文房具店の調達コスト

　銀行は、95万円のお金を手放して１年後に100万円を受け取ったんだから、利息は５万円だ。つまり95万円のお金を運用して１年で５万円の利息を得た。つまり、実質的な運用利回りは5.26％だ。ということは、文房具店の実質的な借入れコストも同じく5.26％だということになる。

　つまり、割引率年５％で手形を割り引いてもらったといっても、実際の借入れコストは年5.26％なんだ。ここで大事なことは割引率は実質利回りより常に低いってことだ。割引率と利回りとはちゃんと区別しておかないとね。

　あ、それから最後になったけど、こんな手形取引は今のデジタル時代に合わないので廃止することになっている。だから今こんな手形取引はどんどん減っている。

　もともとこんな手形が活発に使われたのは、1970年代前半までの高度経済成長期なんだ。このころ、企業の資金調達が膨らんだけど、銀行融資がそれに追いつかなかったんだね。それでお金を調達しなければならない企業は、仕入れ先企業に現金の代わりに、手形を発行して渡していた。

　でも、今では企業の資金需要も減ってきたし、手形での支払いは取引先企業に資金繰りの負担を与えるので問題だ、っていう考え方が広まってきたんだね。さっき話したとおり、手形を受け取った文房具屋さんは期日前に現金にするには、金利を負担しなくちゃならないわけだからね。

デフレ時、企業は低金利でも借りない理由
＝名目金利と実質金利＝

11

金利が下がったら企業の借入れは増えるっていうよね。でも、これには１つ前提が必要なんだ。金利が低くても、物価が下がっていたら、積極的には借りないんだよ。なぜだかわかるかい？

物価が下がるっていうのは景気が悪いから？景気が悪いときには借りても後で返すのがしんどいから？

まあ、そうとも言えるけど。これはね、実は金利には名目金利と実質金利があるっていうとても大事な話に関係することなんだ

　お金を借りる側の企業の立場で話していこうか。

　日銀が2013年から掲げている金融政策の目標はなんだか知っている？そう、「インフレ率を２％にまで高める」っていうやつだね。これは何のためかな？

　だれもが思いつくのは、「物価が上がるんだったら早めに買っておこう、って考える。そして消費が増えるから、企業の生産も増え、利益が増え、賃金が上がり…」。つまり景気を良くするためっていうイメージだろうね。

　たしかにそれもある。しかし同時に、日銀は「物価を引き上げることで実質金利を引下げ、借入れ需要を増やす」と何度も言っている。実質金利って言葉を使っているんだ。これ、一体何だかわかるかい？

　５％だった借入金利が３％に下がったとするね。このとき、企業は単純に「じゃあ、借入れを増やそう」とはならないこともあるんだ。借入金利が５％のとき、物価が７％上がっていたとしよう。でも、金利が３％に下がったときにインフレ率が１％だったら、企業はどう考えるかな。たとえば、１年

の約束で100万円借りたというケースを考えてみよう。

〈企業は実質金利を重視する〉
ちょっと極端な例ではありますが…
❶5％で100万円借入れ　⇒　1年後に105万円を返済
　　製品価格は100万円　⇒　107万円に上昇（7％インフレ）
　　2万円の儲け
❷3％で100万円借入れ　⇒　1年後に103万円を返済
　　製品価格は100万円　⇒　101万円に上昇（1％インフレ）
　　2万円の損失
実質金利＝名目金利－物価上昇率
❶の実質金利はマイナス2％、❷はプラス2％

　金利が5％の❶のときには5万円の利息、❷の3％だと3万円の利息を払うだけのことだね。これだけだと3％のときの方が負担は少ない。

　でも❶のときには1年後には物価が7％も上がっている。っていうことは、売り上げも7％分増えて107万円だ。利息は5万円だから正味2万円分の儲けだ。

　❷のときには売り上げは1万円しか増えていないのに、支払い利息は3万円も取られている。ということは2万円分損したことになる。つまり、5％で借りていた❶のときの方が、儲けは大きかったんだよね。ということは、企業は金利が3％に下がったからといって「じゃあ、積極的に借りよう」とはならないんだ。

　つまり、企業は表向きの金利だけで借りるかどうかを判断するんじゃない。物価の動きも考えに入れるんだ。ここでいう5％とか3％といった表向きの金利のことを名目金利っていう。これに対して物価上昇率を考えに入れた金利が実質金利だ。この例だと、実質金利はマイナス2％からプラス2％へと上がっている。

　ほら、これで、日銀がインフレ率を2％にまで高める政策を看板に掲げた理由がわかるよ。つまり、企業がお金を借りたくなる環境を作るのが目的なんだ。だって、インフレ率が上がると、名目金利が変わらなくても、実質金利は下がるからね。

高金利時代、郵貯が銀行に圧勝した理由
=年平均利回り その1=

最近のような低金利時代にはあまり使われなくなったんだけど、昔、年平均利回りっていう利回りが脚光を浴びたことがある。これを大々的に使って定額貯金をアピールした郵便局が預貯金集めで銀行に圧勝したことがあるんだ

え〜。そんなこと初めて聞いたわ

そうだろうね。僕なんかが20〜30代のことだから、もう40年以上前だ。もう昔話になってしまったけど、とても面白いので紹介しておくよ

　ころは1980年。郵便局の貯金の宣伝ポスターに「10年間で年平均11.9％の高利回り」って文字が躍ったことがある。そのころ、銀行の預金金利も高かった。１年で7.75％、２年定期が８％という時代だ。ちなみにこの金利がこれまでで最高の預金金利だ。

　それにしても、郵便局に10年預けたら２倍以上になる、つまり金利がニケタ台なんて、多くの人が度肝を抜かれたんだね。

　しかもその当時、郵便貯金には300万円という上限はあったけど、誰でも使える「郵便貯金非課税制度」っていうのがあって、利子は非課税だった。今でも、障がい者などには特別に非課税制度が利用できるマル優っていう制度があるけど、あの当時は、誰でもこの郵貯非課税制度が利用できたんだ。

　じゃあ、どんな理屈で「11.9％」なんてべらぼうに高い金利で定額貯金を宣伝できたのかってことだけど、実はとても簡単な理屈なんだ。

　この章の初めに、複利で運用するときのお金（元利合計）の増え方を話したよね。それを踏まえてここに簡単な式を書いておくね。これは、その当時の定額貯金の10年後の元利合計を求める式だ。

定額貯金は今でもそうだけど、半年複利で最長10年まで預けられる。しかも固定金利だから、預けた当初の金利が10年間は保証されるんだよ。3年以上預けたときの利率は、民間銀行の2年定期の利率と同じ、っていうのがそのころ暗黙のルールだった。このときは8％。

　式の意味はわかるよね。利率が年8％だから半年で4％。つまり半年ごとに1.04倍に増え続けていくっていう式がこれだ。10年だと20乗だね。

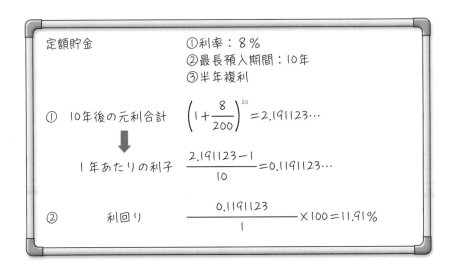

　ここでは元本は1としてある。ほら10年後には2.191123になるだろ。これは半年複利そのものだよね。これが①だよ。この式が何を意味しているのかはわかるよね。1の元本が10年後に2.191123になるんだから、利子は1.191123ってわけだ。

　10年間の利子が1.191123だということは1年あたりでは0.1191123だ。じゃあ、この1年あたりの利子は元本1からみれば何％にあたるか、っていうのが②の式の意味だよね。

　ほら、利回りは11.91％だろう。僕もその当時50万円だか100万円だかをこの定額貯金に預けたことがある。その当時は「こんなのあたり前」っていう感覚があったから、それほど得をしたって気持ちはなかったけどね（この項つづく）。

これぞ数ある金利のなかでも最高の異端児だね！
＝年平均利回り　その2　＝

　つまり、この当時の定額貯金は「利率は8％」だけど、10年利用すれば結果的には利回りは「11.91％」だと考えることもできるんだ。そりゃ、「利率8％で半年複利運用」っていうより「1年間で利回り11.91％」ってアピールした方がはるかに効くよ。

　当時は「郵貯式利回り」なんて呼ばれていたけど、そのうち「年平均利回り」って呼ばれるようになった。こんなセールスのおかげもあって、定額貯金が爆発的に売れたんだ。

　民間の銀行もこの利回りを使いたかったんだけど、残念ながら、その当時民間銀行が扱えた預金は最長で2年だったから、利率と年平均利回りはそれほど大きな差はなかった。だから、ほとんど意味なかったんだ。ほら、複利効果のところで「年限が長くなるほど複利でのお金の増え方は大きくなる」って話したよね（p67）。

それは佐賀県下のある郵便局から始まった

　実はこの利回りを全国の郵便局が使い始めたのには、ちょっとしたエピソードがあるんだ。その当時、僕は公社債関係の専門新聞社の記者をしていて、これについて何度か記事を書いたことがあるのでよく覚えている。

　1980年の半ばごろだったかな。この11.91％っていう利回りが郵便局の店頭やポスターで使われ始めたのは。それであちこちに取材したんだけど、普段からなじみにしていたある証券会社の人から、ファックス原稿のコピーをもらったんだ。今、現物は手元にないんだけど、右上に「厳秘」ってスタンプ印があったことははっきり覚えている。「利率8％は小さく、10年で年平均11.91％っていう利回りを強調すること」といった内容だった。

　それから、さらに取材してみるとわかったことがいくつかあった。その当時、佐賀県下のある郵便局が「10年で11.91％」っていう定額貯金のパンフレットを独自に作成し、全国平均をはるかに超える定額貯金を獲得してい

図表2-3　年8％もの金利がついた2年定期預金

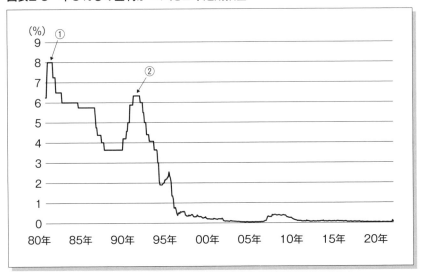

たんだね。郵政本省の貯金局営業課がそれに気づいた。それで、この利回り
表示を全国の郵便局に使わせよう、ってなったんだ。それを全国津々浦々の
郵便局に通知したのが先ほどのファックスだったんだ。

　1980年っていえばさっき話したように、預貯金金利などはこれまでの最
高金利だったときだ（図中①）。ここで大量の定額貯金が集まった。それか
ら10年後っていえば1990年だよね。このときも金利は相当高かった（②）。
そこで、ここで満期を迎えた定額貯金を、多くの人はさらに継続した。つま
り、1990年の時点でも郵便局の独り勝ちだった。何しろ当時は郵便貯金だ
けが期間10年っていう長期の固定金利貯金を持っていたんだからね。

　そこでこれを苦々しく思っていた民間の銀行が、財務省に強硬に申し入れ
を幾度も行ったんだね。「我々にも2年を超える長期の預金を認めろ」って
ね。年平均利回りで高利回りを表示するには、期間が長くなくちゃだめだか
らね。その後、民間銀行が期間3年以上のスーパー定期預金などを扱えるよ
うになったんだけど、その裏にはこんな事情もあったんだ。

　これから金利が上がってくると、複利で運用される商品について、年平均
利回りの表示が大手を振って歩き始める可能性はあるよ。

14 金利の表現法は年利だけじゃない
＝年利と日歩、そして月利　その1 ＝

ここらで金利初級編の〆なんだけど、最後に金利・利回りの表現のしかたについて話しておこう

え、だってそんなの決まっているんでしょ。年あたりの利子の割合を％で表わすだけでしょ

いや、必ずしもそうじゃないんだ。実は、今のようにどんな金利も年利で表現されるようになったのはそんな昔のことじゃないんだ

　たしかに現在では金利、利回りは「年○○％」に決まっている。でも、そんな"常識"はせいぜいこの30～40年くらいのことなんだ。

　金利、利回りとは、一定の元本が一定期間にどの程度の利子を生むかというその料率だね。そして多くの方は「年あたりの比率」しかないと思っているんじゃないかな。しかも「元本は100」「比率は100分比で示される」以外にはないとね。

単位の変遷を経てきた多くの数

　でも、私たちが使っている数の単位は、時代とともに変遷してきたことを改めて思い起こしてみればいいよ。

　たとえば、私たちが長さや重さの単位としてmm、cm、mや、g、kg、tを一般に使うようになったのも、ごく最近のことだ。昭和24年生まれの私などは、小学校低学年のころ近所の店へ砂糖を買いにやらされるときには、「１斤いくら」という量り売りだったのを覚えている（一斤＝600グラム）。生まれた赤ん坊の重さを表すには、たとえば「１貫目（＝3.75kg）もある大きな赤ちゃん」と表現されていた。また、一般の家屋についても、もっぱ

図表2-14　公定歩合の推移

年号		公定歩合	年号		公定歩合
昭和25年	4 月	5.11	昭和36年	9 月	7.30
	11			10	
26.	1		37.	10	6.94
	5			11	6.57
	9		38.	3	6.21
	10	5.84		4	5.84
27.	10		39.	3	6.57
30.	7		40.	1	6.21
	8	7.30		4	5.84
	11			6	5.48
31.	1		41.	1	
	4			10	
32.	3	7.67	42.	9	5.84
	5	8.40	43.	1	6.21
33.	6	7.67		8	5.84
	0	7.30	44.	9	6.25
34.	2	6.94	45.	4	
	3			10	6.00
	12	7.30	46.	1	5.75
35.	8	6.94		5	5.5
36.	1	6.57		7	5.25
	4			9	
	7	6.94		12	4.75

ら間（1.8メートル）、尺（＝30cm）、寸（＝3cm）なんて単位があたり前に使われていた。いわゆる尺貫法だね。

　同じように金利、利回りが年率として表現されたのは、そんなに古いことではないんだ。今からほんの？50年前までは、たとえば一国の金融政策を決める公定歩合（当時、今は貸出基準金利って言う）なんかは、年利じゃなかったんだ。

　図表2-14は、戦後の公定歩合の推移だけど、昭和44年8月以前と9月以降とでは、数字の並びがちょっと違うよね。

　昭和44年9月以降は0.25％（あるいは0.1％）刻みだけど、その前は

0.01％刻みの、なんだかおさまりの悪い数字が多い。「最低単位の刻み方が昔は細かかったのか？」と思われるかもしれないけど、それは違うんだ。

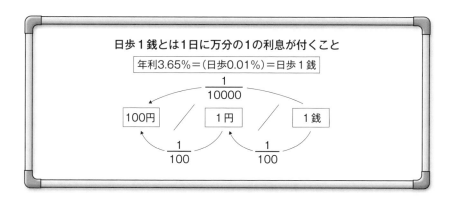

そもそも「年利」というのは「1年に払われる利子の元本に対する比率」だね。しかしそのころは、公定歩合なんかの金利は「1日あたり利子の元本に対する比率」として表記されていた。これを「日歩」って呼ぶんだ。単位は「銭、里、毛」だ。「日歩1銭」というのは「100円の元本に対し1日に1銭の利子がつく」ってことだ。

「1円＝100銭」だから、「日歩1銭」といえば「1日につき元本の1万分の1の利息がつく」ことを意味する。で、銭の10分の1が里、さらにその10分の1が毛なんだ。

でも、今ではこの当時の公定歩合も「年利」で表現しようとするので、表にあるように「0.01％刻み」で、しかもちょっとすわりの悪い数字になっている。

たとえば、昭和44年8月の公定歩合は「年利5.84％」だけどこれなんか、元来「日歩1銭6厘」というように日歩で切りのいい数値として定められていたんだ。それを年利に換算しているからこんな切りの悪い数字になっている（1.6×365＝584）。

じゃあ、なぜ昔は金利を表すのに日歩なんて単位を使っていたんだろうね（この項続く）。

　さて、ここで日歩の話が終わってしまったんじゃ面白くも何ともない。「昔
は日歩だった」っていう昔話だけじゃね。実は、現在でもこの日歩がとても
使い勝手がいいんだ。特に短期間のお金の貸し借りだと、利子の計算は日歩
の方がずっと楽なんだ。古くから我が国の商人はもっぱら日歩を使っていた。
これは、お金の貸し借りが１日単位で行われることが多かったからだ。

　「７日間借りる」とか「15日だけ融通してもらうよ」といった取引だと、
年利より、日歩のほうが断然わかりやすい。

　たとえば、300万円を15日間借りる場合「年利7.3%」と「日歩２銭」と
では、どちらが計算しやすいかな？7.3%からじゃすぐには計算できないよ。
でも7.3%÷365日＝0.02%、日歩２銭だ。これだと、日歩２銭なので１日
に0.02%で１万分の２。「日歩」のほうが絶対わかりやすいよ。「300万円
で日歩２銭だから、１日あたりの利息はその１万分の１の２倍で600円」「つ
まり15日間なら9,000円」とすぐわかる。

　ここで「日歩＝年利÷365」ということだけは押さえておいてね。つま
り「年利3.65%」＝「日歩１銭」＝「１日に１万分の１」が基本だ。「100
万円借りたら年に３万6,500円の利子」というのは「１日に100円の利子」
ということなんだ。

短期だと日歩の方が断然使いやすいしリアリティがある

　たとえば、住宅ローンを日歩で考えてみようか。

　「20年固定金利の住宅ローンを4,000万円、年利1.8%で借りている」と
するね。このとき誰でも「１年間に4,000万円の1.8%分にあたる72万円の
利子を払っている」と考えていると思う。

　でも私はこんな場合、日歩を基準に「１日に2,000円くらいでしょ」と考

図表2-15　年利⇒日歩換算表

年利（%）	日歩（銭.厘毛）	年利（%）	日歩（銭.厘毛）
1.00	0.27	4.50	1.23
1.25	0.34	4.75	1.30
1.50	0.41	5.00	1.37
1.75	0.48	5.25	1.44
2.00	0.55	5.50	1.51
2.25	0.62	5.75	1.58
2.50	0.68	6.00	1.64
2.75	0.75	6.25	1.71
3.00	0.82	6.50	1.78
3.25	0.89	6.75	1.85
3.50	0.96	7.00	1.92
3.65	**1.00**	7.25	1.99
3.75	1.03	7.30	2.00
4.00	1.10	7.50	2.05
4.25	1.16	7.75	2.12
		8.00	2.19

えるんだ。つまり「年利」じゃなく「日歩」で考えている。

　つまり、次のように数字を変換しているんだ。「1.8%といえば（おおむね」1銭の半分」→「日歩1銭は1日につき1万分の1」→「4,000万円に対し日歩1銭だと4,000円」⇒「だからその半分の2,000円」というようにね。

　これだと朝、「コケコッコー！」で目が覚めると2,000円が懐からローン借り入れ先の銀行に飛んでいく」とイメージできる。さらに「2,000円といえば1日のお小遣いの2倍だな」、あるいは「時給1,000円のコンビニの店員君の2時間分の賃金だな」と思うんだね。

　「年に72万円利息を払う」より「毎日2,000円負担している」ほうが断然リアリティがあるよね。さらにいえば、この場合月額では6万円だという計算も簡単だ。

　この例で、毎月住宅ローンを15万円支払っていたとする（毎月均等割）。このとき、元本は9万円しか返済できていないとすぐわかる。こうした計数感覚をもっていると、家計を運営していくうえでとても役に立つんだけどね（この項つづく）。

16 質屋がいまだに月利を使う理由
＝年利と日歩、そして月利 その3 ＝

「年利」から「日歩」へ一気に飛んでしまっただけど、実はこの間には「月利」という利回り表示法があり、実際今でも使われている。サラ金、いや消費者金融会社が現れるまでは、庶民金融の代表だった質屋さんの世界がそれなんだ

高田馬場の駅前には大きな看板がかかっているのは有名ね

そう。あれは山手線に乗っていても目立つね。もっぱら学生相手に昔から営業していた

　質屋。「いちろく銀行」なんて言ってたけど、今でも通じるだろうか？時計や着物などの質草（しちぐさ）を担保に、短期間お金を借りる仕組みだね。

　原則として3カ月後までにお金を返せなかったら、質草は流れてしまう。つまり、売りに出されてしまうんだね。もっとも、利子だけを払っておけば、流れなくて済む。今は大分すたれたけど、昔は庶民がお金を借りる方法としては一番身近な存在だった。

　こんな質屋さんの世界では、利子を計算するのに年利はあまり使わない。月利っていう考え方があるんだ。これは、1カ月で元本に対してどれだけ利

子が付くか、って言うものだ。

　それが証拠に、今でも質屋営業法という法律では、上限金利は「年利109.5％」なんて一見おかしな表記になっている。年率表示だからこんな中途半端な料率になっているんだ。もとを正せばこれは「月利9分（9％）」だ。1カ月を30日とみなしたうえで、次の式で算出されたものを年率として用いているんだね。

〈質屋の上限金利が109.5％である理由〉

$$9\% \times \frac{365\,(日)}{30\,(日)} = 109.5\,(\%)$$

$$※1年 = \frac{365}{30}\,カ月とみなす$$

　じゃあなぜ質屋の取引では月利が基準になっているのか。それは簡単だ。質屋でお金を融通してもらったときには、1カ月を超えるごとに利息が発生するという仕組みだからだ。

　たとえば、月利9分の約束で6月20日にお金を借りたとしようか。このとき借りたその瞬間に、9％分の利息が発生する。さらに、翌月の応答日である7月20日になると、さらに9％分が上乗せされ計18％（1割8分）となるんだ。その後、毎月20日がくるたびに9％分上乗せされていくという仕掛けになっている（単利計算）。

　こんな仕組みだと、月利基準で利率を決めておいた方が断然わかりやすいよね。だから「1カ月ごとに9分」という月利が、法令上では年利109.5％と記されているんだ。

　こんな風に見てくると、それぞれのお金の貸し借りの性格、仕組みにより、一番使いやすく、計算しやすい単位で金利、利回りが表現されてきたことがわかるよね。

金利計算の最後になったけどここでリボ払いの話をしておこうか。クレジットカードで分割支払いしている人は多いね。もちろん、先付けでの支払いなので利息が付く。ここでとんでもない利息を払い続けた挙句返せなくなるケースが多発しているんだ

そういえばリボ払いには注意、って聞くことがあるわね

うん。新しく買い物をして借入額が増えても毎月の返済が一定なので、安心してしまうんだね

しばらく前から流行っている金銭教育だけど、とくに強調されるのが、リボ払いにご用心、っていうテーマだ。リボ払いがなぜ怖いかって、これ実はとても簡単な理屈だ。

そもそもリボ払いって何かってことだけど、金融機関やクレジット会社が顧客ごとに一定のクレジットライン(信用供与枠)を設定し、顧客は毎月一定以上の金額を返済してれば、この金額の枠内いっぱいまで利用できるという方式だ。

返済方法にはいくつか種類かあるけど、毎月返済額を一定にするものが多い。たとえば10万円のクーラーをクレジットカードで買って毎月の返済額を1万円に設定するとしよう。6カ月後に7万円の冷蔵庫を買った。それでも毎月の返済額は1万円。さらに1年後には12万円のパソコンを買ってこれもリボ払い。

あらかじめ決められた限度額内だと、どれだけ残高が増えても1か月ごとの金利負担分（＝支払利息）が1万円を超えない限り、毎月の返済額は1万

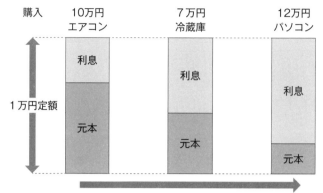

図表2-17　定額リボ払いで利息ばかりが膨らみ、元本返済が進まない

購入　　10万円　　　　7万円　　　　12万円
　　　　エアコン　　　冷蔵庫　　　　パソコン

利息の割合がどんどん膨らんでいく＝借入れ元本はなかなか減らない

円でOKなんだ。だから「クレカでの借入れが増えているけど、毎月の負担は1万円ポッキリだもんね。らくちん！」と思ってしまうんだね。気持ちはわかる。

　でも、借り入れが増えたので毎月1万円の返済額のうち利息返済が9000円で、元本返済が1000円になっていたらどうなると思う？いつまでたっても、元本はほとんど減らない。こうして、3年、5年、いやひどいときには7年、8年たっても完済できないってことになる。

　つまり、毎月の定額返済額に占める元本の割合が低ければ、いつまでも利息は払い続けなければならないんだ。

カードローンの定額返済も同じ仕組み

　これカードローンの分割返済も同じだ。たとえば50万円借り、当初は毎月1万円ずつ返済していたとしよう。すると、あるとき、ATMから打ち出されてくる伝票の次回支払金額が「8,000円」に、さらに数カ月したら「6,000円」というように下がるのが普通だ。「もう大分返したので、毎月の定額返済は少なくてもいいんだ」って思うよね。でもこのメッセージには、カード会社の思惑が隠されているんだ。

　カード会社は「毎月の元本返済を少なくして、その分、いつまでも利息を取ってやろう」って考えているんだ。カード会社にとってみれば、コンスタントに返済してくれる優良顧客だったら、早く完済されると困る。早く返済

されるとあんまり利息が取れないから。長期間、お客としてつなぎとめておけば、利息がどんどん増えていく。

　ここで得られる教訓はなんだろう。「毎月の返済額に占める利息と元本の割合はきっちり把握しておくこと」。これに尽きるんだ。これは支払伝票に必ず記されているからね。
　元本がほとんど減らないような定額返済だと、いつまでたっても完済できず、延々と利息を支払い続けなくちゃならないんだ。つまり借金漬けってわけだ。

利息先払いってどういうこと？

お金を借りるとき利息が天引きされることがある。いわゆる街金（マチキン）など認可を受けていないもぐりの貸金業者なんかでは堂々と行われている。

たとえば年利20％で100万円を1年間借りるとする。このとき、貸金業者が「1年先にもらう利息を先に払ってもらうよ」といって、実際には80万円しか融通してくれないことがある。これが利息先払いだ。もちろんこのとき、1年後に返済すべき金額は100万円だ。すでに20万円の利息分は先払いしているんだからね。

さて、こんなとき、借入利率は本当に20％と考えていいのだろうか？直感的には「違うな？」って思うよね。

だって「今払う20万円と1年先に払う20万円とでは価値が違う」んだから。「今の20万円の方が価値が高い」からね。そう、実はその直感は正しいんだ。じゃあ、この利息先取りはどう理解したらいいか？

借りる側に立って考えれば簡単だ。つまり80万円を融資してもらって、1年先に100万円にして返すためには、年利何％で運用しなければならないか、って考えるといい。それが実質的な借り入れコストなんだから。

利息先払いの実質利回りの計算

$80 * (1 + x/100) = 100$

$1 + x/100 = 100/80 = 1.25$

$x = 25 (\%)$

つまり実質的には、借入コストは25％なんだ。ここで気づいた人もいると思うけど、実はこれは割引率と利回りの関係にほかならないんだ。第2章のp74で習ったね。上の例で貸金業者が「利率は20％」って言ったのは、実は「割引率」のことだったんだね。

第**3**章

〈基礎編〉
ちょっと債券なんですけど その1

〈いまさらながらですが〉「債券って借用証書のような」っていうけれど…？
＝借用証書と債券の決定的な違い＝

 ここからは、金利には必須の債券のお話だけど、債券ってめんどうくさい計算が出てくるんでしょとか言って食わず嫌いの人が多いね。でも、債券の基本がわかると、金利の知識が一気にレベルアップすること請け合いだ。まず、債券は「借用証書…のようなもの」って説明されることが多いんだけど

 でも、具体的な説明は聞かないわね。のようなもの…っていう以上、借用証書とは違う点もあるんでしょ

 もちろんだ。ではこのあたりからゆっくり話していこう

　借用証書では「100万円借りました。返済するのは○年△月×日（たとえば２年先）。そのとき、年５％の利率で計算された利息（５万円×２＝10万円）を同時に払う」といった約束事を決めるよね。証書上にそれが記される。

　君がお金を借りるんだったら、君が証書を発行してお金を貸してくれるA君に渡す。単純なお金の貸し借りだよね。兄弟や親子、友人の間でこんな風に手書きの証書を作ってお金の貸し借りをした人もいるんじゃないかな？

　債券も同じように証書を発行するけど、たとえば次のように決めるんだ。

①借りるのは98万円だけど額面は100万円。
②返済時期は○年△月×日（２年先）。
③利率は年５％。１年目に５万円、２年目（完済時）に５万円を支払う。

借用証書（例）

債券

　さて、どこが違うかな。

　1つ目は、債券では額面と実際に貸し借りする金額が違う。買う人にとっては98万円で額面100万円の債券が手に入るんだ。

　2つ目には、借用証書での貸し借りでは、満期（返済期）に元本と利息を一度に払う。でも、債券では満期が来る前に定期的に利子を払うのが普通だ。この例だと、1年ごとに額面の5％にあたる5万円の利子を払うっていうきまりだ。ま、実際には年2回に分けて払うのが多いけどね。

　さて、もう1つ、決定的に違う点がある。大事な点はここなんだ。それは、君が発行した借用証書を受け取った人（君がお金を借りた人＝ここではA君）は、この証書を他人に譲渡できない。借用証書で約束した内容は、あくまで君とA君との間でしか有効じゃない。しかし債券は違う。

　君から債券を受け取ったA君は、これを満期まで持ち続けなくてもいい。満期前でも、第三者に売ってお金を回収できるんだ。そのときの金額はA君と買い手が相談で決めればいい。たとえば99万円っていうように。その値段に君は介入できない。

　こんな仕組みだとどんなメリットがあると思う？そう、A君はこの債券を引き受けてから6カ月後に急にお金が必要になったら、これを売ってお金を回収できるんだ。

　借用証書だったらこうはいかない。満期になるまで貸したお金は返ってこない。お金を貸すA君にしてみれば債券の方が安心だよね。

〈いまさらながらですが〉
債券と株はどこが違う？
＝債券と株との決定的な違い＝

 債券を理解するには、株とどこが違うのか、って問えば分かりやすいかもしれないね

 面白いアプローチだけど、ちょっと漠然としてるわね

 そうかもしれない。ともに一種の証書を発行してそれでお金を調達するんだけど、誰でも買える点は同じだ。株はあたり前だけど、さっき話したように債券もいつでも売れる。じゃあ、ここではお金を調達する人と、これを買った人というように2つの立場から考えてみようか

　ある会社が事業資金を必要としていた。株券を発行するのが1つの手だ。これで得たお金は永遠に返す必要はない。株を買った人から「お金を返して」と言われることもない。つまり無期限だね。

　でも、債券を発行して得たお金は、あらかじめ決めた期日になれば返さなければならない。これが一番大事なところだ。

　別の言い方でもいい。株式を買った人にとっては「このお金は事業に使って！でも、利益が出たらその中から配当を払ってね」というわけだ。とともに「事業がうまくいかなかったら、配当はなくても文句は言わないよ」っていう点も大事だ。

　そして極め付けは「事業が完全に失敗して破綻してしまって、資産がまったくなくなってしまっても文句は言わないからね」っていうことだ。これが株を買った人の立場だ。

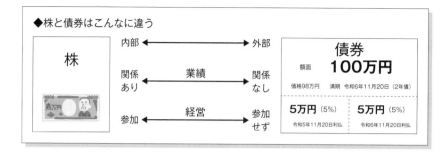

◆株と債券はこんなに違う

株		

内部 ←――→ 外部

関係あり ――業績―― 関係なし

参加 ――経営―― 参加せず

債券
額面 **100万円**
価格98万円　満期 令和6年11月20日（2年債）

5万円（5%）	**5万円**（5%）
令和5年11月20日利払	令和6年11月20日利払

　でも債券の場合は違う。債券を買った人は、「事業に使ってね」というところまでは同じだけど、「儲かったかどうかは別にして、毎年決まった利子さえ払ってもらえばそれでOK」っていう立場だ。また「満期になったら約束どおり、額面金額は返済してもらいますからね」という。極端に言うと、業績なんか知ったこっちゃない！

　じゃあ、株や債券を発行した企業の側から言うとどうか？株で集めたお金は会社自身の持ち分だ。これが「自己資本」だ。これに対して、債券は外部から調達した資金なんだ。つまり「外部負債」だね。株を買った人は会社の「内部の者」であり、債券を買ってもらった人は「外部の人」って考えればわかりやすい。

　だから、株を買った人は会社の経営に参加する権利を持つ。会社の経営方針を決定する最高機関である株主総会に出て、いろんなことを決めることができる。定款の変更や役員の承認、利益の配分などについて異議申し立てもできる。議決権を持つんだね。でも債券を買った人にはそんな権利はない。

　株を売り買いするときの株価は、その企業の収益など経営状況などに応じて変化する。だって、業績がよくなり収益が増えれば、配当を多くもらえる可能性が高くなるからね。

　けれど、債券は会社の業績にはまったく関係ないんだ。業績に関係なく、あらかじめ決めた利子が払われるだけだ。利子と業績は連動してないし、満期に払い戻される金額も業績とはまったく無関係だ。

さあ、じゃあ次に債券は預貯金とどこが違うかを考えてみようかな

うん、身近なものとの違いで話してもらうとわかりやすいわね。満期があったり利子がもらえたりすることなんかは預金と同じだよね。どこが違うのかしら？

そうだね。実は大きく違う点があるんだ

　定期預金と債券はいくつも点で似ている。決まった利子がもらえるし、満期になれば元本が返ってくる。利子も決まっている。しかし、まったく違う点がある。それは、預金はあくまで君と銀行との間での貸し借りだけだってことだ。でも債券は違う。債券を買った人が、満期までにお金が必要になれば、その債券を売って現金を回収できる。さっき借用証書との違いでも話したけどね。

　債券では、満期以前に売り買いするための市場（しじょう）が用意されている。買いたい人と売りたい人が自由に取引できるんだ。株の売り買いなんかと同じイメージだ。

　だから、たとえば満期までが10年の債券でも、いつでも換金できる。これを「譲渡性が備わっている」と言う。預金だとそうはいかない。原則から言うと、途中でお金が必要になれば、解約しなくちゃならない。そして原則としてそれなりの手数料を取られる。

　債券がいつでも売り買いできることのメリットは何かな？実は、お金を集めたい企業が希望する期間と、債券を買ってお金を運用する人の希望する期間が違ってもOKだってことなんだ。

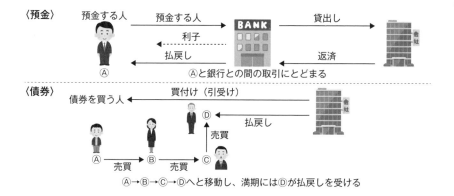

〈預金〉

預金する人 → 預金する人 → BANK → 貸出し → 会社

利子

払戻し ← 返済

Ⓐ　Ⓐと銀行との間の取引にとどまる

〈債券〉

買付け（引受け）

債券を買う人 ←　　　　　　　　　会社

Ⓓ

払戻し

売買

Ⓐ → 売買 → Ⓑ → 売買 → Ⓒ

Ⓐ→Ⓑ→Ⓒ→Ⓓへと移動し、満期にはⒹが払戻しを受ける

　たとえば企業は10年間お金を借りたいけど、その債券を買う人は「1〜2年くらいしか運用できないや」という場合でもOKなんだ。ほら、Aさん⇒Bさん⇒Cさん⇒Dさんというように、その債券の持ち主がどんどん入れ替わっていく。もちろん、Aさんが「10年間持つ」というのならそれはそれでOKだ。

預金は間接金融、債券は直接金融

　それともう1つ、図にあるように、預金したお金は銀行を通じて主に企業に貸し出されるよね。でも債券は、企業が直接、債券を買った人からお金を調達するんだ。

　銀行を通じてお金がやり取りされる仕組みは「間接金融」と呼び、債券を通じて直接企業にお金がわたる仕組みは「直接金融」っていう。昔は間接金融が主流だったけど最近では、直接金融の仕組みで企業などにお金が届けられるケースがどんどん増えている。

　一般的に言うと、直接金融では銀行が介在しないから、企業は相対的に低い金利でお金が調達できることが多い。信用力の高い企業などは特にそうだね。だから最近では、優良企業はどんどん銀行離れしてきている。

　お金を貸す側にしてもそうだよ。個人が預金をして銀行経由で企業にお金を貸すより、直接貸した方がより高い利子がもらえる。だって途中で銀行にマージンを払う必要がないんだから。あ、債券を買うときには銀行や証券会社経由でお金を払い込むけど、銀行、証券会社などは単に橋渡しをしているだけで、預金経由で企業にお金を届けるときに比べコストは断然安い。

ほら、これが債券の一生だ
＝誕生から使命を終えるまで＝

ここからは具体的に話していくね。債券が誕生してから満期を迎えてジ・エンドとなるまで、どんな一生を過ごすかって考えてみよう

もちろんその間にはいろいろな決め事があったり、いろんな人や会社が登場するんでしょうね

もちろんそうだ。でも多くの人が思っているほど複雑じゃあない

　というわけで、まずD社が100億円のお金を調達するために、債券を発行することにした。

　このとき、その債券を引き受けてもらうに際して、骨格を決める必要がある。必ず決めなきゃならないのは次の３つだ。

債券の３大要素（発行条件）
❶ 発行価格…額面100円あたりいくらで引き受けて（買って）もらうか
❷ クーポン…額面100円につき１年あたりいくらの利子を払うか
❸ 満期…額面金額分のお金すべてを債券の所有者に返済するのはいつか

　これが債券の３大要素と呼ばれるものだ。この３つが決まれば、この債券を買った人の収益は確定する。つまり満期まで持っていれば、１年あたりどれだけの利回りでお金を運用できるかが決まる。数式は次の項以降で話すか

らちょっと待ってね。

　これらの条件を決めたうえで、証券会社がこの債券を引き受けてくれる人を募集する。それに応じて、いろんな人がこれから発行されるこの債券を買いたいって手を上げるんだ。

　そして、あらかじめ決めておいた発行日がくれば、応募してくれた人の手にわたる。と同時に、これを発行した会社は債券を引受けた人が払い込んだお金を受け取る。

　こうして発行された債券を引き受けた人には、原則として年に2回、決められた日に利子が払われる。そうこうしているうちに、これを買った人のなかには、お金が必要だから売りたい人も出てくる。そしてその人は証券会社などに頼んで売ってもらう。あるいは、証券会社自身が買い取ってくれることもある。このあたりは普通の株式の取引などと同じイメージだね

売り買いにより転々流通

　そのときどきの取引価格は、経済・金融情勢によってどんどん変わっていく。これも株式の売買などと同じイメージだ。買い手が少なければ値段は下がるし、売りに比べて買いが多ければ値段は上がる。

　そうして、その債券の持ち主が変わって次の利子の支払い時期が来ると、その時点での持ち主に利子が払われる。

　そして決められた満期がくれば、そのときに債券を持っていた人に額面金額どおりのお金が払い戻される。これでジ・エンドだ。つまり債券を発行してお金を調達した人と、これを買った人との取引はめでたく完了ってわけだ。

　急ぎ足で話したけど、これはあくまで代表的なケースだ。細かくみればいろんなパターンがある。途中で利子が払われない債券もあるし、定期的に払われる利子の額が固定されていず、経済情勢などによって変化するっていう債券なんかもある。このあたりはおいおい話していくからね。

　また今では、実際には紙の証書が発行されるわけではなく、デジタル情報として記録されるのが普通だし、途中で行われるいろんな取引も当然のことながら電子的に処理されているんだ。

05 債券を理解するポイントは「2つの収益源があること」

=債券の利回り計算 その1=

ここからは債券の計算のイロハを話していくことにしよう。四則演算と分数の基本、それに百分率を習った小学校4年生だったら十分わかるはずだから安心してね

ああ、それだったらひとまずOKかな（笑）

預貯金は利息だけだけど、債券はそれに値段の上がり下がりっていう要素が加わるだけだから、どうってことないよ

　というわけで、前項で話した債券を発行するときに必ず決める3つの要素っていうところから、簡単な例で話そうか。

　ある会社が100億円の債券を発行しようとした。わかりやすいように、1枚＝100円という単位で券面を作り、これを引き受けてくれる人を募集したっていうイメージね。つまり、1枚100円の券面を1億枚刷ったんだね。そして次のように3つの要素を決めたとしよう。

債券の3大要素（発行条件）
❶ 発行価格…額面100円あたり90円
❷ クーポン（利子）…1年あたり額面100円につき支払う利子は2％分（2円）
❸ 満期…額面金額（100円×1億枚＝100億円）すべてを債券の所有者に返済するのは10年後

　この3つが決まれば利回りの計算は簡単だ。この債券を買う人にとって大事なことは、これに投資して満期まで持ったら、1年あたりどのくらいの利

回りでお金を運用できるかってことだよね。それがわかって初めて、預貯金などに預けたときや投資信託を買ったときと、どちらが得かがわかる。

　式を書く前に、まず言葉だけで説明してみようか。

　この債券を額面100円分（１枚）買って、最後まで持っていた人を想定すれば、わかりやすいかな。

　まず、90円でこれを手に入れるわけだね。そして毎年２円の利子を受け取るから、10年では合計20円だ。そして10年後、満期になったときに100円のお金を払い戻してもらう。これだけだ。じゃあ、利回りはいくらかな？

　投資したお金は90円だ。一方、10年後までに手に入るお金は全部で120円だよね。合計20円の利子と、満期金として受け入れた100円を合わせた120円だ。つまり、儲けは30円だ。これを10年間で稼いだんだから、１年あたりでは３円。

満期まで持てば利子も値上がり差も確定！

　じゃあ、この１年あたりの３円っていう儲けは、最初に投資した90円のお金から見ると何％になるか。3.333％だね。これが債券の利回り計算の基本中の基本だよ。ほら、全然むずかしくないだろう。

　はじめに言ったように、毎年手に入る２円の利子だけじゃなく、90円で買ったものが10年後の満期のときには100円になるため、その10円の値上がりっていう儲けがあるってところがミソなんだ。

　満期になれば100円の額面金額で払い戻してくれるってことは「100円で売れる」ことと同じだ。つまり、10円値上がりしたともいえる。そして、その10円の値上がり益は最初から決まっているんだね。

　利子も決まっているし、満期時に手に入る値上がり益も決まっている。だから、１年あたりの収益性を示す利回りも最初に買った時点で確定しているわけだ。だから債券のことを「確定利付証券」と呼ぶことがある。

06 債券の利回りといえば それは "最終利回り"

＝債券の利回り計算 その2＝

さてじゃあ、この債券の利回りを式で表してみようか。債券の利回りは買い手の立場に立って、満期までずっと持っていたら最終的には1年あたりどれだけの利回りが得られるかっていうのが基準になるんだ。だから、最終利回りっていう

満期まで持てば最終的に得られる利回りっていう意味ね

そうそう。それと利回り計算式は、額面が100円の債券を前提として示されることも踏まえておいてほしいんだ

　ここでは、前項で話した利回りをはじき出すプロセスを、そのまま数式として表わしてみようか。❶のようになることはわかるよね。これが第一段階だ。

　まず、10年間で手に入れた利子の合計（20円）と10年間の値上がり益（10円）を足して、それを年限で割って1年あたりの儲けを計算しているんだ。これが Ⓐ、Ⓐ′ だ。そして、それが最初に買ったときの価格（90円）の何％なのかを計算している。

　次に、この式は❷に変形できることはわかるよね。1年あたりの利子と1年あたりの値上がり益を足して、これが1年につき得られる儲けのすべて、っていう考え方だよね。Ⓑ、Ⓑ′ がそれを示している。そしてそれを価格で割っている。

　実はこれが、債券の最終利回りの基本式なんだ。そして債券の利回りって言えば、それは最終利回りのことを意味する。

❶最終利回り＝

$$\text{❶最終利回り}=\frac{\overset{Ⓐ}{\{\text{利子合計}+（100-\text{価格}）\}\div\text{年限}}}{\text{価格}}\times100$$

$$\overset{Ⓐ'}{=}\frac{\{20+（100-90）\}\div10}{90}\times100=\frac{3}{90}\times100=3.333\%$$

$$\text{❷最終利回り}=\frac{\overset{Ⓑ}{1\text{年あたりの利子}+\{（100-\text{価格}）\div\text{年限}\}}}{\text{価格}}\times100$$

$$\overset{Ⓑ'}{=}\frac{2+\{（100-90）\div10\}}{90}\times100=\frac{3}{90}\times100=3.333\%$$

　ここでちょっと補足しておくね。債券では、1年あたりの利子のことを「クーポン」あるいは「表面利率」っていう。額面に対して1年間に何％の利息を支払うかを示すんだね。この例の場合だと100円の額面あたり、その2％にあたる2円の利子を払うってことだ。

なぜ債券利回りは切捨てか？

　また「年限」とは、その時点から満期までの期間を年数であらわしたものだ。ここでは発行した時点で考えているから10年だ。それから時間がたって途中で売り買いするときには、たとえばこれが8.5年になったり6年になったりする。

　利回りは3.333％と、小数点以下3桁までの表示になっている。債券の利回りは原則として小数点以下4位を切り捨てて、3位までで表示するのが慣行になっているんだ。この例だと実際には「3.333333…」だ。

　四捨五入で切り上げたりしたらおかしいよね。だって、それ過当表示になるもの。たとえば、計算結果が「6.127986…」になったときに「6.128％」としたくなるけど、これは間違いだ。実際には6.128％の利回りは実現しないからね

　ほら、そんな面倒な計算じゃないことがわかってもらえたかな？

07 所有期間利回り、直接利回りは最終利回りの変形だ
＝債券の利回り計算 その3＝

債券の利回りの基本は前項で話したとおりだ。ただ、原理は同じなんだけど、ちょっと違った呼び方で表現されることもある。それも説明してくね

さっきのは最終利回りだったけど、ということは、これ以外にもいくつかの利回りの種類があるってことね

そう。でも原理がわかっていればなんてことはない。ここでは3つの利回りを紹介しておこう

　基本はまったく同じだけど、使う場面によりその呼び名が異なるなんてことはままあることだ。債券の利回りも同じだ。

　前項で話した最終利回りっていうのは、一番汎用的な呼び名だ。ただ、基本はまったく同じなんだけど呼び方が違う2つの利回りがあるので、これは知っておいた方がよい。板書したうちの①と②、つまり、応募者利回りと所有期間利回りがそれなんだ。

　応募者利回りは、これから新しく発行される債券に応募する人にとっての利回り、っていうくらいの意味だ。式そのものは最終利回り式とまったく同じだってことはわかるよね。「価格」のところが「発行価格」に置き換わっているだけだ。

　次に所有期間利回りってのがある。これは、満期以前に売ったときの利回りを示している。だから、最終利回りの式では100（額面）だったところが「売却価格」となっている。

　満期まで持てば100円が手に入ることが決まっているけど、途中だとい

債券・これが3つの利回り

①応募者利回り＝$\dfrac{\{クーポン＋（100－発行価格）÷年限\}}{発行価格}×100$

②所有期間利回り＝$\dfrac{\{クーポン＋（売却価格－買付価格）÷所有年限\}}{買付価格}×100$

③直接利回り＝$\dfrac{クーポン}{買付価格}×100$

くらかわからない。だから「売却価格」と記すしかない。

　もちろん売却価格と買付価格の差が値上がり益だ。あ、もっとも売るときの価格の方が安くなることもあるから、その場合には値下がり損だね。それと、年限は「所有年限」となっているところも違う。

利子だけを手掛かりに計算する直接利回り

　3つ目の利回りは直接利回りって呼ばれる利回りだ。これはちょっと性格が違う。式でわかるとおり、値上がり、値下がりという要素は見事にカットされているね。

　1年につき手に入るクーポンだけを取り出して、それが買付け価格の何％にあたるのかを計算しているだけだ。これは、企業なんかがよく使う利回りだ。

　債券を買ったけど満期まで持つかどうかもわからない。もちろん、途中で売ったときにいくらで売れるかもわからない。ただ、持っている間は毎年間違いなくクーポン（利子）だけは手に入る。

　こんな風に考える投資家だったら、確実に手に入る利子だけを基準にした利回りに注目するのは当然だろうね。これ、直利ともいうんだけど、この直利を重視して買付ける債券の銘柄を選ぶという投資スタンスを直利指向といったりする。

08 利子がなく 値上がり益だけしかない債券
=割引債、あるいはゼロクーポン債=

これまでに話した債券は、持っている間は毎年決まった利子がもらえるっていう仕組みだったね。でも、途中では利子が付かない代わり、ずっと安い値段で買えるっていう債券があるんだ

えっ、借用証書のようなものなのかしら

そうだね。借用証書は途中で利子を払うって仕組みにはなっていないのが普通だよね

　これは、買い手からみれば「利子がない」代わりに「安く買える」というモノなんだ。じゃあ、お金を調達する発行者からみると、どんな性格を持ったモノなのか分かるだろうか？

　さっきまで話していたのは、期間10年で額面100円の債券だね。これを発行すると90円のお金が手に入る。そして毎年2円を利子として払う。

　でも、途中で利子を払いたくないっていうんだったら、たとえば「利子は払わない代わりに最初は安く買ってもらうよ」という方法もありだ。

　たとえば、次のような仕組みにすればどうだろうか。

---

❶ 発行価格は75円。
❷ クーポンはゼロ。
❸ 期間は同じく10年。

　さて、このときには利回りはどうなるだろうね。
　今まで話してきた利回りの式で、クーポンをゼロにするだけだ。

途中での利子がない債券の利回りは？

$$最終利回り = \frac{(100 - 75) \div 10}{75} \times 100 = 3.333（\%）$$

　ほら、利回りは3.333％になるよね。つまり、この企業にとってはさっきのような年２％の利子付きの債券を発行したときと同じコストでお金を調達したことになるわけだ。利子が付いている債券は利付債（りつきさい）って呼ぶんだけど、こんな風に利子がない債券は割引債（わりびきさい）っていう。利子がつかない代わりに、額面を大きく割り引いた値段で引き受けてもらうよって、いう意味だ。

　ただし、ここでちょっと注意しておいてほしいことがある。期間が１年を超える割引債の利回りは、複利で表わすことになっていることなんだ。この例だと、75円を毎年r％で複利運用していくと10年後に100円になっていると考えるんだね。75円で買うと10年後には100円になるんだからね。

　この複利で計算すると利回りは2.918％ってなる。これが割引債の利回りってわけだ。日本には１年を超える割引債ってあまりないけど、海外にはこの手の債券が多い。海外ではゼロクーポン債って呼ばれるんだ。

　あ、そうだ。１年以下の割引債の利回りは、前項までで説明した単利の計算でいいからね。

◆割引債の最終利回り

「75円が10年後に100円になる」と年複利で考える、利回りをr％とすると

$$75 \times \left[1 + \frac{r}{100} \right]^{10} = 100$$

$$r = \left\{ \left[\frac{100}{75} \right]^{1/10} - 1 \right\} \times 100 = 2.918（\%）$$

$$※ \left[\frac{100}{75} \right]^{1/10} = \sqrt[10]{\frac{100}{75}}$$

（0.1乗するということは10乗根を求めるということ）

09 債券にも新築物件と中古物件あり、その違いは？
＝新発債と既発債＝

債券の利回り計算の基本をひとまず終えたところで、債券が分かりづらい原因の１つを話しておこうか。金利がある程度わかっている人にとって債券の利回りっていえば、すでに発行され時々刻々と相場が動いている債券の利回りなんだ。しかし、初心者は違う

え、だって、証券会社とか銀行のボードに書いてある"10年個人向け国債の利回り"なんかが債券の利回りでしょ

うん、間違いではないんだけど、それは専門家が見ている債券の利回りとはちょっと違うんだ

いきなり結論から言っておこうか。

債券は発行されて最初の人が引き受けるまでは「新発債（しんぱつさい）」って呼ばれる。新しく発行される債券って意味だね。そして、いったんこれが金融機関や個人などに引き受けられた途端に、その債券は「既発債（きはつさい）」になる。揮発して蒸発するわけじゃないけどね（笑）。

すでに話したように、債券は原則としていつでも市場で売れる。つまり、そのときには既発債として売られるわけだね。こんな風にして満期が来るまで、その債券は「既発債」として売り買いされるんだ。僕たち専門家がチェックしている債券の利回りっていうのは、実はこの既発債が売り買いされた結果ついた利回りのことなんだ。

これは文字どおり、時々刻々変わる。でも、君がさっき言った店頭のボードなんかに表示されている個人向け国債の利回りは、新発債の利回りなんだ。これは、この債券が募集されている期間中は変わらない。

　株式なんかも同じだね。最初に新株が発行されるときには決まった値段で発行される。でも、それをいったん引き受けた人は、その後いつでもそれを売ることができる。そしてその値段は毎日どころか、1日のうちでも瞬時に変わっていく。それと同じだ。

　もちろん、新発債から既発債になっても同じ債券だからクーポンは変わらない。でも年限は変わっていくよね。1日経てば1日短くなる。10年の期限で発行された債券だって、1年経てば残りの期間は9年になる。5年経てば満期まで5年になる。

　クーポンが変わらない同じ債券でも、満期まで10年のときと5年のときとでは利回りが違うのはあたり前だ。とともに、その時々の、売り買いの需給バランスによって、既発債の利回りは変わり続けているんだ。

欧米市場では中古になってから住宅価格が上がるのはあたり前

　ほかのものに例えるのはむずかしいんだけど、強いていえば欧米での新築住宅と中古住宅のイメージかな？

　欧米の住宅売買市場では、中古物件が7割を占めるっていう。日本は新築が9割だ。それより何が違うかっていうと、日本の家屋は原則、木造ってこともあり年が経つに従って値段は下がる一方だ。

　それに比べ、欧米では基本的にコンクリート、石造りのせいもあって、中古になってからも値段が上がることは珍しくない。好景気で中古物件への買いが増えたら値段が上がったりする。そう、経済情勢によってしょっちゅう値段が動いているんだ。

　すでに発行された債券、つまり既発債が毎日市場で売り買いされて価格が変わり、それに応じて利回りが変わるっていうのは、言ってみればそんなイメージだ。

規則正しく動く債券、バラバラに動く株式
＝債券市場vs株式市場、決定的な違いはこれだった！＝

さっき、債券の利回りが毎日のように動くのは株式のような
イメージだって言ったけど、実はちょっと違うんだ。株式市
場はそれこそ、個人から一般の企業、銀行、年金などの機関
投資家、証券会社、外国勢など実に多種多様だけど、債券市
場はこれとはだいぶ様相が違う

市場っていうんだから、売り買いしたいいろんな人が集まる、
っていうのは同じじゃないの？

そりゃそうだ。でもその風景はずいぶん違うんだよ。大事な
点は２つある

　市場（しじょう、いちば）っていうのは、売り買いしたい人が同じ場所に
時間を決めて集まって、売り買いする場だよね。

　その点は債券市場も、株式なんかと同じだ。でも参加者の顔触れは、株式
市場とはまったく違う。極論するとね、個人や一般の企業などはほとんど入
り込む余地はないんだ。

　債券の売り買いに日常的に参加しているのは証券会社や銀行、そして米国
系の投資銀行、あるいは年金ファンドなどのプロの機関投資家だ。もちろん、
個人や一般の会社も取引に参加しているけど、全体から見るとほんの一部だ。
プロの投資家が行う売り買いの単位は少なくとも億円単位、なかには１件あ
たり数十億円以上ってのも珍しくない。

　つまり、こうしたプロ投資家が巨額の債券の買いを日常的に行うことで債
券の価格、利回りは決まるんだ。債券市場を実質的に牛耳っているのは彼ら
なんだね。株式市場などとは風景がまったく違う。これなんかも債券が分か
りにくい原因の１つかもしれないね。

売買の99％は10年長期国債に集中

もう1つ大事なことがある。それは、債券市場で売り買いされる銘柄は、最近発行されたばかりの10年国債に集中していることだ。これも、株式市場のイメージからは、ちょっとわかりにくい点かもしれないね。

債券は、国内で発行されたものだけでも数万銘柄以上あるけど、ごく最近発行された期間10年の国債だけに売り買いが集中しているのが実態なんだ。ほとんど99％がこの銘柄の取引で占められている。

なぜか。債券は株などとはまったく性格が違うんだね。債券に投資する人にとって大事なことは、それを買って持っていれば年あたりどれだけの利回りが手に入るかだ。そしてそれは、債券を発行する会社の業績には原則として関係ない。

トヨタが史上空前の利益を得たからと言って、トヨタが発行した債券の相場が上がるわけじゃない。債券は満期まで持てば額面どおりの金額が払い戻されるのだし、途中で受け取れる利子は同じだからね。つまり、発行者の社会・経済的な信頼度と満期までの期間が同じなら、どの銘柄でも、価格・利回りはほぼ同じなんだ。

数万以上もある債券の銘柄のなかで、一度に数億～数十億円もの売り買いができる銘柄といえば、国債のなかでも最も発行量が多く、かつコンスタントに発行される期間10年のモノしかない。

だから、この銘柄だけが集中的に取引される。そしてこの10年国債の利回りを見ていれば、期間が様々なわが国の債券全体の動きがわかるってわけだ。代表選手だね。指標だ。

だから、新聞やニュースあるいは証券会社の店頭なんかでは、債券の利回りは「新発10年国債」だけが表示されているんだ。

このあたりで、債券を習うとき誰もが必ずつまずくことを話しておこうか。それはね、価格と利回りは常に逆に動くっていうことなんだ。ちょっとしたエピソードから始めるね。その昔、僕の知り合いの証券会社の支店長が苦笑しながらこう言うんだ。「10年の米国国債を5％で買った客が、その後6％になったときに売りたいって来た。値上がりしているから売るって言うんだ。困っちゃた」ってね

だって、買ったあと利回りが上がったということは、価値が上がったんだから値段も上がっているんでしょう？

いやまったく逆なんだ。大幅に値段は下がっていたんだ

　さて。読者の方々はこの客の申し出について、どう思われるだろうか？「利回りが上がったんだから値段も上がっているはず」と思われた方が多いんじゃないかな？でもこれは結論から言うと、ブブー。逆に値段は下がっている。

　実は、このエピソードでお伝えしたいことは、債券では価格と利回りが逆に動くってことなんだ。債券の初歩を学ぶ上でほとんどの人が、ここでつまずく。

　実は、債券の利回りが上がっていれば価格が下がっており、その債券を持っている人は損している。これが分からなければ、債券の記事どころか、金利の動きを巡る情報はまったくチンプンカンプンになる。

　「債券の売りが増えて利回りが上がった」「金利上昇で〇〇銀行、年金ファンドは巨額の損を抱え込んだ」。

　こんな記事をちゃんと理解するには、債券の価格と利回りの関係がわかってなきゃならない。

　さて、この客はどこで間違っていたんだろうね。

「それ自体の価値」≠「投資価値」

　さっきのエピソードだけど、売りたいってきたお客は、多分こう考えていたんだ。「債券の利回りが上がったんだから価値が上がった」→「債券の価値が上がったってことは、価格が高くなったってこと」とね。「だから、一部を売って儲けを手に入れたい」となったんだ。

　さて、この理屈のどこが違っているんだろうね？別に読者を惑わそうとするのではないし、トリックでもなんでもないよ。

　結論から言うとね。彼は「そのもの自体の価値」と「投資価値」を混同していたんだ。利回りが上がったということは、これから投資しようとする人にとって「投資価値」が上がったってことだ。「投資価値が上がった」ってことは、「同じものが、より安く買えるようになった」ってことだよね。

　つまり「投資価値が上がる」ということは「それ自体の価値が下がる」ことを意味しているんだね。「投資価値」≠「それ自体の価値」なんだ。

〈投資価値が上がるとは…〉
　①値段↓　＝　②利回り↑

〈投資価値が下がるとは…〉
　①値段↑　＝　②利回り↓

　地価を考えてみればいい。小さな雑貨店を開くために眼をつけていた店舗用土地をＳさんが買おうとして、不動産屋を覗いたところ「１坪＝140万円」だった。それから１か月後に同じ物件が「１坪＝150万円」になっていた。このときどう思う？

　「地価が上がった」ということは、そのもの自体の「価値」が上がったことだ。あたり前だ。ところがＳさんにとっては「140万円→150万円」は「投資価値が下がった」ということだよね。

　つまり「投資価値が上がった」ということは「そのもの自体の価値は下がった」ことだ。ギャフン！ほら、見事に逆だよ（この項つづく）。

12 産卵能力が落ちた鶏の価格は下がるのが当然です
＝債券価格と利回りの関係　その2＝

　さっきの話は作り話だと思うかもしれないけど、これ実話なんだ。その当時、たしか、2000年前後だったと思うんだけど、証券会社は定年退職後の資産運用プランの1つとして、日本の金利よりずっと高い米国の国債を積極的に売っていた。ほら、グラフをみてもわかるけど、圧倒的に米国金利の方が高かっただろう。

　そこで債券の基本を知らない人も、言われたままに米国の債券を買っていたんだね。

　利回りが上がったということは、これからその債券に投資する人にとって有利になったってことだよね。年5％しか利益が出ないのが、6％の利益が出るようになったんだから。つまり有利な条件で買えるようになったっていうことだ。ここがポイントだ。

　さて、有利な条件が買えるようになったということは、値段でいえばどういうこと？そう。安く買えるようになったってことだ。

　だって、債券は値段がいくらで買おうと関係なく、満期になると額面どおりのお金が払い戻されるんだし、途中で受け取れる利子も同じだ。だったら値段が安い方が、買う側にとっては有利なのに決まっている。有利だってことは利回りは高いってことだ。

金利上昇→既存の債券売り→価格の下落

　利回りが上がると値段が下がるってことは、次のようなイメージで理解してもいいと思う。

　世の中の金利が上がった。新しく発行された債券の利回りも上がったんだ。そうすると、今までの利回りが低かった債券を持っていた人は、この利回りが高くなった債券を欲しがるよね。

　じゃあ、そのためにはどうすればいい？そう、今まで持っていた低い利回りの債券を売ればいい。そこで多くの人が、今までの利回りが低い債券をど

図表3-12　日米の金利差が大きく開いていた2000年前後

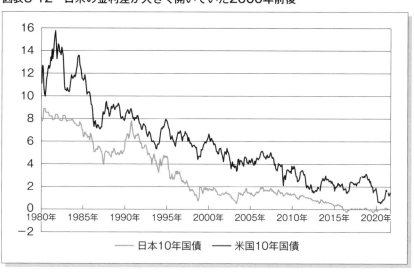

―――日本10年国債　　―――米国10年国債

んどん売ったらどうなる？もちろん値段は下がるよね。

　ほら、こんな風に考えても、利回りが上がると、債券の値段が下がるってことがわかる。

　この説明に似ているんだけど、ある証券会社では面白いたとえで説明していた。ある人が１日に１個の卵を産む鶏を500円で買ったんだ。ところが１か月後には、１日に２個の卵を産む鶏が同じ500円で市場（いちば）で売られていた。

　さて、このとき、１日１個の卵しか産まないこの鶏を売ろうとしたらいくらで売れるか、っていうんだ。

　価値は半減するのはわかるよね。つまり250円でなければ売れない。この話では、卵は利回りなんだ。利回りが１個から２個に上がれば、１個しか生まない鶏の価値が下がるのは当然だ。このたとえ話には思わず笑っちゃったけど理屈は一応通っているし、イメージとしてもわかりやすい。少なくともわかったような気にはなる。

　さて、すでに債券の価格と利回りの計算式を学んだのだから、このテーマについて改めて数式で説明しておこうか。

計算が苦にならない人は こう理解しよう
＝債券価格と利回りの関係 その3 ＝

債券の価格と利回りの関係の続きなんだけど、現実の債券に即して話しておこうか。次のような債券を想定しよう。「期間3年」「額面100円」「表面利率（クーポン）2％」。「期間3年」で「額面100円」というのは「3年後に満期を迎え、額面の100円が払い戻される」ことを意味する

そして年に2％分の利子がもらえるってわけね

そうだ。毎年、額面100円あたり2％分の2円がもらえる。これが、金融商品としての債券の最も基本的な骨格だったよね。

　じゃあ、この債券をいったん買い付けて満期まで持てば、結局どれだけのお金が受け取れるか考えてみようか。この辺りはちょっと復習を兼ねてね。

```
期間：3年
額面：100円
クーポン：2％
```

　毎年2円の利子を受け取り、満期になれば100円が手に入るんだから、前部で106円（「100円」プラス「2円×3」）だね。これは買ったときの値段がいくらであるかには関係ない。次の図にある"?円"がいくらであろうが関係ないよね。

　さてこの債券、午前中には97円だったのが、午後には94円になっていたとしよう。このとき、97円で買うよりも94円で買う方が買う側にとっては

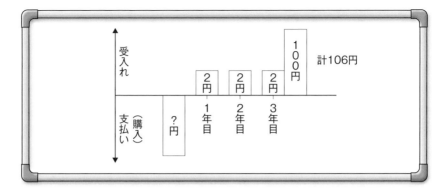

有利であるのは当然だ。有利であるということは「買ったときの利回りが高い」ということだ。つまり「（97円から94円に）値段が下がったときには利回りは上がった」わけだ。

実際に利回りを計算してみるとこんな風になる

$$97円のとき \quad 利回り = \frac{2 + (100 - 97) \div 3}{97} \times 100 = 3.092\%$$

$$94円のとき \quad 利回り = \frac{2 + (100 - 94) \div 3}{94} \times 100 = 4.225\%$$

この式はすでに学んだとおり、価格から利回りを計算するものだ。でも、この式では逆のこともわかるよね

つまり「利回りが3.092%から4.255%に上がった」ということは「値段は97円から94円に下がった」っていうことだ。利回りが1.2%くらい上がると値段は3円下がるっていう計算だね。つまり、期間が3年の債券だったら値段が1円下がると利回りは0.4%くらい上がるんだ。

さあ、ここまでわかれば、債券や金利についてのいろんなニュース記事を正しくきちんと読むための最低限の装備はOKだ。ここで債券の基本についての山場は1つ越したことになるよ。ひとまず安心してね。

「0.25％で国債を買い金利上昇を抑える」って、イミわかる？

　2022年2月に日銀が『0.25％で10年国債を無制限に買い入れて金利上昇を抑える』っていうニュースが流れたんだ。これ意味わかる？

　最初にその背景を話しておくね。米国の金利急上昇につられて日本の債券利回りもどんどん上がった。しかし米国なんかに比べると、日本はまだ景気が悪いので金利上昇は避けたいと日銀は考えた。だから国債の利回りを0.25％以上には上げたくなかったんだ。

　この記事（見出し）は、0.25％で日銀が10年国債をいくらでも買うと、市場で取引される利回りは0.25％を超えることはない、って言っているんだね。でも分かりにくい人が多いと思う。

　でもこの章で話した「債券の利回りと価格は逆だ」ってことを思い出せば実に簡単だ。

　0.25％で無制限に買うってことは、ある値段で大量に買い上げるってことだ。たとえば債券を99円で買い上げるということでもいい。そうすると、しばらくは国債の値段は99円以下には下がらないよね。

　つまり、ある利回りで大量に債券を買うと、債券の価格は下がらなくなる。つまり利回りはそれ以上には上がらなくなる。それが日銀が0.25％の利回りで国債を買い上げた理由だ。

　じゃあ、なぜ025％だったのか、ってなるが、これも簡単だ。日銀は10年国債の利回りの変動をマイナス0.25％～プラス0.25％の間に誘導する政策をとっていたからだ。

　10年国債って言えば日本の中長期金利のなかでは一番先に動き、ほかの多くの金利にとても大きな影響を与える。これがさらに上がると、固定金利型の住宅ローン金利や、企業向けの長期貸出金利も上がる。そうなると、せっかく新型コロナショックから立ち直ろうとしている日本経済に相当のダメージを与えるって心配があったんだね。

第4章

〈実践編〉
ちょっと債券なんですけど その2

01 債券といっても国債と社債だけではありません

＝発行者別に債券の種類を一覧する その1 ＝

 前章で、債券という金融商品の仕組みを話してきたんだけど、このあたりで債券の種類全体を俯瞰しておこうか

 今までも債券の種類として利付債と割引債とか、短期債と長期債なんて区別は学んだけどね

 うん。ここでは主に発行者によりどんなふうに区別できるか、という視点から整理しておきたいんだ

　債券を発行してお金を調達している機関は様々だ。これまでにも出てきた日本の政府だね、それ以外に都道府県といった地方公共団体や独立行政法人などの政府系機関のほか民間の会社、あるいは金融機関や特殊法人なども多くの債券を発行している。海外の政府や企業などが発行する外国債もある。

　これらの債券は、公共債と民間債の２つに分けられる。図にあるとおりだ

〈公共債〉

　国債：満期別に短期国債（１年以内）、中期国債（２～５年）、長期国債（10年）、超長期国債（10年超）に分類される。このうち圧倒的に取引量が多いのが10年の長期国債。このほか、その仕組みの違いから元本が物価指数に連動する**物価連動国債**や、**個人向け国債**といった区分もある。

　地方債：都道府県、市町村が発行する債券。期間はバラバラだが、重要なのは、決まった金融機関だけが引き受けるという**非公募債**と、個人を含む多くの人が引き受ける**公募債**があるという点。個人にとってなじみがあるのはミニ公募債（住民参加型市場公募地方債）だ。これは地元の住民だけしか買えない仕組みになっている。

　政府関係機関債：都市再生機構などの独立行政法人や、日本政策金融公庫などが発行している。

図表4-1　債券の種類

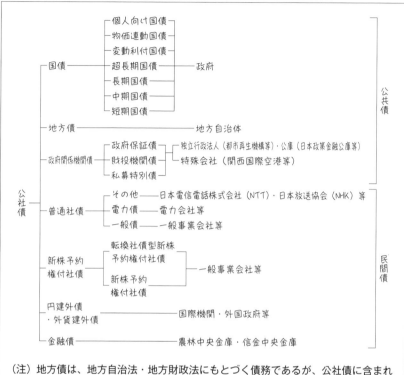

（注）地方債は、地方自治法・地方財政法にもとづく債務であるが、公社債に含まれるものは、市場公募資金によって消化されるものと証券発行形式による銀行等引受債のみである。

出典：図説 日本の証券市場 2022年版（日本証券経済研究所）

〈民間債〉

　社債：民間企業が発行するのが社債。事業債ともいう。金融機関が発行するものは金融機関債と呼ばれる。

〈外国債〉

　円建外債：海外の政府や国際機関あるいは一般企業などが円を調達するために発行する円建てでの債券。

　外貨建外債：同じく海外政府などがドルなどの外貨資金を調達するために発行する債券。ニュースに多く登場する米国10年国債は外貨建外債だ。

個人向け国債は債券の本質から相当逸脱した商品だった
＝発行者別に債券の種類を一覧する　その2＝

 個人に一番馴染みが深い債券って言えばやはり個人向け国債かな

 でも最近はあまり広告見ないわね

 そうだね。何しろ超低金利が続き金利の魅力が薄れてきたからね。ところでこの個人向け国債は、それ以外の債券とは相当違った仕組みになっていることは知っておいていいよ

　多くの人が知っているとおり、日本は世界で一番経済成長率が低い。つまり、世界一のデフレ国でもある。物価、賃金も上がらないし、経済規模の拡大テンポも遅い。一方では世界一の高齢化社会だ。ということは年金、医療、福祉などの予算はどんどん膨れ上がる。

　つまり税金は増えないが支出は増える一方だ。お金が必要だ。そのために毎年度国債をバンバン発行している。100兆円の予算を組むのに、30兆円は国債で賄わなくっちゃならない状態が続いているんだ。

　そこで日本政府は考えた。金融機関に買ってもらうだけではなく、お金をため込んでいる個人にもっと積極的に国債を買ってもらおう、ってね。それで、芸能人を起用して大々的に個人向けにアピールをしたこともあった。

　個人向け国債は個人が零細な資金でも買えるようにって、額面1万円から買えるようにしたのが特徴の1つだ。2つ目は、経済・金融情勢がどうなっても、最低でも0.05％の金利を付けることになっている。今、預貯金は2年定期でも0.002％なんて利率だから、これに比べると高いよね。

　そして、3つめ。一番本質的なことは、満期前にお金が入用になればいつでも政府、つまり発行者がこれを買い取るというイレギュラーな仕組みにな

図表4-2　個人向け国債の商品性概要

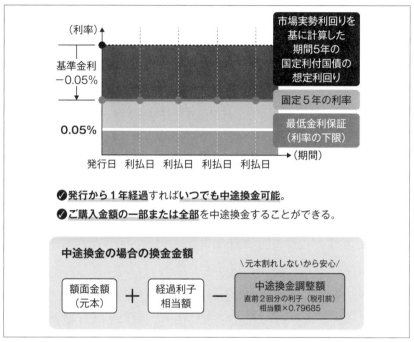

出典：財務省HP

っていることだ。こんな債券はほとんどない。

　これまで説明してきたとおり、債券は満期前でも自由に売れる。でも、それはあくまでそのときどきの時価で売ることが原則だ。いや、鉄則だね。これ、株式なんかでも同じだ。でも、それじゃあまだ債券投資に不慣れな個人は一歩引いてしまいかねない、と政府は考えたんだね。

　「いつでも額面100円につき100円で買い取ります」っていう条件を付けた。これだと、途中で売ったとき値段が下がっていたため損する心配はない。一応元本（＝額面）が保証されているんだから安心だ。もっとも、そのときには一定の手数料相当分が取られるけどね。こんな風にちょっと特殊な仕組みなので、個人だけしか買えないことになっている。

　実はこのほかに、個人向け国債でも期間10年のものにはとても大事な特徴があるんだけど、これは後回しにするね（この章（項目05）で説明）。その前に説明しておきたいことがあるんだ。

インフレになれば実質価値が目減りする債券

= 「債券は元本保証だからリスクはない」はなぜ間違いか　その1 =

「株式には満期がないけど債券にはある。そして債券って満期まで持てば元本が返ってくるから安心。リスクはないよね」って考えている人がママいるね

え、だってそうじゃないの？元本保証でしょ

たしかにそうだ。債券を発行した会社が破綻して、元本を返せなくなったということでも起きない限り元本は安全だ。しかし、だからといってリスクがないわけじゃないんだ

え、元本が保証されているのにリスクがない？どういうことなの？

　「元本保証はあるけどリスクはある」って、ちょっとわかりにくいかもしれないね。じゃあ、こんな話をしておこうか。

紙クズと化した戦時国債

　第二次世界戦時中に発行された国債なんだけどね。戦争には巨額のお金が必要だ。だからといって、そのお金は税金などで賄うことも簡単にはできない。

　戦時中だから、生産も消費も細っているし、賃金も下がっているし、国民全部が食うや食わずのぎりぎりの生活をしている。こんなときに政府が軍事費を賄うために税率を上げるなんてできっこないだろう。どうするか。

　こんなときの切り札が国債なんだ。つまり国債を発行してお金を調達するんだね。これはどこの国でも同じだ。

　で、日本でも戦時国債っていうのが発行された。これを「お国のために」

といって買ってもらい、それを軍事費にあてたんだね。

　そして、戦後になって満期を迎え、約束どおり元本が国債と引き換えに支払われた。さて、でもここで元本を受け取った人は全員、大いに落胆したんだ。なぜだと思う。

　実は、元本は約束どおり払われたものの、そのときまでに物価がとんでもなく上がっていたので、元本を返してもらっても、ほとんど二束三文の価値しかなかったんだよね。そう、ほとんど紙クズだったんだ。

　写真は昭和18年に発行された戦時国債なんだけど、昭和28年の満期償還時には20円の元本が払われた。でもね、そのときの20円っていえばどれだけの価値があったと思う？ほとんど紙屑だ。勤め人の月給が7,000円ぐらいだからね。発行された昭和18年の20円だと、白米60kg買えるくらい価値のあるお金だったんだけどね。

　債券は元本が保証されていても、インフレにはからっきし弱いんだ。逆に、債券を発行する側に立てば、満期までの間にインフレが進めば、実質的な負担はうんと減る。これは債券には限らないんだけどね。つまり、借金する側から言うと、インフレ大歓迎ってわけだ。

　今100万円借りたとするね。10年後にあらゆる物価が10倍になっていたとする。給与も月30万円なのが、300万円になるわけだ。そのときだと、100万円返すなんてへっちゃらだもんね。

"機会収益の損失"は立派な
リスクである
=「債券は元本保証だからリスクはない」はなぜ間違いか その2=

インフレで債券が紙クズになるっていう話をしたけど、これがインフレリスクって呼ばれるやつだ。でも債券は元本保証だけどリスクがあるっていうのは、ほかにも理由がある。債券を買ってから金利がどんどん上がっていったときには、どうなると思う?

だったら、満期まで持てばいいだけじゃないの?

そう思うよね。でも、そうじゃないんだ。そこにはちょっとした落とし穴があるんだ

　具体的に考えるね。3%の金利（クーポン）、期間10年の債券を保有していたとするね。途中で金利が上昇して2年後には5%、3年目には7%というように上がり、10年後に満期償還を受けたときには同じ10年の債券が10%になっていたらどうかな。この債券の保有者はどう思うかね?

　「あのとき、3%の債券を買うんじゃなかった」「その後金利がどんどん上がっているのに、毎年3%分の利子しか手に入らない」「まずかったな」って後悔するはずだ。

　つまり、もう少しあとで買えば、5%とか7%という高い金利の債券が買えたはずという意味で、3%の債券を買ったということは、実質的にはリスクを負ったんだ。こんなのを経済用語では、**機会収益の損失リスク**と呼ぶんだ。より多くの収益が得られるチャンスをキャッチできなかったというのは、経済学ではリスクの1つに数えるんだ。

　さらに大事なことがある。こんな風に金利がどんどん上がっているとき、その高い金利の5%とか7%の債券を買うためには、3%クーポンの債券を

図表4-4　金利が上がっているときには物価も上がっている

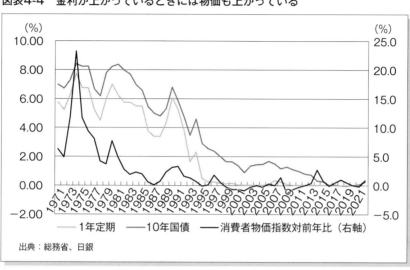

出典：総務省、日銀

売らなきゃならない。この場合、間違いなくこの債券の価格は大幅に下がっている。

　つまり、より高い利回りの債券に買い替えるためには、損を覚悟で売らなきゃならないんだ。

　また企業は債券を持っていれば、決算期ごとに資産評価する必要があるんだけど、時価で評価するのが会計原則だ。ということは、金利が上がれば持っている債券の評価額が下がり、それだけ決算の内容は悪くなる。

　しかもね。こんな風に金利が上がっているときには、まず間違いなく物価も上がっている。ほらグラフを見てもわかるだろう。この理屈は第5章で詳しく話すけど、ともかく、金利が上がっているときには、物価も上がっているから、約束された利子や元本をもらっても、その実質的な価値は低くなっているんだよ。ほら、これは前項の戦時国債について話したインフレリスクだよ。

　こんな風に考えてくると、債券は元本保証だから安心なんて言えないことがわかるよね。

05 インフレ・金利上昇リスクを 回避できる債券発見！！
=これが変動金利型国債だ=

元本と利子の支払いが保証されているとはいっても、債券はリスクがないとはいえないことが分かったよね。こんな債券のウィークポイントをカバーしようとして工夫されたのが、変動金利型の債券なんだ

そういえば、金利には固定型と変動型があるって習ったわね

そう、よく覚えていたね。いくつかの例があるんだけど、一番身近なところでは、個人だけが買える国債にそんなタイプのものがあるんだ

　2000年代になってから個人向け国債が相次いで発行されたって話したけど、そのときの目玉になったのが、10年変動金利型の国債だったんだ。もちろん今でも毎月コンスタントに発行されている。ちょっと毛色が変わった国債なんだ。

　さて、どんな風に変わっているかって言うと、金利が高くなったときにはそれに応じてクーポンを一定のルールに基づいて引き上げるっていう仕掛けなんだ。財務省がWEBサイトで紹介している図を見ればわかるんだけど、利払いが行われるごとに、金利が変更されるチャンスがある。これは半年ごとだ。国債の利払いは年2回だからね。

　そのとき新しい利率の基準になるのは、同じように期間が10年として発行されている固定金利型の国債の金利だ。ほら、「10年固定利付国債の実勢金利」って書いてあるよね。

　この国債は、これまでも何度も出てきた古くからある日本の債券全体を代表する存在だ。あらゆる金利のなかで一番重要な金利で、日経新聞なんかでも金利の代表選手として毎日報道しているヤツだ。

図表4-5-1　10年国債の金利

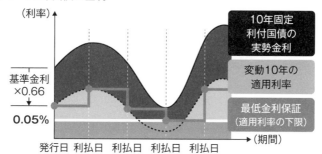

出典：財務省HP

図表4-5-2　個人向け国債の商品性の比較

商品名	変動金利型10年満期 **変動10**	固定金利型5年満期 **固定5**	固定金利型3年満期 **固定3**
満　期	10年	5年	3年
金利タイプ	変動金利	固定金利	固定金利
金利設定方法*1	基準金利 × 0.66*2	基準金利−0.05%*3	基準金利−0.03%*3
金利の下限	0.05%		
利子の受け取り	半年毎に年2回		
購入単位 （販売価格）	最低1万円から1万円単位 （額面金額100円につき100円）		
償還金額	額面金額100円につき100円（中途換金時も同じ）		
中途換金	発行後1年経過すれば、いつでも中途換金可能*4 直前2回分の各利子（税引前）相当額×0.79685 が差し引かれます。		
発行月 （発行頻度）	毎月 （年12回）		

＊1～4は省略
出典：財務省HP

　この変動金利型国債だと、インフレが進んで金利も上がっているときには、表面利率（クーポン）が引き上げられ、利子が増えていく。このため、ある程度は物価上昇に対抗できるってわけなんだ。「インフレに伴う資産目減りのヘッジ（回避）機能を持つ」っていうわけだ。

　しかも、最低0.05%の金利は保証されるっていう仕組みだ。多くの資産運用の教科書では、安全な投資先として紹介されることが多い。

06 金利上昇期に銀行が長期債を売り短期債を買う理由
＝デュレーションのススメ その1 ＝

話は前後するんだけど、この辺りで大事な話をしておかなくっちゃならない。前に、期間3年の債券を例にとって、価格が下がれば利回りが上がるって式を説明したよね

えーと、値段が97円から94円に下がったら、利回りが3％台から4％台に上がるっていうやつでしょ（p113で解説）

そう。じゃあここで期間が10年の債券だったらどうかって考えてみたいんだ。

　実は金利が上がり始めると、金融機関は期間の長い債券を嫌がって売り払い、できるだけ期間が短いものに入れ替える。なぜか？その理由をここでは取り上げておきたいんだ。ちょっと復習のつもりで、あのときの式をもう一度上げておくね。

値段が下がれば利回りは上がる

97円のとき　利回り＝ $\dfrac{2+(100-97)\div 3}{97}$ ×100＝3.092％

94円のとき　利回り＝ $\dfrac{2+(100-94)\div 3}{94}$ ×100＝4.225％

　じゃあここで、期間が10年だとしたらどうなる？同じように式を書いておこうか。

※ 期間10年の債券だと

97円のとき　利回り＝ $\dfrac{2+(100-97)\div10}{97}\times100=2.371\%$

94円のとき　利回り＝ $\dfrac{2+(100-94)\div10}{94}\times100=2.765\%$

　どうかな？97円から94円に値段が下がると、利回りは2.371％から2.765％へと、わずか0.4％程度しか上がっていない。期間が3年のときよりずっと利回りの上がり方が少ない。つまり、期間が違えば価格変化と利回り変化の関係がまったく違うんだ。期間が長い方が、同じように価格が変化しても利回りの変化が緩やかなんだよね。改めて板書しておこう。

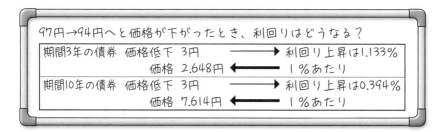

97円→94円へと価格が下がったとき、利回りはどうなる？

期間3年の債券	価格低下	3円	⟶	利回り上昇は1.133％
	価格	2.648円	⟵	1％あたり
期間10年の債券	価格低下	3円	⟶	利回り上昇は0.394％
	価格	7.614円	⟵	1％あたり

　値段が3円変化したとき、3年債の利回りは1.133％動いているか？10年債は0.394％しか動いていないよね。

　ここまでは、価格が変われば利回りはどう変わるか？って考えてきた。じゃあこれを逆から見ればどうかな？つまり、同じように利回りが変化したとき、値段はどう変わるかってことだね。

　それを示したのが「1％あたり→価格2.648円」「1％あたり→価格7.614円」のところだ。

　3年の債券よりも10年の債券の方が、同じように利回りが変化しても価格の変動はずっと大きいんだ。ほら、だから最初に言ったように、金利が上がり始めると、金融機関は、期間が長い債券を売り、短い債券に入れ替えるんだ。短期の債券の方が値下がり損は少ないからね（この項続く）。

債券をたくさん持っている金融機関などは、金利・利回りの動きと価格の動きの関係には細心の注意を払わざるを得ないんだ

そう。それはわかるんだけど、さっきは利回りが１％変われば価格はどれだけ動くのかっていうことだったわね。それだと、価格から利回りをはじき出す式じゃなく、逆に利回りから価格をはじき出す式の方がわかりやすいと思うんだけど…

参った！そりゃそうだ。じゃあ、利回りから価格を計算する式を使って説明しておこうか

　たしかにそのとおりだね。利回りが変化したら価格はどれだけ動くのかを考えるんだったら、利回りから価格を計算する式を使った方がわかりやすい。

　式は簡単だ。債券の価格から利回りを計算する式をちょっと変形しておくだけでいいんだからね。板書しておくね。上半分がそれを示している。

現在の利回りは考えてみよう

　ここまでは、わかりやすいようにクーポン２％とか価格97円、94円って言う例で考えてみた。つまり利回りが３％とか４％台っていうことだね。でも今は、日本の国債の利回りなんて0.1％とかそんなもんだ。

　そこで、もう少し今の水準に近い例で説明しておくね。利回りが0.1％から0.2％に上がった場合を考えてみよう。これを表したのが下半分だ。

　ほら、３年債だと0.1％から0.2％へ利回りが上がったとき、価格は30銭下がっただけだ。でも10年債だと１円も下がっている。だから金融機関は、金利が上がり始めると、期間が長い債券を嫌がって売るんだ。

　ここでは、一応、１年の債券だったら１％利回りが変化すると価格は１円、

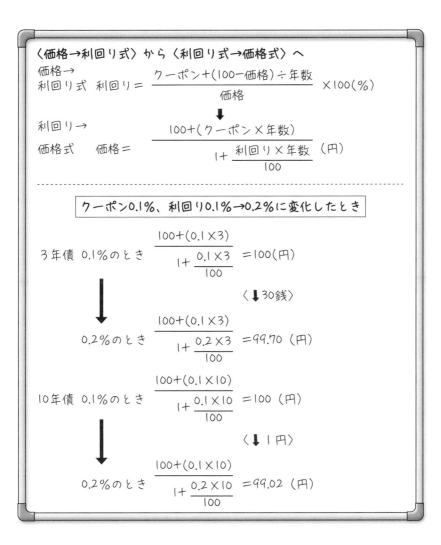

〈価格→利回り式〉から〈利回り式→価格式〉へ

価格→
利回り式　利回り＝ $\dfrac{クーポン＋(100－価格)÷年数}{価格}$ ×100(%)

↓

利回り→
価格式　　価格＝ $\dfrac{100＋(クーポン×年数)}{1＋\dfrac{利回り×年数}{100}}$ （円）

クーポン0.1%、利回り0.1%→0.2%に変化したとき

3年債 0.1%のとき $\dfrac{100＋(0.1×3)}{1＋\dfrac{0.1×3}{100}}$ ＝100（円）

〈↓30銭〉

0.2%のとき $\dfrac{100＋(0.1×3)}{1＋\dfrac{0.2×3}{100}}$ ＝99.70（円）

10年債 0.1%のとき $\dfrac{100＋(0.1×10)}{1＋\dfrac{0.1×10}{100}}$ ＝100（円）

〈↓1円〉

0.2%のとき $\dfrac{100＋(0.1×10)}{1＋\dfrac{0.2×10}{100}}$ ＝99.02（円）

3年だったら3円、10年だったら10円というように覚えておけばいい。すると、たとえば「10年債の利回りは0.2%上がった」なんていうニュースを聞いたら「あ、100円あたり2円だから、値段は2%くらい下がったんだな」ってわかる。

　※前項では10年債利回りが0.1%変化すれば価格は7.6円動いたが、この項では10円動いている。これは利回りが低いと価格の変動幅は大きくなるため。理由は省略しますが、現在のような超低金利時にはおおむね0.1%⇒1円と考えてください。

08 「10年債利回りが0.1%上昇→値段は1 円下落」が簡単にわかるアッと驚く方法
＝直感で利回り⇔価格の変化を知る＝

 日経平均が230円上がって２万6,750円になった。これはわか
りやすいよね。変化が量的に把握できる。為替や商品市況な
んかもそうだ。でも、債券は0.1%利回りが上がって2.0%に
なったといっても意味がわからない。そうじゃないかい？

 そうだわね。量的な変化がわからないから、どれだけの影響
があるかがわからないのよね

 でもね。実は、計算式なんか使わなくても簡単にわかる方法
があるんだ

　債券にいま１つ親近感がわかない原因の１つは、利回りが上がった、下が
ったといって、それがどの程度なのかが直感的にわからないからだと思うん
だ。たしかこの本の最初の方で、債券がわかりにくい原因の１つとして取り
上げたよね。

　実際、2022年に入ってから米国の10年債は急上昇した。このときには
連日のように「0.2%上がって2.6%に」とか「0.1%上昇し3.1%へ」とい
ったニュースが相次いだ。でもこれじゃあ、持っている人はどれだけ損した
かわからない。

　その点、株や円相場の動きはわかりやすい。日経平均株価が230円上が
って２万6,750円になったって言えば、「１%弱上がったのね」ってわかる。
円相場が80銭下がって１ドル＝136円になったって言えば、0.6%くらい
円が安くなったんだってね。

　でも、10年国債の利回りが0.1%上がって3.1%になったって言っても、
これ、量的な変化が実感できない。つまり、具体的な意味がわからないんだ。

　でもね。これがわかるとても簡単な方法があるんだ。板書しておくね。

> 10年国債の利回りが0.1％上昇
> ⇒1年あたり収益が0.1％分増えた
> ⇒ということは、満期までに手に入る利益が1年あたり0.1％
>   増えた
> ⇒10年では1％分だ
> ⇒債券は満期に100円で払い戻される
> ⇒ということは、値段が1％分下がったってこと
> ⇒たとえば値段が99円だったらそれから約1円下がって98円に
>   なったってこと

　すでに学んだように、債券は途中で払われる利子は変わらない。ということは、利回りが動いたってことは、価格が動いたからだよね。

　1年あたり0.1％分利回りが上がったってことは、1年あたりに換算すると0.1％分値段が下がったってことだ。10年債だから1％分だね。債券の価格は額面100円あたりで表されるから、1％＝1円くらいだ。

　つまり値段は1円下がったとわかる。価格が99円だったら98円に下がったんだ。正確に言うと、ちょっと違うんだけど、大雑把にはこんなイメージでいい。

　じゃあ、期間が2年の債券だったらどうだろうね。同じように0.1％利回りが上がるってことは、1年あたりの収益が0.1％分増えたんだから、1年あたり値段が0.1％分下がったってことだ。ということは、2年の債券だから0.2％分（≒20銭）値段が下がっているはずだ。

　つまり、同じように値段が99円だったら、0.2％分下がって98円80銭くらいになったってことだ。

　※いまさらながらの注：1円＝100銭

　この第4章の06項（p134）で、デュレーションを説明したよね。そこで、同じように利回りが変化しても、期間が長い債券の方が値段の動きは大きいって話しただろう？

　ここで説明したことを踏まえると、直感的にわかるだろう。

利息とか金利は、お金の貸し借りがあって初めて登場する考え方だよね。しかし、モノの売り買いで実質的にお金を貸し借りするという、ちょっと不思議な取引が白昼堂々と行われているんだ。さて、どんな仕掛けがあるんだろうね？

そんなこと言われても…、考えるきっかけさえわかりませ〜ん！

そだね、いきなりこんなこと言われてもわかりっこないよね。実は、債券を売り買いするときに、ちょっと変則的な しかしプロの投資家の間であたり前に使われている方法があるんだ

　これまでの話でわかってもらったと思うんだけど、債券はもともと中〜長期にわたる資産運用のための商品だ。もちろん、発行する側から言えば中長期の資金調達なんだけどね。しかしこの債券を使って、１カ月とか２カ月といった短期間のお金の貸し借りができるんだ。と言われても、すぐにはイメージできないよね？

　実は、次のような仕組みで成り立っている。図表を見ながらね。Ａさんが、Ｂさんから債券を100円で買う。そのとき、３カ月後に101円でＢさんに売るという契約を同時に交わすんだ。そしてその契約が実行される。すると、ＡさんとＢさんの間でのお金の流れはどんな風になると思う？

　最初に、債券はＢさんからＡさんの手に移るね。同時に、ＡさんからＢさんへ100円のお金がわたる。そして３カ月後にはその逆だ。債券がＢさんの元に戻り、101円のお金がＢさんからＡさんにわたる。お金の動きだけに着目

図表4-9 債券現先取引の基本①

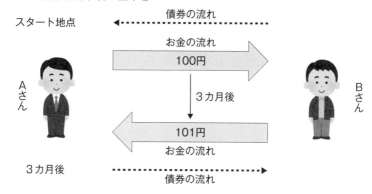

するとどうだろう。これはお金の貸し借りそのものだ。

つまり、Aさんがお金の貸し手でBさんが借り手だ。債券はその道具に使われているにすぎない。しかもこの一連の取引では、売り買いの価格もその期日も最初にすべて決めてある。つまり、債券を道具に使って、実質的にはお金を短期間貸し借りしているとみなせるんだ。

さて、じゃあ、このとき、このお金の貸し借りに伴う金利はいくらかな？ これは簡単だよね。Aさんは100円で貸して、3カ月後に101円を受け取っているんだ。〝受け取る〟っていうけど、これは〝返してもらった〟といってもいいよね。このとき、お金の動きだけを見ると利回りは次のように4％になる。

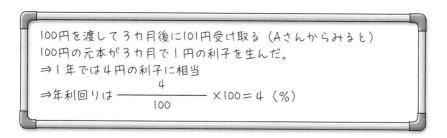

ここまでが第一段階だ。でも本当はこれ正しくないんだ。なぜか？（この項つづく）

続けよう。Aさんは100円をBさんに払い、3カ月後に101円を返してもらった。ここまではいいよね。じゃあ、Aさんは3カ月間債券を持っていたんだけど、その間に何か得することってなかったんだろうか？

　そう。債券は持っていればその間に利子が手に入るんだ。ということは、その利子も考えに入れる必要があるよね。つまり、Aさんにとっての本当のお金の運用利回りは4％じゃないんだ。

　もう一度繰り返すね。Aさんは買値（100円）と売値（101円）の差額である1円が手に入る。これは値上がり益だ。しかし、これとは別に持っている間、日割りで利子を受け取れる。

　わかりやすいように、クーポン（表面利率）が3.65％の債券としようか。このとき、この債券を1日持っていれば3.65％分の365分の1の利子＝0.01％分＝を受け取れるんだ。

　ということは、Aさんは3カ月（便宜上90日とみなす）持っているのだから、0.9％分の利子が得られる。100円（額面金額）で買ったわけだから、前項で説明した1円の値上がり益に加え0.9円の利子の合計である1.9円の収益をゲットできたんだ。

　じゃあ、この間いくらの利回りでお金を運用できたか？これは簡単だね。100円のお金が3カ月間で1.9の収益を生んだんだから、1年ではその4倍の7.6円の収益が得られたってわけだ。つまり年7.6％でお金を運用できたんだ。

　もちろん、この債券を3カ月だけ手放したBさんから見れば、同じように100円のお金を3カ月間調達することで1.9円のコストを払ったことになる。年率に直せば7.6％っていうわけだ。

　これが、債券を使った現先取引と呼ばれるものだ。"現在"の売り買いと"先付け"での売り買いがセットになった取引なので、こんな風に呼ばれる。

図表4-10　債券現先取引の基本②

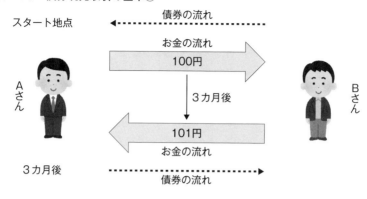

スタート地点

債券の流れ

お金の流れ
100円

Aさん

3カ月後

101円
お金の流れ

Bさん

3カ月後

債券の流れ

　ほら、これは満期までの期間が５年とか10年といった長期の債券を売り買いしながらも、取引当事者にとっては、あくまで短期のお金の貸し借りなんだ。「形の上では売買（ばいばい）、しかしてその実態はお金の貸借（たいしゃく）」っていうわけだ。

金利規制を受けない事実上の資金賃借

　こんな変則的な取引が行なわれ始めたのは、1970年台後半のこと。高度経済成長期を経て企業の多くは余裕資金を抱えるようになった。そこで、それをうまく運用しようとしたのだけど、その当時は預貯金の金利は規制されていて低い水準に抑えられていた。そこで、証券会社が発案した取引がこれだったんだ。これだと預貯金に課せられていた規制は適用されず、自由に金利を決めることができる。

　このため、預金金利が２％とか３％っていう時代に、この現先取引では５〜６％の高い利回りでお金を短期間運用することができたんだ。

　では、なぜ証券会社がこんな取引を考案したのか？このころ国債が大量に発行され始め、証券会社にとっては債券の売り買いが大きな収入源になっていた。そこで、大量の国債の売り買いを頻繁にかつ円滑に行うには、相当量の在庫が必要だった。そのコストを賄う必要があったんだね。

　そのため、短期間の資金調達ニーズを日常的に抱えていた。こうした証券会社の事情と、折から多くの余裕資金を抱えていた優良企業のニーズが合致したんだ。この取引は多少形を変えながら、今でも活発に行われている。

株と債券の割高・割安を判断する
イールドスプレッドって役立つ？

　「今、株と債券と投資対象としてはどっちが有利なの」。こんなごく素朴な疑問に対してどう答えればいいかな？性格がまったく違うので、簡単には比較できないことはもちろんだ。でも、基本となる考え方がないわけではない。

　そのときどきの債券利回り（＝長期金利）を基準にすると、株価はどのくらいが妥当か、って考え方がそれだ。

　これがイールドスプレッドだ。イールドは「利回り」、スプレッドはもちろん「差」。債券のイールドっていえばこれは「債券利回り」で決まりだ。じゃあ、株のイールドって何？これは、その会社が稼いだ1株当たりの利益を株価で割った値を％で示したものだ。そして、その差がイールドスプレッド。

イールドスプレッド＝長期債券金利－（1株あたり年間税引き後利益÷株価）
　※1株あたり年間税引き後利益÷株価＝「株式益利回り」

イールドスプレッド ＝ 0.215％ －7.2％ ＝ －6.985％
　※たとえば2022年7月22日

　この値が大きいと相対的に債券投資の方が有利、小さければ株式投資が有利であると考える。

　年金基金やヘッジファンドなどの機関投資家はこの指標を参考にすることがある。3.5％程度が適性水準だって教科書は言うけれど今はとても通用しない。ほら、2022年5月時点だと－6.985％。ほとんど参考にもなりません。しばらくはこの指標、使えないでしょうね。

第 **5** 章

〈基礎編〉
金利を巡る経済社会
メカニズムを完全制覇する

01 「金利はなぜ動く」＆「金利が動けばどうなる」
＝金利変動メカニズムの基本構造＝

ここからは金利が、ほかの経済現象とどんな関係にあるかを話すね。教科書的にいうと"金利変動を巡るメカニズム"なんだけど、簡単に言えば金利はなぜ動くのか、っていうのと、金利が動けば何が変わるの？っていう2つのテーマに分けられる

そんな風に整理するとわかりやすいわね

そう、このテーマについては6つか7つ。これだけは絶対に知っておいてほしいっていう基本がある。それが分かれば、金利を巡るニュースがスッと飲み込めるようになる

　2021年から米国の金利が急に上がり始めたことで、金利にからんだニュースが急増している。注意してみるとわかるんだけど、これらの情報では、金利を巡る基本的な仕組みを、読者はわかっていることが前提になっているんだ。

　「原油など原材料の価格高騰で、米国金利は上昇。2022年中の利上げは5回を見込む関係者が多い」とか「金利上昇で円安が進むとともに長期にわたる株高はひとまず終了か」とか。あるいは「米金利高、ドル高で新興国経済の失速懸念も」というようにね。

　こんなのはみな、金利と物価、為替、景気などの因果関係の基本がわかっているはず、という前提に立っている。だから、その前提がわからないと、わかったようなわからないような中途半端な読み方しかできない。1つひとつの言葉そのものは決して難しくないんだけどね。文脈全体の意味がわからないと、金利の動きについて同僚とコミュニケーションできないし、仕事にも使えないってことだ。それじゃあ困るよね。

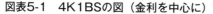

図表5-1　4K1BSの図（金利を中心に）

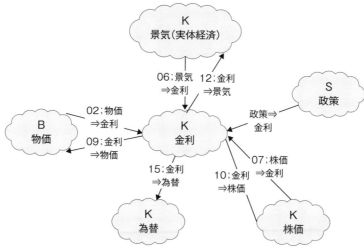

＊図中の番号は本文の項目番号に対応している

　そこでこの章では、金利をめぐるメカニズムの基本を徹底的にマスターしてもらおうと思うんだ。そのためには、こんな風な図が分かりやすい。

　これを僕は4K1BSの図って呼んでいるんだけど「金利はなぜ動くのか」「金利が動けば何が起こるのか」の基本メカニズムの全体像が一目瞭然だ。

4K1BSの図で全体像を把握する

　ここにあるように、金利は景気や物価、株価などから影響を受けながら動いている。それだけじゃなく、先に金利が動けば景気や為替、株価などに影響を及ぼすという逆の因果関係が働くこともわかる。そう、金利の動きはほかのファクターから動かされるとともに、逆に金利の動きが原因となって、いろんなことに影響を与えているんだ。

　この章では、まず従来から常識とされてきた考え方の基本を話すことにしよう。けれども、経済構造の変化などで今その常識が、当てはまられないことが多くなってきている。

　そこで「けれど、今はこんな風にメカニズムが変わってきているんだ」っていう新しい常識を続けて紹介しておくことにする。

「金利はなぜ上がるのか」っていうのは、金利が上がる原因は何かってことだね。ここで最初に取り上げたいのが物価なんだ。物価の動きが金利に与える影響力はとても強い

そう言えばこれまで日本では、物価はほとんど上がっていないし、預金金利なんかもお話にならないくらい低かったわね。物価は最近になってちょっと上がり始めてきたけど…

それより、2021年から米国など海外では一斉に金利が上がってきたけど、その引き金になったのは世界的なインフレなんだ。

とりあえずこんな基本的な話から始めようか。

　君は友人に100万円を貸して、1年後に101万円を返してもらうという約束をした。この間、物価がまったく上がらなければ、君は1年間で実質的に1％、つまり1万円の収益を得るよね。君がこのお金を使う権利を放棄した代わりに得た収益がこれだ。

　でも、1年後にあらゆる物価が10％上がっているんだったらどうだろう。君は、1年後に友人から101万円返してもらえばいいって言うだろうか？「101万円じゃいやだ！」ってなるに決まっているよね。

物価が上がるんだから低い金利じゃイヤ！

　たとえば、今100万円の車が1年後に110万円になっているのだから、友人から101万円返してもらっても、110万円に値上がりしている車は買えない。つまり君は実質的に損するんだ。

図表5-2　物価上昇ゼロと10％の場合

物価上昇ゼロの場合

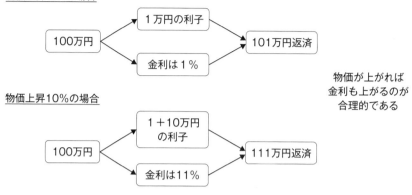

物価上昇10％の場合

物価が上がれば
金利も上がるのが
合理的である

　君が友人にお金を貸している１年の間に、お金の実質的な価値が10％減ってしまうんだ。こんなとき、君は「１％じゃなく、それに物価が上がった分、つまり10％の利息を上乗せしてもらわないと嫌だ」って言うに決まっているだろう。

　一体何が言いたいのかっていうとね。物価がこれから上がると思うんだったら、お金を貸す人はその物価上昇率に見合った分だけ、余計に利息を取らなければ割に合わない。物価が上がれば、それに応じて金利が上がるのが合理的だってことなんだ。

　つまり、物価が上がれば金利が上がるのが原則だ。でなければ、君はお金を貸す意味がない。もちろん知人を助けようっていう動機だったら別だけどね。

　少なくともちゃんとした取引をするんだったら、物価が上がる分だけ金利を上乗せしなければ割に合わない。相手がそれでいやだとなったら、その取引は成立しないだけのことだよ。

　ということは、実際にお金の貸し借りが成立している以上、そこで決まった金利は物価上昇分だけ上乗せされた金利であるはずなんだ（この項つづく）。

03 物価が上がれば人は消費を急ぐのが自然である

=〈原則〉物価上昇⇒金利上昇 その2 =

投資の初級本で決まって推奨されているのが期間10年の個人向け国債なんだけど、知っているかな。だいぶ前に政府は藤原紀香をイメージガールに、一大キャンペーンを行ったことがある

あ、これ第4章でちょっと話してもらったわね

昔から国債はだいたい、金融機関が引き受けてもらうもんだと決まっていた。それが、家計にも引き受けてほしい、って考えたんだね。で、個人だけが買える国債を発行し始めた。その目玉になったのが、途中で利率が変わる期間10年の変動金利型国債だったというわけだ

　経済情勢が変われば、半年ごとに利率が変わる。これが10年の変動金利型国債の最大の特徴なんだ。今でも毎月発行されている。たしか、第4章（p132）でもちょっと話したよね。ここ大事なテーマなので復習を兼ねてもう一度話しておくことにしよう。

　これは、経済情勢や一般の金利の変動に合わせて途中で利率が変わるため、インフレに強いっていうのがウリなんだ。国債の利率が2％で物価上昇率が1％だったら、買う人にとっては問題ないよね。物価が上がる以上に利子が増えるんだからね。

　けれど、物価が3％上がればどうなる？2％の利子じゃ割に合わないよね。これがインフレに負けるってやつだ。

　ほとんどの国債は、利率が変わらないという「固定金利」が原則だから、物価がその利率を超えて上がっていくと、その国債の実質的な資産価値が下がってしまう。

図表5-3 変動金利で物価上昇による損失を回避

これわかるよね。いわゆる「資産が目減りする」っていうやつだ。ところが、この変動金利の10年国債だったら、それがある程度防げる。なぜだかわかるかい？

実はこれは物価が上がるときには、金利も上がるからなんだ。そしてそれにスライドするように、10年変動金利型国債の利率も上がる。ここがポイントだ。

さっきの例だと、物価上昇率が3％になれば、たとえば利率は4％に引き上げられる。これだと実質的に1％分得したことになる。めでたしめでたしだね。

じゃあ、次にはなぜ物価が上がれば金利も上がるのか、ってことになるね。これは、主に2つの理屈で説明できるんだ。

物価上昇→繰上げ消費→借入増→金利上昇

1つ目は、物価が上がり、さらに上がるだろうなと思えば、誰でも「値上がりする前に買っておこう」って考えるよね。わかりやすい例でいうと、消費税引上げの前には、たばこにしろコメにしろ、ストックできる商品だったらまとめて買っておく。繰り上げ消費だね。

まとめて買うっていう動きが、社会全体に広がるとどうなるだろう。全体で見ると「お金を借りてでも買っておこう」とする人が増えるよはずだよね。つまり借入れが増える。

そうすると銀行などは「じゃあ、貸出金利を上げさせてもらおうか」ってなる。そして、これが導火線になって預金金利や、債券の利回りなども上がっていくというわけだ。

2つ目の理由は次の項で（この項つづく）。

　２つ目の理由を話す前にまず、データを見てみよう。物価上昇率っていえば一般には、消費者物価指数が１年前に比べてどれだけ上がったか、あるいは下がったかを指すことが多い。インフレ率だね。

　グラフにはこのインフレ率とともに、日本の10年国債利回りと１年定期の利率を描いておいた。さてどうだろう？

　大きな流れで見るとよく似た動きだよね。物価が上がれば金利も上がり、物価が上がらないときには金利は低いことがわかるだろう。

　理屈の１つは前項で話したとおりだ。物価が上がると人々は消費を繰り上げるため、お金が必要だ。そしてそのお金を借りる。だから銀行は金利を上げる。ただ、もう１つ大事なことがある。

物価が上がるとなぜ日銀は動くのか？

　物価がどんどん上がり始めると、日本銀行は金利を引上げるのが常套手段なんだ。なぜだかわかるかい。物価が上がりすぎると、人々の生活が不安定になる。物価が上がるってことはお金の価値が下がることだから、一時的にせよ人々の生活は苦しくなる。

　これを防ぐために、政策的に金利を引き上げるんだ。そうすると、一般の預貯金金利とかローン金利なんかも玉突き現象のように上がっていく。

　金利が上がると、人々はお金を借りにくくなるよね。そうすると、世の中にいきわたるお金の量が減る。お金の量が不足している状態では、物は買われなくなるし、企業も機械などの設備を増やそうとはしない。だから個人も企業も買わなくなるため物価は下がる。「消費、投資ともに減退する」ってわけだ。

　つまり、金利を上げると、物価の上昇にブレーキをかけることができるんだ。だから物価が上昇しているときには、日本銀行は金利を引上げるので、それにつれてあらゆる金利が上がる。これが２つ目のメカニズムだ。

図表5-4　金利が上がっているときには物価も上がっている

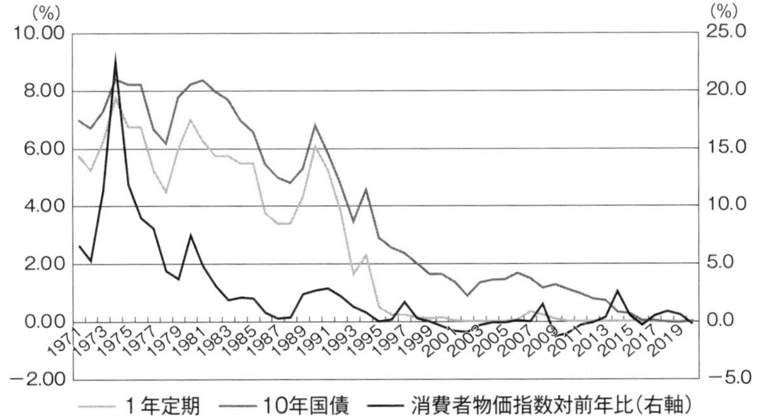

出典：総務省、日銀

凡例：1年定期　10年国債　消費者物価指数対前年比（右軸）

　あ、もう1つ大事なことがある。前項では、物価が上がると皆が消費を急ぐため借入れを増やすっていったけど、それ以外に企業などは持っている債券を売って現金化し、それを設備投資などに振り向けることがある。

　銀行にしても貸し出しが増えるので、その資金を確保するために持っている債券を売る。こうして債券の売りが増えると、債券の価格は下がるよね。そうすると、債券の利回りが上がっていくっていうわけだ。

物価上昇で金利が上がる理由3つ
1、物価上昇⇒買い急ぎ⇒借入れ増加⇒金利上昇
2、物価上昇⇒日銀が（民間のお金を減らす目的で）金利引き上げ
3、物価上昇⇒消費・投資が増加⇒資金捻出のため債券売り⇒利回り上昇

　過去を振り返っても、金利が上がり始めるきっかけとなったのは物価上昇であることが多かった。最近でもそうだ、2021年から始まった米国などの金利上昇も、直接の原因は物価の急激な上昇だったんだ。「米国は40年ぶりの物価上昇」なんて見出しがあっちこっちで飛び交ったのがこのときだ。

インフレでも消費、投資に火がつかない3つの理由
＝〈新常識〉物価が上がっても金利は上がらない＝

 物価が上がれば金利も上がるって原則を話してきたんだけど、実は、この原則が最近になってちょっと怪しくなってきた。少なくとも日本ではそうだ。これはグラフを見てもわかる

 そういえば、2007年ごろから金利は上がっていないわね。でもこれは、日本銀行が金利を低く抑え込んでいるからでしょ

 たしかにそれも理由の1つだ。でも、もっと根本的なところで、物価が上がっても金利が上がらない理由があるんだ

　さっき、物価が上がるときには消費を繰り上げるから、お金の借入れが増えるし、債券が売られて現金を確保する動きが活発になるって言ったよね。でも、最近では事情がだいぶ変わってきたんだ。これ日本の場合だけどね。

　1つ目は、物価が上がると思っても急いで買わなくなった。急いで買うっていうのは、賃金も上がるし、雇用も保証されて、将来の生活が安定しているという安心感があったからだ。でも今は違う。賃金も上がらないし、各種の社会保険料も上がる一方だ。雇用も保証されているわけじゃない。

　こんな時代には、「物価が上がるんだったら買うのは諦めよう」とか「もう少し安い、品質の劣る製品で我慢しよう」ってなる。つまり、お金を使わない。だから借入れも増えない。このため金利も上がらないってわけだ。

　さらに、今は、スマホに代表されるように経済のデジタル化が加速度的に進んでいる。これに伴い、新品を買わなくてもOKっていう生活スタイルが急速に浸透してきたよね。メルカリ、ヤオフクなどがその象徴だ。「中古の製品で十分」ってわけだ。また、衣装や車なんかは「レンタル」で済ますのがあたり前になってきた。所有と利用が分離してきたんだ。

図表5-5-1　物価が上がっても金利は上がらなくなった

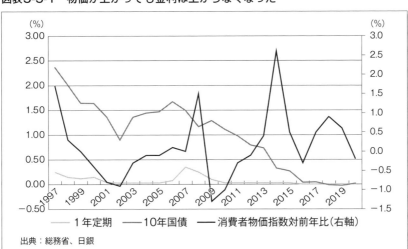

出典：総務省、日銀

図表5-5-2　物価が上がっても金利は上がらない理由

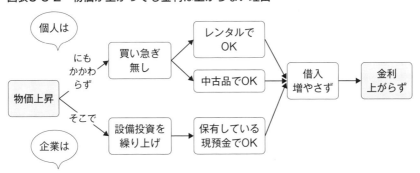

　もうひとつ大事なことがある。それは、企業が莫大な金融資産を持つようになってきたことだ。企業が抱えている現金・預金はすでに300兆円近くある。このため、銀行から借りる必要がなくなってきたんだね。つまり、物価が上がる前に前もって設備投資をするにしても、自前で賄える。だから銀行から借りない。そこで金利が上がらないってわけだ。

　経済の原則から言うと、物価上昇⇒金利上昇なんだけど、日本では事情が変わってきたことは知っておいていい。

155

06 景気が悪くなると債券が買われ、日銀は金利を下げる

=〈原則〉景気悪化⇒金利低下=

今から50年も前の日本の景気は絶好調だった。年率10％前後の経済成長が続いたんだ。そこから松下電器（今のパナソニック）、ソニー、トヨタといった世界に冠たる企業が大躍進した

たしか、給料も毎年のように6％とか8％って上がっていたって聞いたことあるわ

そう。高度経済成長時代だね。定期預金は5〜6％だった。でも今は成長率も預金金利もほぼゼロだ。つまり景気がよければ金利は高く、景気が悪いときには低いのがあたり前なんだ

　金利を動かす原因として、物価とならんで重要なのが景気の動きだ。具体的に言うと、経済成長率が高まれば金利も上がるし、景気が沈めば金利も下がる。データを見てみようか。

　大きな流れでみれば景気と金利はよく似た動きだ。なぜだろうね？

　従来からの常識から始めようか。今のような景気が低調なときには、企業は作ったものが売れないので生産を減らす。設備投資にも人にもお金を使わない。つまり、企業はお金を借りない。だから銀行は「頼むから借りて！」と言って貸出金利を下げる。これが1つだね。

　また、企業が借りてくれないので、銀行にはお金が余る。それで銀行は株よりうんと安定的な債券に投資する。すると債券の価格が上がり、逆に利回りは下がる。これにつれていろんな金利も下がる。これが2つ目だね。

　じゃあ、こんなとき日銀はどうするか？景気を良くするために政策金利を下げる。これが3つめだ。金利を下げれば企業などが借入れを増やし、設備投資や新店舗の設置のために使うことが期待できるからね。こうしてあらゆる金利が下がっていくのが、景気が悪い時期の典型的なパターンなんだ。

図表5-6-1　景気よければ金利上がり、景気低迷で金利低下

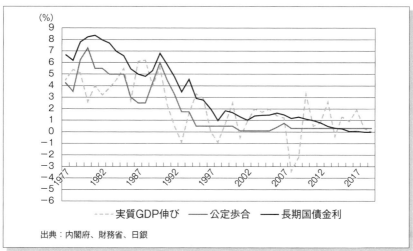

出典：内閣府、財務省、日銀

図表5-6-2　景気悪化が金利低下を促す３つのプロセス

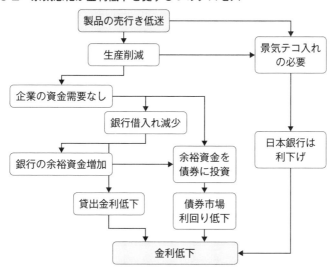

投資信託っていえば、投資の初心者向けの商品として知られてる。なかでも、株式と債券を組み合わせて運用するバランス型っていうのは、収益が安定しているので人気だ。もちろんそれには理由がある。株と債券の価格は逆に動くことが多いからなんだ

つまりプラスとマイナスが相殺されるってわけね

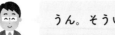

うん。そういうことだ

　株式と債券といえば、有価証券の両翼だ。毎日のように、何千億円、何兆円っていう単位で、それこそ世界中で取引されているんだけど、相場は逆に動くことが多い。じゃあ、なぜか？

　株が上がっているときを考えよう。こんなとき、さらに上がるだろうって多くの人は思う。このため、株を買う人が増える。つまり「株式市場に資金が流入する」んだけど、このお金はどこから来るのかな？
　いちがいには言えないんだけど、債券市場から流れてくることが多い。つまり、債券が売られて現金化され、そのマネーが株価の上昇を期待して株式市場に向かう。
　ということは、このとき債券が売られているわけだ。だから、債券の価格は下がる。そして利回りは上がる。
　というわけで、株価が上がっているときには、債券の利回りは上がっているのが普通なんだ。

図表5-7 株価と債券利回りは同じ方向で動くのが基本である

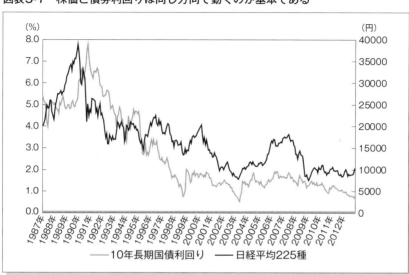

株高のときには債券市場から株式市場へマネーがシフト（移動）

じゃあ、だれが債券を売って株を買っているかっていうとね、世の中で一番大きなお金を動かしている人だ。誰だと思う？

大手の金融機関とか証券会社や、年金の運用をしている機関投資家などが中心だ。彼らが、債券を売って株を買うという操作を大々的に行うんだ。それも世界的な規模でね。

じゃあ、株価と債券利回りの関係をグラフで見てみようか。これは日本のデータだけどね。ほらね、長期でみればだいたい債券の利回りと株価は同じような動きをしているだろう。

ということは、債券の価格と株価は逆に動いているわけだ。くどいようだけど、債券の価格と利回りは逆に動くからね

だから、こうした経済メカニズムがわかっている人は、日経平均が500円も上げているときには「ということは、債券の利回りも上がっているんだろうな」って容易にイメージできる。

さっき、株が上がるときには債券の金利も上がるっていうグラフを見せたんだけど、なんか気にならなかった？もう一度改めてグラフを見てごらん

 あ、そう言えば今2022年なのに、このグラフ、2012年までしかない。これってズルよね

 そういわれりゃそのとおりだ。実はその後は、株と金利の関係がそれまでとは大違いなんだ。実は、今しがた話した従来からの経済原則が崩れてきている

　改めて2013年以降の動きもフォローしたグラフを揚げておくね。ほら、この時期は、株は上がっているのに、金利は逆に下がっているよね。それまでとはまったく逆だ。さっき話した理屈じゃ、こんなことになるはずはない。

　じゃあ、いったい何が起こったのかってことになる。2013年っていえば第二次安倍政権が実質的にスタートするとともに、日銀がそれまでにない極端な金融緩和を行い始めたときだ。異次元緩和って言われた。それで、従来にはなかったメカニズムがにわかに働き始めたんだ。

　図表5-8-2を見てもらうとわかりやすい。金融緩和とは金融を緩めるっていうことだけど、具体的には日銀は民間が必要としている以上の大量のお金をじゃんじゃん金融市場に供給したんだ。お金は必ず行き所が必要だ。現金のままで置かれることはまずない。ほとんどの場合、何かの金融資産に姿を変えるか、それとも何かを買うために使われる。

　そう。実は金融機関なんかに大量に供給されたお金は、株を買うだけじゃなく、債券の買いにも向かったんだ。つまり、株だけじゃなく債券も買われ

図表5-8-1　2013年から様変わりの債券利回りと株価の関係

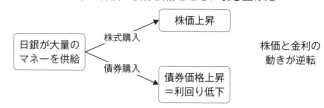

（凡例）
―――10年長期国債利回り　　―――日経平均225種

図表5-8-2　日銀の政策が株価、債券価格をともに引き上げた

```
                        ┌──────────┐
              株式購入 →│  株価上昇  │
┌──────────┐          └──────────┘      株価と金利の
│日銀が大量の│                              動きが逆転
│マネーを供給│          ┌──────────┐
└──────────┘  債券購入 →│債券価格上昇│
                        │＝利回り低下│
                        └──────────┘
```

ることになった。このため株は上がり、債券の価格も上がり、債券の利回り
は下がることになったんだ。グラフが示していることはそういうことなんだ。

　「だからどうした？」ってツッコミたくならないかい？さっきは、株と債
券を組み合わせて運用するファンドは収益が安定するって言ったけど、
2013年以降は株も債券も値段は上がったんだから、ダブルで得をした。し
かし、これが逆転したらどうなると思う？

　いったん日銀がマネーの供給を減らしたり、逆にマネーを吸い上げたりす
ると株も下がり、債券も売られて下がる。こうなるとダブルで損する。この
ため、株と債券で運用しているファンドの価値はどんどん下がる。

　こんな風にみてくれば、上手に資産を運用しようとしたら、株だけじゃな
く、債券の利回りの動きにも注意が必要なことがわかるだろう。

金利が上がると消費は鈍り、設備投資も減退
＝〈原則〉金利上昇⇒物価下落＝

ここからは金利が動けばどうなるか、について話していくね。まず物価への影響から始めよう。さあどうかな？

金利が上がって預金の利息が増えると、家計が楽になり、消費が増えるよね。そしたらモノの値段は上がるんじゃないかって思うんだけど

たしかに中期的には、そんな理屈が成り立つかもしれないね。でもね、金利が上ると、まずは企業の資金繰りに影響するんだ

　債券の利回りや預貯金金利、各種ローンなどの金利が相次いで上がったとしよう。こんなとき何が起きるかな？経済全体の動きをイメージして考えてみよう。

　金利が上がるときには、銀行から見ると企業向けの貸出金利が上がるのが先なんだ。金利が上がり始めると銀行は最初に、貸出先の企業に「契約金利を見直したい」って申し入れる。ゆとりのある企業はいいけど、そうじゃない企業は「だったら借入れを減らすよ」となる。

　つまり、企業全体としてみると銀行からの借入れを減らすんだ。そうすると使えるお金が減る。使えるお金が減れば、機械設備への投資だとか原材料の購入等を抑える。つまり設備投資、消費が減るからモノの値段は下がるよね。

　個人はどうだろうね。住宅ローン金利が上がれば「ちょっと待てよ」となるね。借入額を減らすかもしれない。こうして住宅購入が減れば、建材や機械の購入も減るから建設機械、建材の値段も下がる。住宅のサイズも小さく

図表5-9　金利が上がれば物価は下がるっていうけど

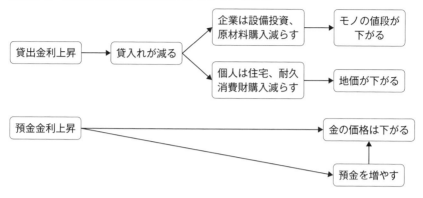

なり、システムキチンや大型家具、庭周りの設備などへの消費も減るから、これらの値段は下がる。つまり、金利が上がれば物の値段は下がる。これが原則だ。

金利上昇は金の現物、不動産価格を下げるのが原則

　もう1つあるよ。お金の運用に目を向けると、金（きん）の値段が下がる。これは、民間全体で使えるお金（かね）が少なくなるから、金の買いが減るっていうより、金の価値自体が下がることの方が重要だ。

　金（きん）は持っているだけでは利息を生まない。それが資産としてはウィークポイントなんだね。金利が上がれば、債券とか預貯金の価値が上がるよね。だから、逆に金の資産としての相対的な価値は下がるんだ。金利が上がると金が売られる一番の理由がこれだ。

　同時に不動産価格、地価も下がるのが普通だよ。さっきも話したように、金利上昇で企業は設備投資や業務の拡大をあきらめ、個人の住宅購入も鈍る。購入金額も減る。土地の購入が減るんだから、地価の上昇が鈍り、あるいは下落するのは当然だ。

　歴史を振り返ってみても、1991年から日本の地価が暴落し、その後現在まで地価の低迷が長期にわたって続いている。デフレだね。この直接の原因となったのは、実は1989年から日銀がどんどん金利を引き上げたためだったていうのが定説になっている。

10 金利が上がれば企業業績は悪化
=〈原則〉金利上昇⇒株価下落=

株式に投資している人が一番注意してみているのが米国の金利だ。「株価を見る前に債券の利回りを見る」とまで言う人があるくらいだ。とりわけ10年国債の利回りからは目を離さない。株価は金利の動きからもろに影響されるからだ

お金をたくさん借りている企業は、金利が上がると困るから？

そう。支払う利子が増えるから業績は悪くなるのが基本だ

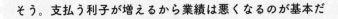

　企業はどこの国でも、銀行からの借入れとか社債発行でお金を調達している。ということは、金利の上昇には弱いんだね。これが原則だ。

　日本だと、期間1年未満の短期借入れが多いんだけど、3カ月ごとに金利を見直すっていう約束になっているのが普通だ。こんなとき、金利が上がると、すぐに契約の見直しが行われる。

　借入れ金利が上がるのだから、支払利子の額が増える。すると利益は減る。つまり、業績が悪化することが前もって予想できるというわけだね。

　こんなとき人は、株式投資からは手を引くよね。つまり売りが増える。だから、株価は下がるのが当然だ。実際、金利が上がり始めると株は売られて安くなる。最近だと、2021年から米国の10年国債の利回りが上がり始めたんだけど、米国の株、そしてそれを受け日本株も急落場面を繰り返した。

　もちろん、金利上昇で損をするのは企業だけじゃない。個人だって、特に長期の住宅ローンを借りようとしている人なんかは、ローン金額を抑えたりしてワンサイズ小さな住宅で我慢する。そうすると、不動産・住宅関連企業の業績は振るわない。だから、それを見越して株も売られて安くなる。

　とくに、日本に比べ米国では金融政策の転換が機動的に行われる。変わり身が速いんだね。だから、株式投資家は特に米国の10年国債の利回りの動

図表5-10-1　金利上昇⇒株価上昇期と金利上昇⇒株価下落期

図表5-10-2　金利が上がると株価は下がる

きからは目を離せないんだ。

　短期の政策金利がこれから動くぞ、っていうときには、それを先取りする格好で、期間の長い債券などの利回りが先に動くからね。なかでも、取引金額が大きな10年国債の利回りが最も敏感にかつ先行的に動く。

　理屈から言うともう1つ理由がある。金利が上がると預貯金に預けたり、債券へ投資するのが有利になる。つまり、相対的に株式への投資が不利になるんだ。とすれば、株から預貯金や債券にお金がシフト（移動）するのは当然だね。つまり株が売られ、株価が下がるってわけだ。

　ただし、ここで注意しなくちゃならないことがある。それは、金利が上がったのに株も好調に上がることも多いということだ。金利上昇が明らかに景気の回復によるものである場合だ。こんなときには「金利上昇によるマイナスを差し引いてもおつりがくるくらい企業利益が増加する」と期待されるからだ。この点には注意が必要だね。ほら、グラフでも①、④のときは金利が上がっているけど株価も順調だ。でも②や③、それに⑤のときは金利の上昇が株価の頭を押さえているよね。

11 金利上昇場面で ハイテク株が急落する理由
＝金利上昇で下がる株、上がる株＝

金利上昇で株価は下がるのが原則っていったけど、その影響は企業によってずいぶん違うってことも大事だね。金利上昇に弱い企業とそれほどでもない企業がある

借入れが多いとか少ないとかってことなの？

そう。それが大きいね。でもそれ以外にも、注意しておきたいことがいくつかあるんだ

　1つは、借入れが多いかどうかってことだ。これはわかりやすい。業種別でいうと、大手商社、電力、不動産関連の会社は、その規模の割には借金が多い。借入金比率が高いんだね。だから、金利上昇によるマイナスの影響を受けやすい。こんなのを金利敏感株っていう。もちろん、逆に金利が下がるときにはその恩恵を多く受ける。

　2つ目には、景気が良くなってきたために金利が上がった場合、むしろ業績が上がることが期待される企業もある。景気敏感株ってよばれる機械、化学、海運なんかがそうだね。

　これらの企業は「金利上昇⇒景気がいいんだな⇒だったらこれから業績アップが見込めるな」っていうイメージから買われて高くなることが多い。つまり、金利上昇に伴うコストアップより、景気が良くなることによる利益拡大の方が注目されるんだ。

　さらに3つ目。銀行株などは金利上昇で株が上がることがある。これは、預金金利より貸出金利の方が先に上がるからだ。企業向けの貸出金利は機動的に引き上げられるのに対し、1年とか2年定期は満期が来て初めて金利が上がる。だから利ザヤ（貸出金利－受入れ預金金利）、つまり収益が一時的に拡大するんだ。

　もう１つは、金利が高い方が預金金利と貸出金利に差をつけやすいっていう事情もある。今のような超低金利のときには、集めた預金に0.002％の利息を払い、たとえば0.6％で貸出すなんてことをあたり前のようにやっている。でも、金利が高いときには５％で預金を集めて６％で貸すことができる。金利が高くなるほど金利差、つまり利ザヤは大きくなるんだ。

逆行することがある成長株と割安株

　まだまだあるよ。４つ目ね。企業を割安株と成長株に分けたとき、成長株の方が金利の上昇には弱いんだ。でもその前に「成長株」と「割安株」の説明が必要だね。

　成長株とは、将来に向けて成長し、利益が右肩上がりになると期待されている株だ。だから、株価は現在の収益を基準にすると割高になっている。将来への期待が株価に反映されているんだね。ハイテク、IT、ネット関連企業に多い。日本だとファナック、ソニー、米国だとアップル、アマゾン、マイクロソフトなんかがそうだ。

　それに対して割安株は、将来の業績にあまり期待できないから、株価が割安になっている。

　金利が上がるときには、成長株は将来増えると期待されている収益が、金利上昇で急速に縮むと予想されるため、株価の下げは大きいんだね。

　そこへ行くと、もともと株価が割安な水準にある割安株は、金利上昇というマイナスの影響も小さい。言ってみれば、100メートル10秒台のランナーと時速５キロメートルで歩く人とでは、どちらが向かい風には弱いだろうね？もちろん前者が成長株で、後者が割安株なんだけどね。

12 貸出金利低下で 企業生産は増え、賃金も上昇
=〈原則〉金利低下⇒景気は良くなる=

中学や高校でも経済政策についてほんの少し習うけど、この因果関係なんかはその代表じゃないかな。つまり、景気が悪いときには日銀が金利を引下げるってやつだ。つまり金利を下げれば景気は良くなるという原則だ

これは…。なんとなく習った覚えがあるわ

だろうね。復習のつもりでーとおり聞いておいてほしい

　金利は、経済社会全体を流れているお金の流れを変えていくっていう話をしたよね（p34）。

　おさらいしておくと、金利が下がれば、借り手に有利になるため借入れが増える。利益率が３％の企業なら、金利が５％じゃあ儲からないけど、１％に下がれば１％で借りたお金で３％のもうけが出るわけだから、正味２％分がもうけになる。

企業、個人ともに借入れ負担が減少

　だから金利が１％になれば、積極的に借りて生産を増やそうとする。生産を増やすために機械設備を増設する。機械メーカーの売り上げも増えるだろうね。月間1,200台生産していた工作機械を1,300台に増やす。そうすると、売り上げが増え、利益が増えるわけだから賃金も上げられる。

　こうして従業員の収入が増えれば、人々の消費が増える。だから企業はさらに生産を増やす。こんな風にしてどんどん経済は回りながら拡大していくんだ。

　個人だってそうだ。住宅ローン金利が15年前のように３％だったら「毎月の返済可能額から言って、借入れはせいぜい3,200万円だな」ってなるの

図表5-12 金利が下がると景気は良くなる

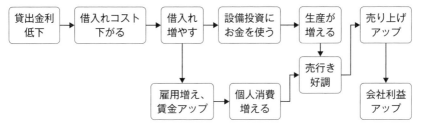

が、今は1%だ。こうなれば「3,800万円借りても月々の返済額は同じだな」ってなる。

　そうすると、購入物件の敷地も32坪から40坪になり、それに応じて台所のシステムもより豪華になり、「道路に面した敷地への入口は思い切って冠木（かぶら）門構えの造りにしようか」ってなる。

　こんな風にして、建設企業の売り上げが増え、建材メーカーの売り上げが増え、住宅購入に伴って設備にかける金額が増えるため、住宅建材のLIXIL、旭化成、文化シヤッターは門扉や塀、車庫などの売り上げ建造費が増える。

　そこで働く従業員の時間外手当が増え、そうすると消費が増え、たとえば外食産業の売り上げが増える。そこで収益も増えるから賃上げ幅も大きくなる。こんな風にどんどん好循環が起きる。まさに景気が良くなっている典型的な状態だ。

　つまり、金利引下げは景気に活を入れ、目を覚まさせ、そしてお金の循環が良くなり、企業、家計、お店など経済活動に参加しているあらゆる層が潤う。これが、金利引下げによって景気がよくなる基本的なプロセスだ。

13 金利が下がれば利息は減少し、消費は減退

＝〈新常識〉金利が下がっても景気は好転せず その1 ＝

でもね、日本ではもう20年以上も低金利が続いている。預金利息ゼロなんてあたり前ってなっちゃった。企業が借りるときにも１年以内だったら0.5％とか0.6％だ。にもかかわらず景気がいいとはとても思えない

そうよね。最近では世界各国のなかでも、過去30年間の賃金上昇率は日本がダントツのビリだってことが話題に上ったわね

たしかにそうだ。OECDの調査では過去30年で日本人の年間賃金は４％増えただけ。この間にOECD平均で33％プラス、米国は48％増加している。景気は賃金に最もよく表れるからね

　日本は世界でもいち早く金利を下げた国だ。米国やドイツ、イギリスなど世界各国よりも10年以上前から金利はダントツに低かった。なのに、景気はほとんどよくなっていない。こんなに金利が低い状態が続いてきたのに、過去10年の成長率は１％にも届かない。これじゃ、金利を下げれば景気は良くなるっていう原則は「本当かいな？」ってなる。

　実は最近では、金利を下げても景気は良くならないんじゃないか、っていう考え方が急激に広がってきたんだ。少なくとも昔ほどには、金利引下げの効果はない、っていう意見が多い。

　いろんな理由がある。そもそも「金利が下がれば企業がもうかって景気が良くなる」っていうのは、一方的な見方だと思わないかい。だって、お金を借りる企業の側の事情はそのとおりだけど、お金を貸す側、つまり預金者からみれば利息が少なくなるんだよ。利息が減るってことは収入が減るってことだ。そこで消費を減らす。モノが売れない。これは景気にはマイナスだよ。

　ここで経済の原則を話しておこうか。それはね、「借りる人」があれば「貸

図表5-13　いち早く低金利時代に入っていた日本

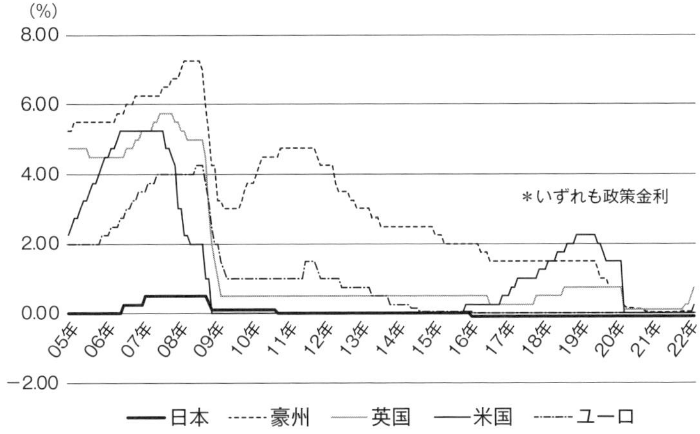

（%）

＊いずれも政策金利

日本　　　豪州　　　英国　　　米国　　　ユーロ

出典：各国中央銀行

す人」がいるってことだ。借りる人の事情だけを取り上げて、貸す人の事情に目をつぶるなんて変だよね。日本では、もう20年以上にもわたって預貯金の利息はほぼゼロだ。

　僕の20歳代には１年定期が５～６％だった。100万円の預金を持っていたら月あたりの利息は5,000円くらいにはなった。そのころの月給は８万円だったから月給の１割弱の利息が手に入ったんだ。これ大きいよ。

　２つめは、これまでは金利が下がると利息が減るから預金しない、ということになっていた。つまり、お金を使うから消費が増え景気が良くなるっていうのが常識とされてきたけど、これどうも違うっていうんだ。

　オランダの大手銀行（アムロ銀行）が「預金金利がマイナスになればどうする」って10カ国くらいの人にアンケートしたら「預金を増やす」って人が半分以上だったんだ。理由はなんだったと思う？利息がもらえないんだったら、元本自体を増やすほかない、っていうんだ。従来の常識とは逆だ。

　これは、今の日本にも当てはまりそうじゃないか。預金金利がゼロなのに、個人の預貯金の残高は増えているんだ。

　こう考えると、金利が下がると景気が良くなるっていうこれまでの常識は、一方的な見方だったと言わなきゃならないね（この項つづく）。

巨額資金を持つ企業には
金利低下の恩恵なし
=〈新常識〉金利が下がっても景気は好転せず その2 =

　まだあるよ。企業はお金を借りるもんである、だから金利が下がれば企業は喜ぶ、っていうのがこれまでの常識だった。でも「実質借金ゼロ」とか「企業が内部留保をため込んだ」って聞かないかい？

　今、企業全体で見ると、むしろお金は余っているんだ。なのに、多くの人はいまだにお金が余っている個人が銀行に預金し、その預金がお金が不足している企業に貸し出されるというイメージを持っている。

　でも実際には、日本の企業は全体で見ると、お金が余っているんだ。

　図表5-14は、経済社会を構成しているセクター（部門）を家計、企業、政府などに分け、それぞれのセクターがどれだけお金が余っていたのか、それとも足りなかったのかを記したものだ。企業はもう15年も前から、お金が余っていることがわかるんだ。この図にある資金余剰とか資金不足っていうのは大事なキーワードなんで、簡単に説明しておくね。

　ある家計の年間収入が500万円だったとしよう。そこから税金や社会保険料などを払った後、電気ガス水道や教育費、食費などに使い、120万円を貯金したけれど一方で10万円のクレジットローンを利用したとしよう。つまり、10万借りたけど、一方では120万円を貯蓄に回している。

　こんな風に、その期間にどれだけお金を借りたのか、そして貯蓄や運用に回したのかのバランスを見るんだ。借りた額が多ければ「資金不足」、貯蓄や運用額が多ければ「資金余剰」っていう。もちろん、この家計は資金過剰だね。

　ほら、グラフでわかるとおり、企業部門（民間非金融法人企業）はもう15年も前からずっと「資金余剰」だったんだ。こんな状態が続くとお金がたまる。そして現在のように、企業全体では現金と預貯金だけで300兆円にも上る巨額のお金が手元にたまった。

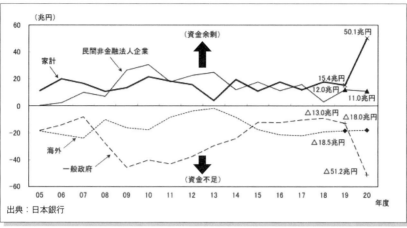

図表5-14　各セクターの資金過不足推移

出典：日本銀行

　日本国内の景気が良くない状態が続いているので、積極的に設備投資せず、お金が余ってきたんだね。特に、輸出で利益を稼いできた自動車、機械、産業用電機、建機などの大手メーカーはそうだ。

　こうなると、いざ新しい事業展開や大型の設備投資をするにしても、もう銀行から借りない。預金などを取り崩せばいいだけなんだから。社内に、銀行子会社を持ってしまったようなもんだ。外部の銀行から借りる必要はない。

　ということは、銀行が貸出金利を下げてもありがたくもなんともないんだね。つまり金利が下がっても、業績アップにはつながらない。だから、金利を下げても景気が良くならなくなった。

利下げで銀行収益が悪化し、貸し渋り増える

　金利引下げが必ずしも景気にプラスに働かない可能性があることは、これだけではないんだ。ほとんど金利がゼロに近くなってくると、銀行の利ザヤがうんと薄くなってくる。金利が低いときには銀行は、預金と貸し出しの金利差を小さくせざるを得ないんだ。たとえば、7％で預金を集めていたときには8％で貸せるけど、預金利率が0.1％の時にはせいぜい0.7％とか0.8％程度でしか貸せない。当然収益は減る。

　つまり、銀行の収益は減るから、銀行は企業向け貸し出しには積極的にはなれない。これが現実に起きていることなんだ。

最近ちょっと下火だけど、通貨証拠金取引にはまっている人は多いね。FXだね。手持ち資金の最大25倍までの外貨の売り買いができるってやつだ

結局、ドルだとかユーロなどの通貨の売り買いなんでしょ

基本はそうだね。ところでこの取引をしている人が一番気にしているのが日本と海外の金利差なんだ。日本と米国の金利がどう動いているかを、毎日のようにチェックしている

　FXをしている人が一番気にかけているのは、最終的にはもちろん円相場など外国為替の動きだ。しかし、そのとき絶対目を離せないのが日本と海外の金利差なんだ。

　なぜかって？その金利差が、為替相場に大きく影響するからね。その証拠に、FXを専門に扱う業者のサイトをみてごらん。世界各国（通貨）の金利データがとても充実している。

　２つの国の金利差が為替相場を動かす原理は簡単だよ。金利が高い国、通貨にお金が流れるから、その為替相場が上がるっていうことに尽きる。

　グラフを見てもわかる。これは、日本と米国の10年国債の利回りの差がドル円相場にどんな影響を与えているかを示している。ほら、日本の金利に比べ米国の金利の方が高くなってくれば、ドル高になっているよね。つまり、金利が高い方が通貨は高くなる。これが基本だ。

　2013年から２年間は米国の金利が一気に上がって、日本との金利差が広がりドル高になっている。最近だと、2021年以降米国の金利が上がるとともに円安・ドル高が進んだ。金利差とドル相場は同じ向きで動いているよね。

図表5-15-1,2　充実しているFX会社の金利情報

□ 現在の政策金利

国名	政策金利	変更幅	発表日
日本	-0.1% ※	—	9月22日
アメリカ	0~0.25%	—	9月22日
欧州	0%	—	9月9日
イギリス	0.10%	—	9月23日
カナダ	0.25%	—	9月8日
オーストラリア	0.10%	—	10月5日
ニュージーランド	0.50%	+0.25%	10月6日
トルコ	18.00%	-1.00%	9月23日
メキシコ	4.75%	+0.25%	9月30日
スイス	-0.75%	—	9月23日
香港	0.86%	-0.64%	3月16日
南アフリカ	3.50%	—	9月23日

※日本：短期金利を-0.1%、長期金利を0%程度に誘導

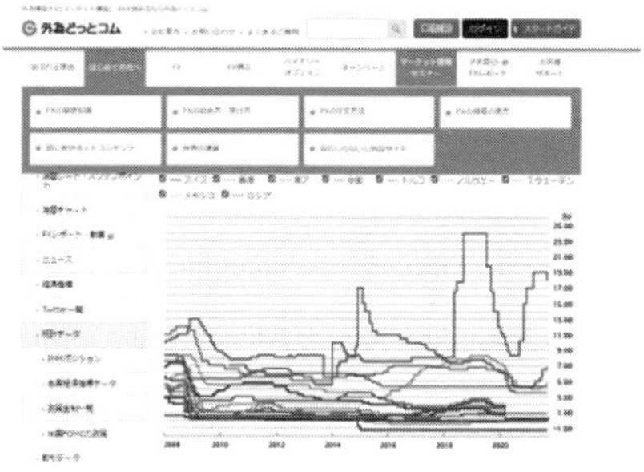

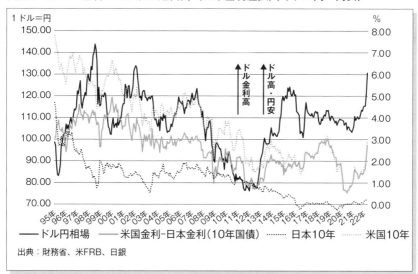

出典：外為どっとコムHP（右図も同じ）

図表5-15-3　金利が上がれば通貨高（日米金利差拡大でドル高・円安）

出典：財務省、米FRB、日銀

理屈は簡単なんだ。お金は金利の高い方に流れていくからだ。

そういえば、日本のあまりにも低い金利にしびれを切らした個人に人気なのが、海外の高金利債券に投資する投資信託、いわゆる外債ファンドだ。これなんか、ファンドを買った人が払い込んだ円を売ってドルを買い、そのドルでたとえば米国の高利回り債券を買うわけだ。

こんな風に金利低い日本の通貨を売り、金利が高い米ドルを買ったら円安・ドル高になるのは当然だ。

物価上昇でも金利が上がらないのは
日本固有の現象か？

　本章では物価が上がっても金利は上がらなくなってきた、って話した。特にこれは日本で顕著だ。2022年、日本のインフレ率は2％まで上がってきたが、金利が上がる兆しはほとんどない。

　一方、米国など海外各国では、2021年からの物価上昇に応じ金利は上昇。「物価上昇⇒金利上昇」の理屈はまだ生きているように見える。

　事情の違いは簡単だ。

　海外の物価上昇は、日本の物価上昇とは比べ物にならない。日本はせいぜい2％だが、欧米では9％というとてつもないピッチで上がっている。

　欧米でも「物価上昇⇒金利上昇」のメカニズムは弱くなってきたとみられるが、さすがに9％も物価が上がれば金利は上がらざるを得ない。「日本も物価高が問題」とはいうもの、海外に比べるとまだまだ。

　2022年に入ってから円安が猛烈に進んだことを考慮すると、「これだけの円安なのに物価高はこの程度で収まっている」ともいえる。

　じゃあ、なぜ日本では物価が上がらないか。これはもう買い手に勢いがないため、売り手が販売価格を上げられないんだね。

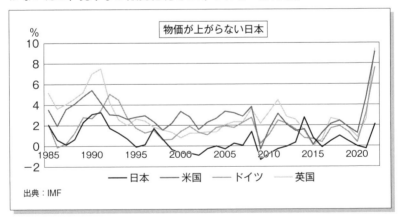

第**6**章

〈実践編〉
金利を巡る経済社会
メカニズムを完全制覇する

物価上昇⇒金利上昇なのか？
金利低下⇒物価上昇なのか？
＝〈実践編〉因果関係に気をつけろ！＝

ここまで金利にまつわる因果関係の基本を話してきたんだけど、これで金利についてのニュースがずいぶん身近に感じられるはずだよ。

ただ、頭の中で整理するのに、ちょっと時間がかかりそうだけど…

うん。じゃあここからは金利メカニズムについてより実践的な読み方を話していくことにしよう

　すでに気づいた読者もいると思うんだけど、２つの事象の関係を見るときに一番大事なことは、どちらが原因でどちらが結果であるかってことだ。A⇒Bなのか、B⇒Aなのかで、AとBの関係は変わってくることが多いんだ。

　第５章の02の項（p148）で、物価が上がれば金利も上がるってメカニズムを話したよね。ホワイトボードの①がそれだね。でも、09項（p162）では、金利が上がれば物価は下がるのが原則、って話をしただろう。②がそれだ。

〈物価⇔金利の関係〉
① 物価上昇 ⇒ 消費・設備投資の繰り上げ ⇒ お金が必要
⇒借入れ増加 ⇒ 金利上昇
② 金利上昇 ⇒ 借入れ減少 ⇒ 消費・設備投資減退 ⇒
物価下落
〈株価⇔金利の関係〉
③ 株高 ⇒ 株式の買い増える ⇒ 株式購入代金入手のため
債券売り ⇒ 債券価格下がる ⇒ 金利上昇
④ 金利低下 ⇒ 債券の魅力減退⇒ 株が買われる ⇒ 株高

　つまり、物価の動きからスタートしたときと、金利の動きからスタートしたときとで組み合わせが逆になっている。どちらが原因でどちらが結果であるかによって、その関係は逆になるんだ。

　ただし、長期にわたって観察していると、①の因果関係が働くことが多いことがわかる。つまり、物価と金利は同じ方向で動くことが多いんだ。図表6-1-1（次ページ）を見るとわかるよね。金利と物価が同じ方向で動いているってことは、物価上昇→金利上昇という①のメカニズムが働いていることを示しているんだからね。

ベクトルの方向が問題

　因果関係が逆になると、その関係が逆転する例はほかにも多いよ。第5章で話した金利と株の関係もそうだった。株が主導権を握っているときにはホワイトボードの③のようなメカニズムが働く。つまり、株が高いときにはお金が債券から株式に流れる。つまり債券が売られるってことだ。このとき、債券の値段が下がって利回りが上がる。だから、株と債券利回りは同じ方向で動く。

　逆に④のように金利低下が原因のときは、債券の魅力が乏しくなって、お金が株に流れて株高になる。このときは株価と債券利回りは逆に動く。ほら、関係は逆だ。

　ただ、図表6-1-2でわかるように、長期で見ると、株と金利は同じ方向で動いている。ということは、③の因果関係が働くことが多いってことだ。

　ただ、2013年からは、日銀が相当ごり押しで金利を下げたので、金利が主導権を握って株価に影響与えるという④のメカニズムにスイッチしてきていることがわかる。これはすでに話したよね。

　経済メカニズムは、こんな風に因果関係が逆になると、その組み合わせは逆になることが多い。ベクトルの方向が問題なんだ。金利と景気の関係もそうだね。

　金利が上がれば景気は冷えるけど、逆に景気が冷えると金利は下がる。だから、因果関係にご注意！ってわけだ。

図表6-1-1　金利が上がっているときには物価も上がっている

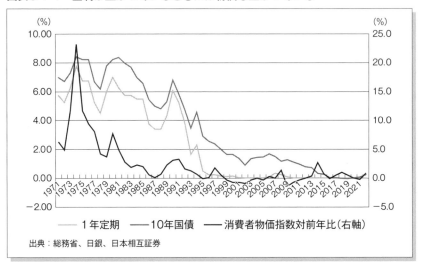

出典：総務省、日銀、日本相互証券

図表6-1-2　株価と債券利回りは同じ方向で動くのが基本だったはずなのに…

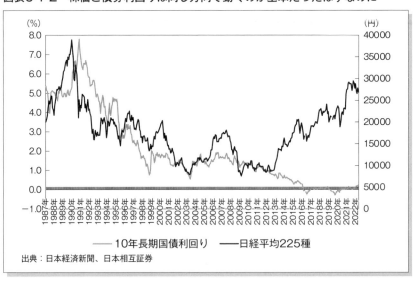

出典：日本経済新聞、日本相互証券

02 その物価上昇、買いが増えたから？売りが減ったから？
＝〈実践編〉原因にまでさかのぼれ！＝

物価が上がると金利は上がるってことは話したね。それと、金利が上がると株価は下がるのが原則って話したよね。ただ、これにはちょっと注釈が必要だ。実は、金利が上がる引き金になった物価上昇の原因如何で、金利が上がっても株価が上がることがあるんだ

って言われてもよくわからないんだけど…

そうか。じゃあ、具体的に話していくね

　どんなときに金利が上がるかっていうと、一番大事なのは「物価が上がっているとき」って説明した。第5章の初めでね。しかし、物価が上がっているときでもその内容はいろいろだ。

　1つは消費や設備投資が盛んで、品物が不足しているから起きる物価上昇だ。つまり、個人も将来を楽観して盛んに消費しているし、企業もそれに応えて生産、サービスを増やすために最新の機械に入れ替え、原材料や部品などの仕入れを増やして生産を増やしている。

　こんな風に物価が上昇しているときには、多少金利が上がっても、そう簡単には株は下がらない。つまり、企業にとっては金利が上がって借入れコストが上がるマイナスよりも、製品やサービスがより多く売れ、利益が増えるメリットの方が大きいんだ。だから株も下がらないし、むしろ上がることがある。

　しかし同じ物価が上がった場合でも、それが産油国の政情不安や内乱、極地戦争によって、生産量が落ち込んだのが理由だったら事情は違ってくる。海外の事情で原油価格が上がり、国内の物価が全体的に上昇、それがもとで

181

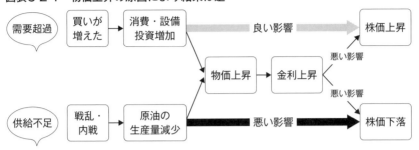

図表6-2-1　物価上昇の原因により結果は逆

金利が上がったんだったら、それは国内の景気がいいからじゃない。

　こんなときには、国内の企業は、原油価格の上昇やそれに伴う光熱費コストの上昇で、業績はダウンするのは当然だよね。

　こんな理由で原油価格が上がっているときでも、金利は上がることが多い。原油を早めに買っておこうとして資金調達を増やしたりするだろうし、中央銀行も物価上昇に歯止めをかけるために金利を上げる。こうした事情で金利が上がったときには、株が下がるのは当然だ。

　2022年2月に始まったロシアのウクライナ侵攻に伴う原油価格上昇のときの米国がまさにそうだった。

　つまり、金利が上がったときでも、その原因となった物価上昇の性格いかんで、株がどう動くかは違ってくるんだ。

2020〜21年は需要過多⇒2022年は供給不足へ

　景気回復時の金利上昇でも同じだ。2016年ごろから米国の金利はどんどん上がっていったんだけど、そのときには金利上昇にもかかわらず、株価はとても順調に上がっていた（❶）。

　これは、その当時の景気拡大が、金利上昇ピッチを上回って進んだことが理由だ。図式的に言うと「金利上昇によるマイナス」より「製品の売れ行き拡大によるプラス」の方が優っていたんだね。

　さらに、2020年から2021年半ばまでもそうだ。物価上昇⇒金利上昇でも株価は順調に上がっている。このころの物価上昇は、米国経済の腰の強さを表していた。だから当然株価も高い（❸）。

図表6-2-2　物価と金利と株価

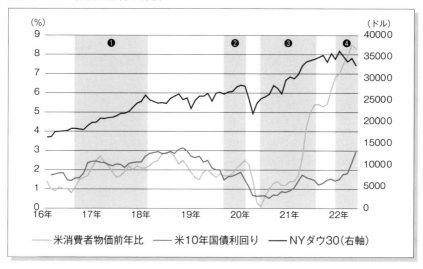

でもその後、特に2022年からの急激な物価上昇は、ロシアによるウクライナ侵攻で、ロシアからの原油、天然ガスの輸入が激減したためなんだ。つまり、供給不足によって原油価格が上がり、それが世界的な物価上昇につながった。

供給不足なんだから景気の足を引っ張るのはあたり前だ。だから、この時期の物価上昇＝金利上昇は、株価を直撃、米国発の株価急落につながったんだ（❹）。

「その物価上昇、原因は何ですか？」。これはとても重要なポイントだ。

第5章で取り上げた金利を巡るメカニズムは原則として物価と金利とか、金利と為替とか、二者間の関係だけだ。でも現実の経済は、複数の原因が錯綜している。じゃあ、どうすればいいのか、ってことになる

たしかに現実の複雑な経済社会では、2つの関係だけですべてを読むことは無理だよね

そう。そのために一番簡単な方法を話しておこう。実はちょっとしたコツがあるんだ

　金利だけじゃないけど、現実の経済の動きを見ていると、2つどころか3つ、4つの要因が複雑に入り込んでいるのが普通だ。そこでお勧めしたい方法がある。僕が4K1BSの図って呼んでいる図解を利用するんだ。

　この図では、経済社会における因果関係が思い切って単純化されている。つまり、景気、為替、株、金利の4Kと物価のB、政策のSという6つの要因の間にどんな関係が働いているかの基本を表しているんだね。

5つの矢印に注目

　たとえば金利が上がっているとするね。そんなとき、この図で金利の方に伸びている→の始点をチェックしていくんだ。そうすると、景気、物価、為替、株価、そして政策と5つあることがわかる。じゃあ、今の金利上昇はこのうちどの要因が一番強く働いているのか、って考えるわけだ。

　そうすると、たとえば2021年の米国の金利上昇は、まず物価が上がったことが原因になったことが思い出される。また、新型コロナがワクチン接種の進展で沈静に向かい、経済活動がやや正常化に向かい、景気に安心感が出

図表6-3-1 4K1BSの図を基本にする

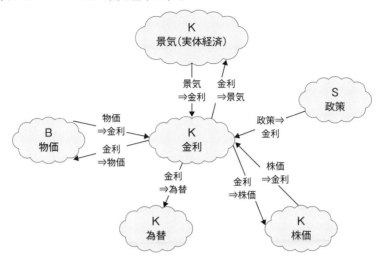

てきたことに気が付くだろう。

　それと相前後して政策面でも「来年＝2022年には米国の中央銀行＝FRBが2〜3回金利を上げそうだ」という見方が広がっていったことが思い起こされる。

　そして、このころは金利が上がったのに株価も順調に上げていた。「企業業績はこの程度の金利上昇では、影響を受けないんだな。これは景気の回復も本物かも」という思惑が広がった。このため、株への買いは衰えなかった。こんな風に読めたんだ。つまりこのときは、周りにあるほとんどの要素が「金利上昇」を促した、と考えられる。

　しかし、景気が良くなったわけでもないのに金利が上がるってこともある。前項では、2022年からのロシアのウクライナ侵攻で原油供給が一気に減ったことで物価が上がり、それにつれ特に米国の金利が急上昇したって話したが、これがまさにそうだね。こんな例は過去にもたびたびあった。

　大昔の話でいうと、1970年代半ばに原油価格が急激に上昇したときがそうだった。中東産油国の混乱で原油の生産と供給が一気に減少し、あらゆる物価が上がったので金利も上がった。

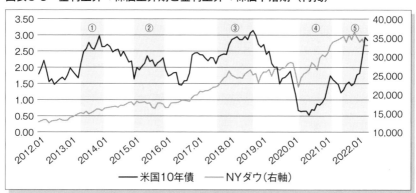

図表6-3　金利上昇⇒株価上昇期と金利上昇⇒株価下落期（再掲）

けれどこのときには、金利の上昇はもっぱら原油の供給が減ったため物価が上昇したことが理由。景気が良いことが金利を引き上げたわけじゃなかったんだ。だから株価は急落した。

　ここで、図表6 3を見ながらまとめておくね。まず、全体を見渡してもわかるんだけど「金利上昇にもかかわらず株高」のときと、「金利上昇で株価が下落」っていう時期がある。

　さっきもちょっと触れたんだけど、2021年に米国の金利が上がり始めたとき、金利は上がったけど株価も順調に上げている。この時には「これくらいの金利上昇はヘイチャラ」だったんだ。

　でも、2021年末あたりから怪しくなってきた。金利上昇で株価の動きが変調をきたし始めたんだ。そして、さっきも話したけどロシアのウクライナ侵攻で原油が枯渇したことで原油価格が上がり、金利が上がりという時期になると、株価は一転下落し始めている。つまり、多くの企業がこの金利上昇には耐えられないとなって株が売られたんだね。

　経済の因果関係は「AだからB」という単純なメカニズムだけではないけど、こんな風に要因を1つ1つチェックしていくと、もつれた糸が解けていくことが多いよ。経済の関係を読むには、ぜひ、この4K1BSの図を使ってほしい。

ブラジルレアル投資で
なぜ大けがを負ったのか？
=〈実践編〉高金利通貨の投資にはご用心！ その1 =

ここで、ちょっとした応用問題を紹介しておくね。といっても投資するときにはとても実践的なテーマだ

タイトルを読む限り、高金利通貨への投資は怖い！って読めるんだけど

そうなんだ。かつて金利の高さだけに惹かれて、海外の高金利債券で運用する投資信託を買った人が大勢いた。海外債券ファンドってね。でもね、かなりの人が大損したんだ。もちろん実話だよ

　2000年代初めのころの話だ。特にブラジル国債なんかは金利がとても高かった。一時は10％近くの債券がゴロゴロしていた。そこでこれに目をつけた証券会社が、もっぱらブラジル国債で運用する投資信託を開発して、多くの人に販売したんだね。あ、もちろん投資信託を作ったのは投信会社だけどね。

　そのころはすでに日本ではゼロ金利政策って、預貯金なども現在と同じように実質的にゼロだった。だから「ちょっとでも高い金利を」ってわけで多くの人が買った。「ブラジルレアル通貨選択型ファンド」なんていう投資信託がその代表だったんだけどね。でも、結局これが裏目に出た。

　どういうことかって言うとね。買ってからしばらく経つと、この投資信託の成績がどんどん下がっていった。果たしてどんなメカニズムが働いたのか？

　多くの人々は単純に、金利が高い⇒だから為替相場も上がる、と思い込んだ。つまり、ブラジル国債の高い金利と、ブラジルレアル通貨の値上がりと、

図表6-4-1　金利・物価・為替の３すくみ

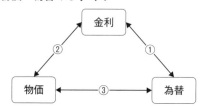

ダブルで得すると考えたんだね。

　一見すると、その判断は正しいと思うかもしれない。だって、高い金利の
国の為替相場は高くなるって話したよね（p174）。だったら高い金利が得
られて、さらに為替でも得をするはずだった。

　しかも、売る側の証券会社や銀行の販売担当者はたいてい、そんな説明し
かしなかったんだ。

どこに落とし穴が

　ところが、ここに思わぬ落とし穴があった。実はね、金利が高いから為替
相場も上がるっていうメカニズムだけに気を取られていたんじゃ駄目だった
んだ。

　ここからは、いくつかの経済メカニズムが交錯してくるんだけど、順序を
踏んでわかりやすく話すね。

　この図を見てもらおうか。このファンドを買った多くの人は「金利」と
「為替」の関係だけしか見ていなかったんだ。つまり「金利が高い」→「為
替も上がる」っていうメカニズムだね（①）。

　しかし本当は、「金利」と「物価」の関係（②）と「物価」と「為替」の
関係、図では③だね。この２つのメカニズムを考えに入れなくっちゃならな
かったんだ。さてどういうことか？

　と言っても、この図だけではちょっとわからないよね。次の項以降で順に
種明かししていくからね（この項つづく）。

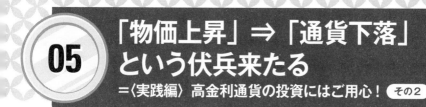

「金利が高い国の為替相場は上がる」⇒「だから金利と為替益の両方が手に入る」⇒「その代表がブラジルレアルである」。こんな三段論法だけを多くの人が信じたんだね。

しかし実際にはこけた。基準価額がどんどん下がっていった。そして「こんなはずじゃなかった」となった。

それは、もう1つ決定的に重要な要素を忘れていたんだ。順に話していくね。

高金利→インフレ率が高い

1つ目。高金利の国のインフレ率は、ほぼ例外なく高いっていうことだ。第5章で、物価が上がると金利も上がるという仕組みを話したね。

そのときには紹介しなかったんだけど、図表6-5-1をちょっと見てもらいたい。主な国の物価上昇率と金利の関係をプロット（点描）した分布グラフだ。これは何を示しているかわかるかい？物価上昇率が高い国の金利は決まって高いってことだ。

たとえば、日本やユーロでは、物価も上がらない代わり金利も低い。そこへ行くとインドやブラジルなどは、インフレ率も高いし金利も高いよね。

第5章で物価が上がれば金利も上がるという原則を話した（p148）けど、そのことを別の形で示したものだ。つまり「金利が高ければその国のインフレ率は高い」ってことなんだ。

さっき、ブラジルの金利が高かったって話した。じゃあ、そのときブラジルの物価がどうなっていたかっていえば、実はインフレ率が高かったってことなんだ。

じゃあ、ここで図表6-5-2を見てもらおうか。物価が上がれば金利が高く

なるってことは図の①だね。それから②のメカニズムもすでに話した。金利が高くなれば、その国の通貨が高くなるってこと。この２つはいずれも直感的にわかりやすいよね。

インフレ率が高い→為替は下落

さて、これからが応用問題だ。それが③なんだ。このメカニズムが今話しているテーマの勘所、つまり最大のポイントだったんだ。

つまり、インフレ率が高ければ、その国の為替は下落するのが基本だっていうところだ。で、結論から言うと実際ブラジルレアルは下落した。それでブラジル国債を大量に組み入れた外資ファンドは相当の為替差損を被り、多くの投資家はがく然となったんだね。

実は②のメカニズムだけじゃなく、③の要素を考えに入れなくっちゃダメだったんだ。どういうことか？

短期的には、金利が高ければ為替相場は上がるっていう②のメカニズムが働くことが多い。でも、中期的にみればインフレ率が高い通貨は下落するっていう影響力を示している③のエネルギーがとても強いんだ。

ちょっと変なたとえだけど、ボクシングでもボディブローはすぐには効かないことが多いよね。でも、回が進むにつれてどんどん体力を削いでいくだろう。③はあんなイメージなんだ。

あ、そう言えば、物価が上がれば通貨は下がるっていうこの③のメカニズムはまだ話していなかったね。

「金利」の本なので、ここまでは金利に直接関係するメカニズムしか取り上げてこなかったからね。

でもこの③のテーマは、投資する上ではとても大事なのに、多くの人にとっては盲点になっているので、ちゃんと話しておこう（この項つづく）。

図表6-5-1　金利が高い国はインフレ率も高いことが分かる図！

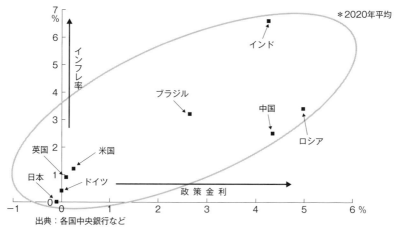

＊2020年平均
出典：各国中央銀行など

図表6-5-2　「高金利通貨投資にご用心！」を購買力平価説で理解する

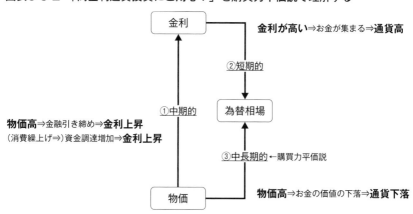

金利

金利が高い⇒お金が集まる⇒**通貨高**

②短期的

為替相場

①中期的

物価高⇒金融引き締め⇒**金利上昇**
（消費繰上げ⇒）資金調達増加⇒**金利上昇**

③中長期的←購買力平価説

物価

物価高⇒お金の価値の下落⇒**通貨下落**

こんなところで役立つ 購買力平価説

＝〈実践編〉高金利通貨の投資にはご用心！ その3 ＝

ここで話したいことはね。結論から言うと、物価の上昇が激しい国の通貨は売られて安くなるのがあたり前っていうことなんだ。これをちゃんと計算に入れたうえでなければ、こんなブラジルの高金利債券で運用するファンドを買っちゃダメだったんだ

なんだか、ちょっと頭がクラクラしてきたわ

かもね。じゃあゆっくり話していくね

　まずはたとえ話から。日本の物価は年１％上がっているけど、ブラジルの物価上昇率は10％だとする。このとき、日本の円よりブラジルレアルのほうが、お金の実質的な価値の下がり方は大きいよね。

　こんなのを、経済学では「実質購買力が落ちる」っていうんだ。日本の１万円の１年後の価値は１％減るだけだけど、1万ブラジルレアルの実質的な価値は10％も下がる。

高インフレ国の通貨は下がる

　とすると、外国為替市場でも通貨としての本来の価値がより大きく減ったレアルが売られて下がるのがあたり前だ。つまり、「インフレ率が高い通貨は売られて下がる」。これが原則なんだ。

　これ「購買力平価説」っていうんだけどね。為替相場がなぜ動くかを考えるうえで、とても大事な原理だ。このメカニズムは短期的には気づきにくいし、直感的にも理解しにくいんだけど、中期的には間違いなくじわじわ効いてくる。ボディブローのようにね。

　当時のブラジルレアルをめぐる動きを、２つのグラフで示しておいた。ま

図表6-6-1　インフレ率上昇で金利は上がる（ブラジルレアルの場合）

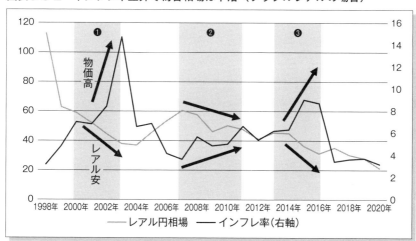

ブラジル政策金利　　インフレ率（右軸）

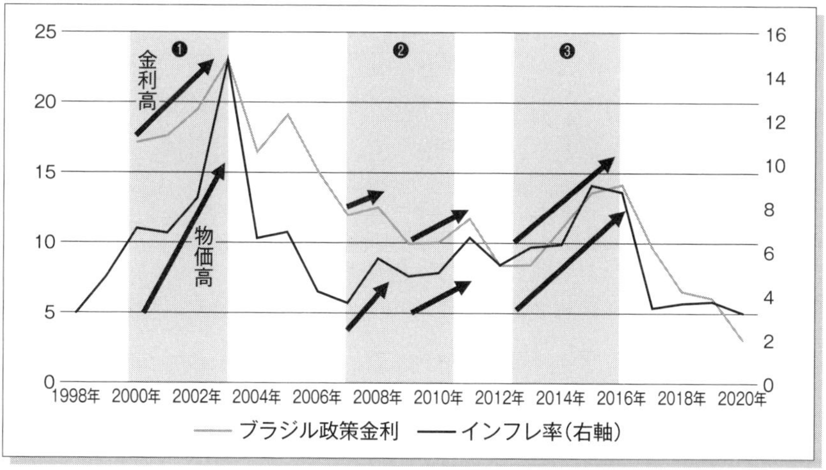

図表6-6-2　インフレ率上昇で為替相場は下落（ブラジルレアルの場合）

レアル円相場　　インフレ率（右軸）

出典：IMF

ずは図表6-6-1でわかるとおり、インフレ率が上がれば金利は上がる❶〜❸。
同じ方向で動いているよね。これはわかりやすいと思う。

　次に、図表6-6-2が示しているのはインフレ率が上がれば為替は下がるっ
てことだ。図の❶〜❸がそれだね。線の方向は逆に動く。

　だから、これをつなげると、金利が高ければその通貨は下がる、ってこと

になる。金利が高い→インフレ率が高い→通貨は下落するというようにね。

さてこれで、p191で掲げた図表6-5-2の種明かしをしたことになる。じゃあ、図表6-6-3（次ページ）を改めてみてほしい。

繰り返しになるけど、②の金利が高いから為替も高くなるという短期的な影響よりも、③の物価高が為替相場を下げるという中長期的な影響力に注意が必要だっていうことなんだ。

実際、このファンドを買った人は、短期的にはブラジルの高い金利が得られたんだけど、数年単位でみるとブラジルレアルが下がって為替で大損したんだね。ファンドの基準価額（1口あたりの価格＝株価のようなもの）がどんどん下がっていった。

では、具体的には何に注意すべきだったのか？高金利国に投資するとき、必ずインフレ率の水準を見ること。これが一番大事だ。インフレ率がとても高いんだったら、その投資は長く続けないほうがいい。これが大原則だ。

ただし、金利が高くてもその原因がインフレ率の高さじゃないときもある。インフレ率はそれほど高くないけど、好景気が続いているときなどがそうだ。そんなときには「インフレ率上昇⇒為替下落」というメカニズムは働きにくい。つまり、高金利通貨投資ではインフレ率をチェックすべし！なんだ。

今はネットで、各国のインフレ率などは簡単にチェックできる。下記URLなどは時系列のデータが表になっていてわかりやすいよ。
https://www.mofa.go.jp/mofaj/area/ecodata/index.html

この一番上の「主要経済指標」のPDFファイルでは、新興国も含め、10数カ国の消費者物価の過去から推移がわかる。（図表6-6-4）

高金利通貨への投資の怖さについていろいろ話してきたけど、物価高の通貨は下がるのが原則ってところはとても大事だから、十分理解しておいてほしいと思う。

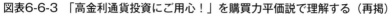

図表6-6-3 「高金利通貨投資にご用心！」を購買力平価説で理解する（再掲）

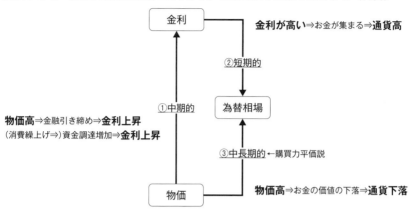

金利が高い⇒お金が集まる⇒**通貨高**

②短期的

①中期的

物価高⇒金融引き締め⇒金利上昇
（消費繰上げ⇒）資金調達増加⇒**金利上昇**

③中長期的←購買力平価説

物価高⇒お金の価値の下落⇒通貨下落

（金利 → 為替相場 → 物価）

図表6-6-4 各国別に消費者物価上昇率を見る

2.3 消費者物価上昇率

	日	米	独	仏	ユーロ圏	EU	英	露	中	韓	印	伯
2016年	▲0.1	1.3	0.4	0.3	0.2	0.2	0.7	7.1	2.0	1.0	5.0	8.8
2017年	0.5	2.1	1.7	1.2	1.5	1.6	2.7	3.7	1.6	1.9	3.3	3.5
2018年	1.0	2.4	1.9	2.1	1.8	1.8	2.5	2.9	2.1	1.5	4.0	3.7
2019年	0.5	1.8	1.4	1.3	1.2	1.4	1.8	4.5	2.9	0.4	3.7	3.7
2020年	▲0.0	1.2	0.4	0.5	0.3	0.7	0.9	3.4	2.5	0.5	6.6	3.2
2019年6月	0.7	1.6	1.5	1.4	1.3	1.5	2.0	4.7	2.7	0.7	3.2	3.4
7月	0.5	1.8	1.1	1.3	1.0	1.3	2.1	4.6	2.8	0.6	3.1	3.2
8月	0.3	1.7	1.0	1.3	1.0	1.3	1.7	4.3	2.8	▲0.0	3.3	3.4
9月	0.2	1.7	0.9	1.1	0.8	1.1	1.7	4.0	3.0	▲0.4	4.0	2.9
10月	0.2	1.8	0.9	0.9	0.7	1.0	1.5	3.8	3.8	0.0	4.6	2.5
11月	0.5	2.1	1.2	1.2	1.0	1.3	1.5	3.5	4.5	0.2	5.5	3.3
12月	0.8	2.3	1.5	1.6	1.3	1.6	1.3	3.0	4.5	0.7	7.4	4.3
2020年1月	0.7	2.5	1.6	1.7	1.4	1.8	1.8	2.4	5.4	1.5	7.6	4.2
2月	0.4	2.3	1.7	1.6	1.2	1.6	1.7	2.3	5.2	1.1	6.6	4.0
3月	0.4	1.5	1.3	0.8	0.7	1.1	1.5	2.6	4.3	1.0	5.8	3.3
4月	0.1	0.3	0.8	0.4	0.3	0.6	0.8	3.1	3.3	0.1	7.2	2.4
5月	0.1	0.1	0.5	0.4	0.1	0.5	0.5	3.0	2.4	▲0.3	6.3	1.9
6月	0.1	0.6	0.8	0.2	0.3	0.7	0.6	3.2	2.5	▲0.0	6.2	2.1
7月	0.3	1.0	0.0	0.9	0.4	0.8	1.0	3.4	2.7	0.3	6.7	2.3
8月	0.2	1.3	▲0.1	0.2	▲0.2	0.4	0.2	3.6	2.4	0.7	6.7	2.4
9月	0.0	1.4	▲0.4	0.0	▲0.3	0.2	0.5	3.7	1.7	1.0	7.3	3.1
10月	▲0.4	1.2	▲0.5	0.1	▲0.3	0.2	0.7	4.0	0.5	0.1	7.6	3.9
11月	▲0.9	1.2	▲0.7	0.2	▲0.3	0.2	0.3	4.4	▲0.5	0.6	6.9	4.3
12月	▲1.2	1.4	▲0.7	▲0.0	▲0.3	0.2	0.6	4.9	0.2	0.5	4.6	4.5
2020年1月	▲0.6	1.4	1.6	0.8	0.9	1.2	0.7	5.2	▲0.3	0.6	4.1	4.6
2月	▲0.4	1.7	1.6	0.8	0.9	1.3	0.4	5.7	▲0.2	1.1	5.0	5.2
3月	▲0.2	2.6	2.0	1.4	1.3	1.7	0.7	5.8	0.4	1.5	5.5	6.1
4月	▲0.4	4.2	2.1	1.6	1.6	2.0	1.5	5.5	0.9	2.3	4.2	6.8
5月	▲0.1	5.0	2.4	1.8	2.0	2.3	2.1	6.0	1.3	2.6	6.3	—

（備考）1. 出典：CEIC　　2. 前年同月比(%)
3.「EU」は全ての期間について英国を除く27か国分。

しばらく前から海外投資のうち、ブラジル、インド、インドネシアなどへの新興国への投資が人気だ。主に投資信託を通じてだけどね。このとき、気を付けておいた方がいいことがある。これらの国の為替相場が下がったときに金利が上がったりして、景気にマイナス影響を与えるってことだ

つまり、メカニズムから言うと為替が下がれば金利が上がるってこと？

そうだ。でもこれは日本なんかにはあまりあてはまらない

　第8章の「米金利上昇に世界が身構える本当の理由(わけ)」で詳しく話すつもりなんだけど、ドル高になれば新興国の為替相場が下がるので、これらの国で物価が上がり、それが景気の足を引っ張る。とともに、為替がどんどん下がると、金利が上がるのが普通なんだ。そしてそれが、その国の企業の首を絞めるってことが多い。

　つまり、こんな国では為替が下がれば、金利が上がるのが原則だ。その国からお金が米国など海外にどんどん出ていくから、その国の金利は上がるんだ。なぜだかわかるかい？

　ああ、その前に新興国の代表格であるブラジルレアルの為替相場と政策金利の動きをグラフで見ておこう。

　ほら、ここでわかるように、全体としてみると逆に動いていることが多い。特にハイライトしておいた時期は、為替相場が下がるとともに金利が上がっている。

　このときには何が起きていたかっていうとね、1つは、外国為替市場でレ

196

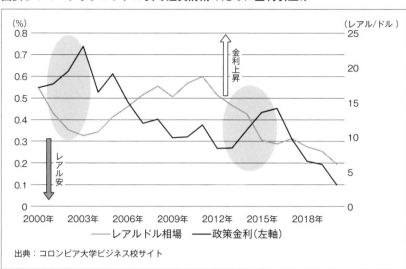

図表6-7-1　ブラジルレアル安で通貨防衛のために金利引上げ

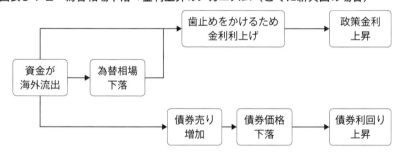

図表6-7-2　為替相場下落⇒金利上昇のメカニズム（とくに新興国の場合）

アルの価値がどんどん下がってお金が海外に逃げていくのを防ぐため、ブラジルの中央銀行が金利を上げていたんだ。金利が高い方にお金は流れるのが原則だからね。

　為替が下がっているときには少しでも金利を上げて、お金が海外に出ていかないようにせざるを得ないんだ。

為替高で政策金利も債券利回りも上昇

　もともとブラジルのような新興国は、国内企業の活動資金が不足している。海外、とくに米国から多くのお金を借りている。ところが、レアルの相場が下がるにつれ、お金が海外に戻っていったら企業が使えるお金が減って、まともな経済活動ができなくなる。これを防ぐために政策的に金利を上げるんだ。

　もう1つある。それは、レアル安につれて海外にお金が逃げるときに、ブラジルの債券に投資していたお金も逃げる。そのとき何が起きるかわかるかな？
　そう、ブラジルの債券が売られる。売られて値段が下がり、利回りが上がる。つまり、債券の利回りも上がるんだ。
　こうして経済を円滑に回していくための資金が不足している新興国では、為替相場が下がると、金利が上がるっていうのが原則なんだ。新興国に投資するファンドに投資している人などは、特にこのメカニズムには注意すべきだね。
　ただし、為替安⇒金利上昇っていうメカニズムは、日本など先進国ではあまり働かない。為替が安くなっても、海外にお金が逃げるってことはあまりないからだ。
　もともと国内にはお金が潤沢にあるため、海外からはあまり借りていないからね。

高金利・低金利、お金が早く紙くずになるのはどっち？

＝デフレ時に現金保有が有利な理由＝

 この章では金利を巡るいろんなメカニズムを話してきたけど、ここでちょっとしたまとめね。お金の価値が上がるか下がるかという視点から、物価や為替、金利の関係を整理しておこう

 さっき話してもらった「高金利通貨投資にご用心」では、物価が上がれば為替相場も下がるっていうことだったね

 そう。物価と為替は簡単だ。物価高はお金の価値が下がることだし、円安は円の価値が下がることだ（笑）。じゃあ、金利が上がるときはお金の価値はどうなっている？

　実は、物価、為替、金利の3つはいずれも、お金の価値を測る尺度なんだ。この3つの関係をもう一度整理しておくね。「物価が上がれば⇒金利は上がり」「金利が上がれば⇒為替高」、「物価が上がれば⇒為替安」だった。

　タバコが、1箱240円から400円に上がったら「お金の価値が下がった」ということだ。つまり、物価は「ものの値段」であるとともに「お金の価値」も示している。「物価とは、お金の価値を測るための尺度の1つ」だね。

　JRの初乗り運賃でもいい。現在は140円（東京電車特定区間）だけど、1980年ごろは100円だった。「あのころは安かった」とともに「あのころはお金の価値が高かった」ともいえる。

　もちろん、為替相場もお金の価値を測る尺度だ。1ドル＝120円から100円になると、1ドルの商品を買うときに100円でOKになったんだから、円の価値が高くなった。これも簡単だ。

　問題はこの本のテーマである金利なんだ。金利が高いときと低いときとでは、どちらの方がお金の価値は下がるかを考えてみようか。これは勘違いさ

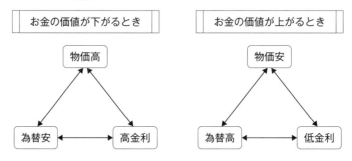

図表6-8-1　お金の価値が下がるとき、上がるとき

お金の価値が下がるとき

物価高

為替安 ↔ 高金利

お金の価値が上がるとき

物価安

為替高 ↔ 低金利

れている人が多いと思う。「金利が高いときにはお金が増えるのだから、お金の価値は高くなっている」ってね。でもこれは、まるきり逆なんだ。

デフレ＝低金利のときにお金を使わない理由

お金の価値の上がり下がりは、「タンスにしまってある具体的な１万円札」そのものの価値がどうなるかという問いなんだよね。結論からいうと「金利が高いときには、お金の価値の下がり方は速い」んだ。

１年定期が10％のとき、１年後には預けた100万円が110万円になっている。でも、金利が１％のときには101万円だ。

つまり、10％金利のときには「１万円札」（現ナマ）の価値は定期預金の満期金の110万円からみると、１割がた価値が下がっている。でも金利が１％のときには、満期金の101万円からみれば１％下がっているに過ぎない。つまり、金利が高いときのほうが、お金そのもの（現ナマ）の目減りは激しいと理解すべきなんだね。

ほら、ここまでくると、お金を上手にコントロールする基本がわかる。つまり、高金利＝インフレのときには現金の価値はどんどん下がっていくから早く使った方が得だ。

逆に今のような低金利＝デフレの時期には、現ナマの価値が上がっていく。だからみんな今、お金を使わないで手元にしまっておくんだね。そしてお金を使わないから景気は悪いままなんだ。そこでお金を使わせるためには、物価を上げればいい、って日銀は考えている。それが「２％インフレ目標」の狙いの１つだったんだ。

これでわかった金利メカニズムの新旧常識一覧
＝昔の常識は今の非常識＝

 第5～6章では、金利が景気や株価、物価などとどんな関係にあるかを話してきた。昔からの常識とずいぶん違ってきたことがわかってもらったと思う

 そうね。学校で習ったこととだいぶ違うし、なんとなく思い込んでいたイメージとも違ったわ

 じゃあここで頭の整理のため復習を兼ねて、新旧常識の違いをいくつかまとめておこうか

　まず、物価が上がっても金利は上がらないって話はしたね。一番のポイントは、物価が上がっても個人は消費を急がなくなった。将来への生活不安が高まってきたから、物価が上がれば消費を抑える。だから借りない。だから金利は上がらない。特にこれは日本に顕著だ。

　これは、景気が良くなっても金利は上がらないことにも通じるよ。これが2つ目のポイントだ。景気が多少良くなるとこれまでは、お金が不足していた企業は積極的に銀行からお金を借りた。だから金利が上がった。

　今、企業は、随分お金持ちになった。自由に使えるお金がたっぷりあるんだから、もう銀行借入れなどに依存しなくてもいい。だから金利は上がらない。

薄れてきた金利下げ効果

　3つ目はこれと逆だ。金利が下がっても、簡単には景気はよくならない。金利が下がると個人預金の利子が減る。いや、すでにもう金利ゼロの時代が長く続いたからね。

　また、さっきも言ったように金融資産を積み上げ、内部蓄積が豊かになっ

てきた企業もお金を借りなくなったので、借入金利の低下による恩恵はあまり受けなくなってきた。

　4つ目は、金利が下がれば物価が上がるという関係も怪しくなってきた。将来不安が強いから個人、企業ともに、多少借入金利が低くなっても積極的に消費や設備投資には向かわない。だから物価は上がらないんだね。金利引下げ効果が薄れてきたんだね。

　もう1つは経済のデジタル化だ。書籍や音楽あるいはゲームの世界なんかでは、デジタル化が進んだおかげで、同じものをいくら再生産しても生産コストはほとんどゼロだ。またデジタル通販の拡大で、流通・販売コストが下がったため、価格は安く抑えられている。

　2021年半ば以降、世界的に物価が上がってきたけれど、これは何も金利が下がったからじゃない。コロナショックから経済が多少立ち直ってきたのに加え、ロシアによるウクライナ侵攻による原油などの価格が上がったことが引き金になったんだ。

　最後に、株が上がれば金利も上がるっていう常識も様変わりだ。とくに日本では日銀の強力な金融緩和政策で、巨額のマネーが株と債券市場に流れ込んだから、株も債券もどちらも上がっている。つまり、株高で金利は下がるという時代がもう10年以近く続いてたんだ。

　こうしてみると、金利を巡る常識のほとんど半分はひっくり返ってきたと言っていい。

　っていうより、時が移るにつれ、経済を支えているいろんな要因が変化していくため、経済メカニズムも変化していくんだといった方が正しいかもしれない。

　つまり、ここで話したいくつかの新しい常識も10年後、20年後にはどうなっているか？想像を超えて変化していると思ったほうがいいかもしれないね。

図表6-9-1　4K1B図を巡る新旧常識一覧（金利を中心に）

	旧常識	新常識
1,物価⇒金利	物価が上がれば金利は上がる	物価が上がっても金利は上がらない
	∵①物価がさらに上がると予想すれば消費を増やす。そのためにお金を借りる人が増える。そこで金利は上がる。②過度な物価上昇は景気にマイナスであるため、政策的に金利を引き上げる。	∵物価が上がると読んでも消費を急がない。なぜなら将来への経済生活への安心感が失われているから消費自体を抑える。そのため借り入れも増えないし金利も上がらない。
2,景気⇒金利	景気が良くなれば金利は上がる	景気が良くなっても金利は上がらない
	∵物が売れ、好景気のときには企業は生産を増やす。増産するためには設備、人件費などへの投資が増える。そのためのお金を調達する動きが活発になるため金利は上がる。	∵多少景気が良くなり、生産を増やすときにでも企業は借入れを増やさない。なぜならいつでも自由に使える潤沢なお金（内部留保）を抱えているため。借り入れが増えないのだから金利は上がらない。
3,金利⇒景気	金利を下げれば景気は良くなる	金利を下げても景気は良くならない
	∵金利が下がれば企業や個人はより安いコストでお金が手に入る。低コストのお金が自由に使えるようになると消費（個人）、設備投資（企業）が盛んになり景気も良くなる。	∵金利を下げれば膨大な預貯金を持っている個人が受け取る利子が減る。つまり使えるお金も減り、消費には積極的にはなれず景気もよくならない。企業も積極的に借りないため金利低下の恩恵は少なくなってきた。
4,金利⇒物価	金利を下げれば物価は上がる	金利を下げても物価は上がらない
	∵金利を下げれば低コストのお金を手にした個人、企業がそれを積極的に使うためモノ、サービスの需給バランスが好転して物価が上がる。	∵①金利が下がっても将来不安が強い個人、企業は積極的にお金を使わない。だから物価は上がらない②デジタル経済の急拡大で再生産コストがゼロに近づくため物価は上がらず、ネット通販の急拡大が物価全体を抑え込んでいる。
5,株価⇒金利	株高になれば金利も上がる	株高でも金利は上がらない
	∵株が上がればさらに株への買いが増える。その資金の多くは債券が売られたもの。つまり債券が売られて値段が下がるとともに利回りは上がる。	∵①日銀の強力な金融緩和政策によって大量に供給されたお金が株式だけではなく債券の購入資金としても使われ、債券利回りも下がる。

＜頭の体操＞「10%と-8%」 vs「3%と-1%」 どちらの運用が得？

　ここでちょっと頭のストレッチってことにしよう。お金を運用すると
き、派手な動きをする銘柄と、それほど大きく動かない銘柄とどちらに
するかって話だ。

　じゃあ、具体的な例で。

　まず銘柄Aは１年ごとにプラス10%、マイナス８％の繰り返しだ。相
当ドッタンバッタンだね。銘柄Bはプラス３％とマイナス１％だ。はそ
れほど大きく動かない。どちらも平均的にはプラス２％だね。じゃあ
10年後にはどっちのほうが得だったかな？

A：１年目は＋10%、２年目は－8%、３年目は＋10%…と繰り返
す

　　10年後の元利合計金額は：$1.1^5 × 0.92^5 = 1.061457$

B：１年めは＋3%、２年目は－1%、３年目は＋3%…と繰り返す

　　10年後の元利合計金額は：$1.03^5 × 0.99^5 = 1.102458$

　10年後の元利合計は、プラス３％とマイナス１％の組み合わせの方
が断然有利だ。つまり、算術平均した金利が同じだったとしても、ドッ
タンバッタンよりも、変動率が低いほうが有利だってことなんだ。もち
ろん、これはマイナスからスタートしても同じだよ。どっちでも変動率
が低い運用のほうがパフォーマンスは高い。

第7章

これだけはクリアーしておきたい金融市場、そして金融政策

01 最終的にお金のやり取りが行われるのが金融市場
＝金融市場の種類＝

金利とはお金の貸し借りについて回るものだが、お金の貸借を行う場が金融市場だ。これにはすでに話してきたお金の貸し借り、債券を通じたお金のやり取り以外にもいくつかある

う～ん。例えば株式市場なんかも、広い意味では金融市場なの

そう。ここでは広義の意味での金融市場全体を俯瞰しておこう

お金の貸し借りといえば、銀行と企業・個人の間でのお金のやり取りをイメージするけど、実際にはそれ以外にもいろんな形がある。

ちょっと教科書的になるけど、ここでさらっと紹介しておくね。

1 長短金融市場

①短期金融市場

期間1年以下のお金の貸借が行われるのが短期金融市場だ。参加者が金融機関だけに限定されているインターバンク市場と、企業なども自由に参加できるオープン市場がある。わが国の金融市場の中核を占めるインターバンク市場は、日銀が行なう金融政策を敏感に反映する。

②長期金融市場（債券市場）

政府、民間企業などが資金調達手段として発行する債券。これが発行されてから償還されるまで、様々な参加者によって売り買いされる市場が債券市場だ。なかでも国債市場が中心になっている。固定金利型住宅ローン金利や企業向け貸し出しの基準金利である長期プライムレートなどは、この10年国債の利回りを参考に決まる。

③長期金融市場（株式市場）

現在の資本主義の中核にあるのが株式会社だ。株式会社は株式という有価

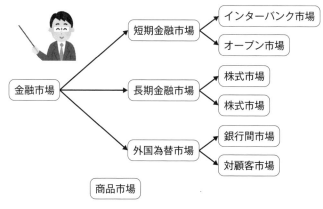

■金融市場の種類

証券を発行し、機関投資家や企業、あるいは個人に引き受けてもらって資金を調達する。株式を引き受けたものは出資者で、出資者の持ち分が株式だ。

株式に投資するということは、株式会社が発行した株式を取得して株主となることだ。株主の総意で経営者が選ばれ、株式会社が経営される。株式は原則としていつでも売り買いできる。これが株式市場だ。

2 外国為替市場

国境を超えた経済取引を行うには、各国が使っている通貨を交換する必要がある。そのために円⇔ドル、ユーロ⇔ドルというように異なる通貨を交換できる場が設けられている。これが「外国為替市場」。金融機関が互いに専用の端末やネットを通じて取引が行われるバーチャルな市場だ。

3 商品取引市場

原油や貴金属のほか各種穀物などの商品（コモディティ資産）を取引するのが商品市場だ。ここでは商品を売り買いすること自体が目的ではなく、価格の動きを利用して上手に儲けたり、あるいはリスク回避のために利用されることが多い。商品自体はお金のやり取りのための道具なんだね。つまり実質的にはお金の交換の場であり、だから金融市場と言っていい。

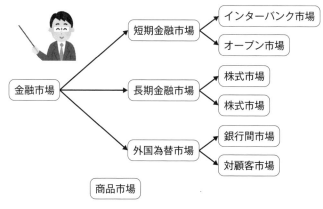

このあたりで、日銀が金融の世界で何をしているのかを話しておかなきゃいけない。とりわけ、金利をどのようにコントロールしているのかっていうことが大事だね

そう言われても、具体的なイメージは浮かばないわね

うん、ちょっとテクニカルな面があるからね。でもここではかみ砕いて説明していくね。形式的な説明だけじゃなく、もう一歩踏み込んで現実の動きに即して話していくので付いてきてね

　日銀は一体どんな仕事をしているのか？多くの教科書でも取り上げるんだけど、多分初心者には抽象的過ぎてわかりづらいと思う。できるだけ具体的なイメージで話していこう。

　一言でいうと、経済活動が円滑に行われるように、世の中全体で使えるお金の量と、お金の貸し借りに伴う金利をコントロールしているんだ。そしてその金利とお金の量のコントロールには密接な関係がある。

　ここではまず、金利をどのようにしてコントロールしているのか、から始めよう。

　新聞など経済記事中では「利上げ」「利下げ」といった用語が頻繁に使われる。最近だと、米国の「利上げ」のニュースが多い。ここで言う「利」とは「政策金利」を指すんだ。そして、この政策金利をコントロールしているのが中央銀行、つまり日本では日銀だ。

　では政策金利とは何か？「わが国で言うと公定歩合」と反応される方が少なくないと思う。でも今は違う。少なくとも欧米や日本など先進国でいう政

図表6-2　お金が足りない金融機関と余っている金融機関

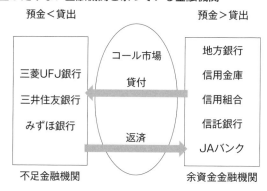

策金利とは、公定歩合のような中央銀行が民間の金融機関にお金を貸し出すときに適用する金利じゃない。昔は公定歩合か政策金利って時代もあったんだけどね。でも今は、わが国で言えばコール翌日物金利が政策金利なんだ。

　といきなり言われてもわからないよね（笑）。じゃあコール金利とは何か？さらには、それをどのように日銀がコントロールしているのかを話していくね。

インターバンク市場でのお金のやり取りとは…

　お金の貸し借りが行わる市場が金融市場であることは話したね。このうち「期間1年以下」でかつ「市場参加者は金融機関に限定」という市場がインターバンク市場だ。インター（内部の）バンク（金融機関）だね。

　インターバンク市場では、三菱UFJ銀行や三井住友銀行といったメガバンクから信用金庫などの小さな金融機関、さらには証券会社や保険会社等の間で日常的にお金のやり取り（貸借）が行われているんだ。一番大事な役割は、金融機関によって異なる資金過不足の調整を行うことだ。

　つまり、地方銀行や信用金庫などお金が余っている金融機関が、お金が不足しているメガバンクに貸しているんだね。じゃあ、なぜ金融機関ごとにお金が余ったり足りなくなったりするんだろうね？

　実はその資金過不足は、主に「預金」と「貸出」のバランスの違いが原因なんだ。とりあえずここまでが第一段階ね（この項つづく）。

03 日銀が金利を誘導するってどういうこと？

=〈徹底解剖〉日銀・その役割と機能 その2 =

市場での資金過不足調整がインターバンク市場の基本機能

　さっきメガバンクはお金が不足しており、地方銀行や信金、信用組合など
はお金にゆとりがあるって言ったけど「？」となった人が多いんじゃないか
な。

　だって、大きな銀行の方が体力があってお金にゆとりがあるんでしょ、と
思うよね。でもこれは違うんだ。

　大都市を主な営業基盤にするメガバンクは、だいたい預金を吸収する能力
よりも貸出能力が高い。大企業向けの貸し出しが多いからね。だから、いつ
も預金以外の手段でお金を調達し続けていなきゃならない。だから不足金融
機関とも呼ばれる

　でも、信用金庫、信用組合や信託銀行とかJAを基盤とする農協系の金融
機関などは、貸出能力が弱い。逆に言うと預金吸収能力が高いんだ。だから、
つねにお金に余裕がある。余っているんだね。って言うと聞こえがいいんだ
けど、言い方を換えれば運用先に困っている。そこで、これらの余資金融機
関は、日常的にメガバンクなどの不足金融機関にごく短期の資金を貸し出し
ているんだ。直接取引することもあれば、短資会社というブローカーを通じ
ることもある。

　ここで一番多く利用されている取引が「1日限りで貸し出す」という無担
保コール翌日物っていうものなんだ。一晩越すからオーバーナイト物ともい
う。そして、この取引で金利が付く。これを無担保コール翌日物と呼ぶ。実
はこれが政策金利なんだ。取引するのに担保不要だから、無担保って言うん
だね。

　「コールって何？」。こんな疑問を抱く人も多いだろうね。このもともとの
意味はcallだ。つまりお金を貸した側の金融機関が、そのお金に「おーい、

そろそろ帰って来いよ」ってcallすると、素直に帰ってくる（返ってくる？）というイメージから来た言葉だ。

　お金の貸し借りの当事者から見ると、いつでも自由に機動的にコントロールできる、っていうイメージなんだろうね。

　さっき「この取引で金利が付く」って言ったけど「エッ。金利が付く？」といぶかしく思った人がいるかもしれないね。そんな人は用語の使い方に注意深い人だから自慢していいよ。「だって、政策金利ってのは日銀が決めるんでしょ。「取引で付いた金利」ではなく「日本銀行が決めた金利でしょ」と思っているんじゃないかな。でも、それは違うんだ。

　無担保コール翌日物金利は、そのときどきのお金の貸し借りの需給バランスで決まるんだけど、実質的には日銀が強力にコントロールしているんだ。だから政策金利っていう。多分この辺りが、多くの人にはわかりにくいんだね。

　実は、日銀が政策金利を「決める」という言い方は、誤解を招きがちだ。「日銀があらかじめ決めた金利（あるいは金利のゾーン）に誘導する」という言い方のほうが現実に即している。そして2022年7月現在では「－0.1～0%」が政策金利なんだ。じゃあ、どんなふうにして日銀はこの金利を誘導できるのか、って話になるよね。

　このあたりが、日銀の金融政策を正しく理解する上での最大のポイントなんだけど。それは次の項でね（この項つづく）。

日銀が金利を誘導するって言っても、すぐにはイメージできないだろうね

うん

そう。このあたりがちょっとわかりにくいところなんだよね。多くの教科書ではスルーしているので、具体的なイメージを持てない。ここをクリアできれば、金融政策のなかでも一番わかりにくいところを征服できるからね

「誘導するってどういうこと」って疑問に応えるね。各金融機関が行なっているお金の貸し借りで付く無担保コール翌日の金利を、日銀はなぜコントロールできるのか。ここが、日銀の金融政策を理解する上での一番のポイントだ。

ここで出てくるのが「買いオペ（オペレーション）」とか「売りオペ（オペレーション）」と呼ばれる政策なんだ。これキーワードだね。つまり、買うという操作、売るという操作だね。じゃあ、日銀は誰に何を売ったり買ったりするのか？

政策金利とは「誘導目標水準金利」である

金融機関がお金のやり取りをしているインターバンク市場は、図のようなイメージで把握するとわかりやすいと思う。余資金融機関の代表格である農林中央金庫（N中央金庫）が、500億円のお金を貸出し、資金が不足気味の三井住友銀行（C銀行）がこれを借りたとするね。

1日限りの取引だ。この取引でついた金利が、無担保コール翌日物レートってことになる。

図表7-4　インターバンク市場

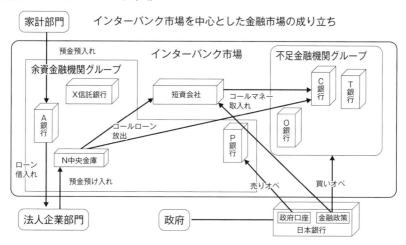

じゃあ、この金利をなぜ日銀がコントロールできるのか？ここで出てくるキーワードが、さっき言った買いオペ、売りオペなんだ。

たとえば、日銀が金融市場に、つまり多くの金融機関にお金を供給したいとする。このとき、たとえば「国債を5,000億円買うから、どんな銘柄をどれだけ買ってほしいか入札（にゅうさつ）してくれ」って多くの金融機関に呼びかけるんだ。入札オファーっていう。図では買いオペがそれに相当する。

それに応じて、各金融機関が札（ふだ）を入れるんだ。そして日銀は、価格が高いところから順に札を落としていって、目標金額に達したところで打ち切る。つまり、あらかじめ設定した目標額の国債を買うんだね。

金融市場を構成している金融機関からこうして国債を買うと、日銀は国債を買った相手先の金融機関が日銀に設定している当座預金口座にお金を振り込む。

当座預金っていうのは、民間の金融機関がイザというときのために、日銀に預けている預金だ。銀行間の資金決済口座としても使われる。日銀がお金を供給するっていうのはこんな仕組みなんだ。

このお金は、もちろん金融機関がいつでも自由に引き出して使える。お金

を引き出したときに、日本銀行がお札（日本銀行券）を発行するんだ。そして、そのお金が企業や個人に貸し出されるってわけだ。ともあれ、このように日銀が国債を買えば、金融機関が自由に使えるお金が増えるよね。

日銀は金融機関の資金の過不足をコントロールする

そこで、たとえば三菱UFJ銀行は買いオペに応じて1,000億円のお金を受け取ったとしよう。このとき「本当はこの日2,000億円のお金が不足していたんだ。でも日銀から1,000億円の資金を供給してもらったから、改めて調達しなきゃならないお金は2,000億円じゃなく、1,000億円でOKだ」ってなるね。

つまり、調達しなければならない金額が減る。じゃあ、この取引で付く金利はどうなる？そう、もちろん下がるよね。これは三菱UFJ銀行だけじゃない。ほかのメガバンクもそうだね。

ほら、ここでわかったかい？インターバンク市場でおこなわれるコール取引の金利が下がるんだ。

つまり、日銀は金融市場全体のお金の量をコントロールし、お金の貸し借りの需給バランスを変えることで、金利を巧妙にコントロールしているんだ。それが2022年7月時点では「−0.1％〜0％」だっていうわけだ。つまり、量（金額）が質（金利）を決めるんだね。

こうしてついた無担保コール翌日ものレートが新聞に掲載される。ここでは「−0.021％」となっている。2022年7月現在での政策金利誘導水準である「−0.1％〜0％」のターゲットに収まっていることがわかる。

さて、ここでもう1つ見てもらいたい数字がある。それは一番下の「資金需給予想」ってところだ。この数字は日銀が一切介入しないと、インターバンク市場全体でお金はどれだけ不足しているのか、余っているのかを示したものだ。

金融機関から構成されるこのインターバンク市場を巡るお金の出と入りは、常にバランスしているわけじゃない。企業や個人との間でいろんな取引もしているし、政府との間でもお金の出入りがあるからね。何がしかの不足、あるいは余剰の状態にある。

```
〈短期金融市場〉            （31日）

                    （金利、利回りは％）
◇コール （短資協会、加重平均、速報）

              無担保    有担保
  翌  日   −0.021      —
  1週間    −0.012      —
  2週間    −0.005      —
  3週間      —         —
                       —
                       —
              —        —
```

```
〈短期金融市場〉

◇全国コール市場残高
  （億円）        179688
◇日銀当座預金残高
  （速報、億円、カッコ内は準備預金残高）
              5506500 （4824500）
◇資金需給予想
  （億円）      25900余剰
```

※上記2つの図表の数値は参考例

　掲載記事では2兆5,900億円の余剰ってある。これは「（自然に放置しておけばこの日は市場全体でお金が）2兆5,900億円余った状態にあるよ」ってことを示しているんだ。日銀はこれを注意深く見ながら、日々、どの程度のお金を回収するか（売りオペ）、供給するか（買いオペ）を決めているんだ（この項つづく）。

なぜお金が余ったり 足りなくなったりするの？

＝〈徹底解剖〉日銀・その役割と機能 その4 ＝

さてここからは、日銀が毎日行っている金融調整の話を深堀りするね。でも、このあたりで何か質問はないかい？

そうね。不足するんだったらその金額を供給し、余っているんだったらそれを回収すればいいんでしょ。

そうだね。でも、そもそもインターバンク市場全体でお金が余ったり不足したりしているのはなぜなんだろうね

日銀はどんな意図をもって市場に介入するのか？

　市場全体で資金の過不足が生じる原因は2つあるんだ。インターバンク市場の外に「政府」とか「企業」「家計」ってあるだろう。これがどんなふうに行動するかで、インターバンク市場でのお金の量は増減するんだ。

　まず、金融機関は企業や個人との間で毎日のようにお金をやり取りしている。預金の積み増しや払い戻しは日常的に行われている。貸出、各種ローンを通じたお金の出し入れも頻繁だ。

　2つ目は政府との間のお金のやり取りだね。日銀は「国の銀行」と呼ばれるけど、国のお金の出入りは、日銀に設定してある国庫口座が使われる。たとえば国から年に何度かに分けて地方交付税交付金が、各自治体に払われる。都道府県、市町村が地元の銀行に持っている口座に払い込まれるんだ。

　また、新しく国債が発行されるとき、これを引き受けた金融機関が日銀に持っている当座預金勘定から、国庫口座にお金が移される。このように市場全体での資金の過不足は毎日変動している。

　ここで生じた資金の過不足に対し、日本銀行はどうするか？市場全体の資

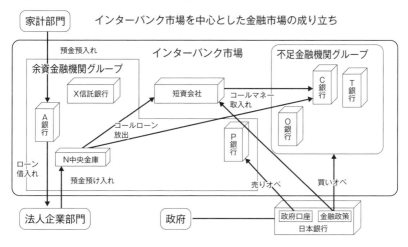

図表7-4　インターバンク市場（再掲）

インターバンク市場を中心とした金融市場の成り立ち

金が過不足のない状態に調整するのがまず基本だ。2兆5,900億円の余剰だったら、2兆5,900億円分の国債などを銀行などに売りつけ、2兆5,900億円を吸収する。売りオペだね。逆に資金不足の場合には、買いオペで不足分のお金を市場に供給する。これが中立的な金融調整だ。専門的には「トントン」って言うけどね（笑）。

さて、日銀の金融市場コントロールの話もエンディングに近づいてきた。

実は、日銀が過去20年以上行ってきた金融緩和政策は、こんな中立的な政策じゃない。金融緩和政策では、常に市場全体でお金が余る状態に誘導する。1兆円不足しているときにでも2兆円供給し、3兆円余っているときにでもそのままの状態に放置しておくというようにね。

こうすると、市場全体で常にお金が余っているから、コール翌日物金利は下へ下へと引っ張られる。こうして、政策金利を今のように0〜マイナス0.1%になるように誘導しているんだ。

こうしてコール翌日物金利が下がると、それに応じて各金融機関は一連の預金金利やら貸出金利などを下げる。こうして民間の家計（個人）、企業の預金、借入れに、ひいては景気や物価に影響を与えるんだ。金融緩和だから企業、個人の借り入れが増えるはずって言うのが基本だね。

「金融緩和」⇒「マネーの供給」は間違いだ!
＝誤解だらけの金融緩和＝

ちょっと長かったけど、日銀が金融市場でどんな役割を果たしているかがおおよそわかったかい

ええ。だいぶイメージがはっきりしてきたわ。でも、最後に話してもらった金融緩和政策がずいぶん長く続いているけど、日本の景気は良くなっていないわね。賃金も上がらないし

たしかにそうだ。これ、実は日銀も頭を抱え込んでいる。じゃあここで、多くの人は実は金融緩和について間違ったイメージを持っている人が多いって話をしておこうか

　さっき話した金融緩和政策だけど、日銀が輪転機で日銀券（お札）をじゃんじゃん刷って、それをばら撒く。こんなイメージを持っている人が多いんだね。

　でもさっきの話を振り返って、2つの点に留意しておいてほしいんだ。1つは、日銀がマネーを供給するとはいったいどういうことか、と言うことだ。一切の対価を求めず、一方的に金融機関にお金を供給するんじゃないってことだ。銀行が保有する国債を買い、その代金を支払うだけだ。そのとき、銀行が日銀に設定している当座預金口座に入金するって話はしたよね。「買いオペ」だね。

　では「国債の買いオペ」はそれに応じた銀行にどんな影響を与えるかな？銀行の資産のうち国債が減って、その分当座預金が増えるだけだ。資産の内容が変わっただけなんだ。銀行の資産自体が増えるわけじゃない。これはとても大事なところだよ。

　2つめの問題は、「日銀がお金を大量に供給するため、民間企業や家計が低コストのお金を潤沢に使える」というイメージだ。どれだけ日銀が大量に

図表7-6 着実に上昇する家計の現金比率

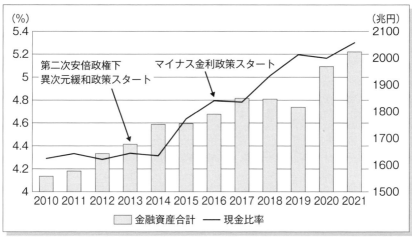

出典：日本銀行

国債を買って、その代金を民間銀行の当座預金に入金してもだめだ。このお金を企業や家計に貸し出さない限り、そのお金は使われない。だから、景気拡大にはつながらないよね。

行き過ぎた金融緩和策は効果なし？

　もう1つある。金融緩和政策といっても、現在のような超低金利・マイナス金利時代にはその効果があまりないんだ。

　それはね、「あまりに金利が低くなりすぎると、金利を下げても景気刺激効果はない」という考え方だ。「流動性のワナ」って言ったりする。ノーベル経済学賞を受賞したクルーグマン氏が提唱し始めたことで知られている。どういうことか？

　預金や債券の金利がゼロになり、利息がつかないと、誰も預金しないし、債券も買わなくなる。すると、預金や債券を通じて企業や個人にマネーが供給されるパイプが細り、景気を刺激する効果がなくなるというんだ。

　データでも確認できるよ。2013年にアベノミクスが始まって以来、家計金融資産に占める現金（キャッシュ）の比率は上昇する一方だ。つまり、タンス預金がどんどん膨らんでいるんだ。このお金はしまい込まれているんだから、今のところ経済の活性化には役に立っていないんだね。

じゃあここらあたりで、日銀が最近実施しているマイナス金利政策を取り上げておこうか。前項までに述べたような金融緩和政策がずーっと行われてきたあと、2016年には民間の金融機関から預かっている当座預金の一部にマイナス金利を設定した。これがマイナス金利政策だ

と言われても、具体的なイメージがまったくわかないわ。私たちの周りでマイナス金利なんて見かけないものね

そうだろうね。じゃあ、実際にどんな効果を狙ってどんな金利をマイナスに設定したのかを、ここでちゃんと話しておこう

わかりやすいところから順にね。

1つ目は、民間銀行は日銀の当座預金にお金を預けているんだけど、マイナス金利ってのは預けると利息を取られるってことだ。だから預けるのをやめよう、っていう金融機関が出てくる。こんな狙いが日銀にはある。

それで、当座預金からお金を引き出す。あるいは、当座預金にはお金を預けなくなるって日銀は考えたんだね。

じゃあ、当座預金を取り崩したお金はどうするか。「しようがないなあ、いくら金利が低くても、企業などに貸すしかないよね」ってなる。つまり、やむなく企業などへ貸し出す。

お金を借りる企業にとってはありがたい。金利が限りなくゼロに近いマネーを、銀行が積極的に貸し出してくれるんだから。これは企業業績にもプラスだし、利益が増えれば賃金も上げられる。そして、その賃金が消費に回って景気が良くなっていく。これがマイナス金利政策の狙いの1つだ。

図表7-7　マイナス金利政策の狙い

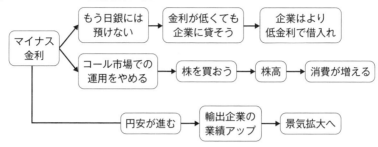

　2つ目には、民間銀行がこのマイナス金利を嫌って行きどころのなくなったお金で株を買う動きも出てくる。株価は上がり、株に投資している人はもうかる。で、けちけちしないで使う。それを受けて企業も生産を増やす。これも景気にはプラスだ。物価が上がらないため、人は消費を先延ばしにするっていうデフレ経済からの脱却もできるってわけだ。

円安をもたらすマイナス金利政策

　さらに3つ目がある。それは、このマイナス金利に引っ張られて多くの金利が下がると、円相場はどうなるかな。円の金利がここまで下がるってことは、お金を円で持っていても利子はほとんどゼロだってことだから、外国為替市場では円は売られて安くなる。

　円安になればどんな得があるか？日本では、トヨタや日立、コマツなどの大手の輸出企業が産業の屋台骨だ。また関連企業も多い。輸出企業にとって円安はうれしい。1万ドルで車を1台売っても、1ドル＝100円のときには売り上げは100万円だけど、1ドル＝150円になったら売り上げは自動的に150万円に増える。

　1台8,000ドルに値下げしても売り上げは120万円。値下げすれば、たとえば輸出先の米国では、今まで以上の台数を買ってくれる。

　そこで国内での生産を増やす。原材料、部品も多く買う。部品を納めている子会社、孫会社の業績も上がる。これもマイナス金利政策の狙いなんだ。でも実際にはこのマイナス金利政策、今のところうまくいったとは思えない。その一端は第5章（p170〜173）で話したよね。

さっき、マイナス金利政策の概要を話したけど、実は意識的に避けたテーマがあるんだ。わかるかい？

…。そんな風に言われてもね？

それはね。民間銀行が日銀に設定してある当座預金すべてについて、マイナス金利を適用しているわけじゃないんだ。マイナス金利が適用されているのは全体の一部、せいぜい１割程度に過ぎない。しかもその内容はずいぶん歪んでいる。これ、専門家でもあまり知られていない

　三菱UFJ銀行や三井住友銀行などの銀行は、受け入れた預金などの一部を、日銀に預けているっていうことは前に説明したね。「当座預金」って言ったよね。

　マイナス金利政策っていうのは、この口座で預かっている当座預金の一部に、マイナス金利を適用するっていうものだった。マイナス金利ってのはもちろん、「預かったお金から利息を取るよ」っていうものだ。いずれもプロの金融機関や日銀といったレベルの話だから、僕たちには直接見えないのでわかりづらいけどね。

　ただし、当座預金のすべてがマイナス金利なんじゃない。ここがポイントなんだ。じゃあ、どんな預金にマイナス金利を適用しているのか。これは結構専門的で、経済学者でも知らない人が多い。

　さっき、マイナス金利が適用されるのは当座預金の「一部」っていっただろう。簡単に言うとね、設備投資や雇用に前向きな企業に積極的にお金を貸している金融機関から日銀が預かっている当座預金には、このマイナス金利

を適用しないっていう仕掛けがあるんだ。

　そこで結果的にどうなっているかっていうとね、三菱UFJ銀行とか三井住友銀行、みずほ銀行などのメガバンクが日銀に預けている当座預金は、このマイナス金利の対象からほとんど外れている。言ってみれば、政府や日銀が主導している政策に協力的な銀行からは利子をとることはしない、と読めるんだ。

　だって、今はデフレ経済から脱却するために、企業に設備投資を積極的に行わせ、また賃金を引き上げて雇用対策にも力を入れることが一番大事だって考えられているからね。そんな政策に肩入れする金融機関から預かっている当座預金にはマイナス金利は適用しませんよ、って言うんだ。

　一方、地方銀行やゆうちょ銀行などが預けている当座預金の相当部分に、マイナス金利が適用されているのが実態だ。ただし、民間金融機関が日銀に預けている当座預金全体からみれば、マイナス金利が適用されているのはせいぜい1割以下なんだ。

中小金融機関には酷なマイナス金利政策

　それともう1つ。金融機関が日々、1日とか数日といったごく短期のお金の貸し借りをしているっていう話もしたよね。そう、インターバンク市場で成立している金利がコールレートだ。

　この金利がマイナスになるように日銀がコントロールしている。これも「マイナス金利政策」の1つの側面なんだ。

　日銀は、民間金融機関全体、つまり金融市場全体っていう意味だね、で必要としているお金の量をはるかに上回るお金を民間銀行の当座預金口座に入金し続けている。このため、資金繰りにゆとりができたメガバンクは、インターバンク市場でお金を借りる必要がなくなるため、コール金利がどんどん下がってマイナスになる。

　コール市場ではメガバンクは主にお金を調達する側で、地方銀行とか信金なんかの中小銀行はお金を貸す側だって話した。それを踏まえればわかるんだけど、コール市場での取引金利がマイナスになるってことは、メガバンクの収益にとってはプラス、中小金融機関にとってはマイナスなんだよ。この点もほとんど報道されないね。

09 マイナス利回り国債を 買っても得する仰天の理由
=マイナス金利時代の新常識=

2016年からマイナス金利政策が始まりコール金利だけじゃなく、10年国債の利回りも一時マイナスになった。ということは、マイナス利回りで国債を買った人がいるんだ。

もちろん理由があるんでしょうね。でもとても想像できませ～ん

うん。これまでの常識では考えられないからね

　2016年に国債の利回りが実際にマイナスになったとき、僕だって面食らった。10年国債の利回り推移グラフを見ると、2016年の後半と2019年から2020年にかけて、明らかにマイナスなんだよね。

　いうことは、ここでマイナス利回りの国債を買った人（機関）がいるということだ。マイナス金利ってことは、満期までもてば確実に損するわけだ。最初にばらしておくと、ここで買っていたのはほとんど銀行だった。

　もう結論から言ってしまおう。実は、これを解くカギは３つある。

　まずは一番大事なこと。それは銀行がマイナス利回りで国債を買っても、損しないどころか、儲かるってことだ。そんなバカな、と言いたいけどちゃんと理由がある。

　銀行がマイナス利回りで買った国債は、速やかに日銀が買ってくれるんだ。そして、そのときの売値は大体、買い付けた価格よりも高い。すでに話したけど例の「国債買いオペ」だね。日銀は銀行が買ったときの値段以上で買い取るんだ。

　もちろん日銀は明言していない。しかし、「すぐに日銀が買い取るし、そのときには損しないようにするのでマイナスでも買っておいてね」って金融機関に水面下でメッセージを投げているようなもんなんだ。

図表7-9 10年国債利回りがマイナスになった

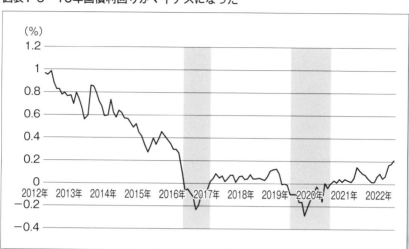

こうすれば、金融機関はひとまず安心してマイナス金利の国債を買える。そして「日本の国債利回りはマイナス」っていうことにできる。

日銀と金融機関がグルになって金利をコントロールしているようなもんだ。金融機関にしてみれば「満期まで持てばマイナス」だけど「すぐにより高い価格で日銀が買ってくれるのだから、損はしないどころかある程度利益は出る」と考えるんだ。日銀が銀行に利子補給を行っているともいえる。

それ以外にもある。国債は各種の担保として使える。だから、ある程度の国債は持っていたほうがいい。

最後に3つ目。これちょっとテクニカルなんで、表面だけをさらっと話すだけにするね。実は米国の銀行が日本の銀行から円を借りるときには、マイナス金利で借りることができるんだ。これはドルと円の需給のバランスによる。

ということは、米国の金融機関がたとえばマイナス0.2％の金利で手に入れた円を使って、マイナス0.1％の日本の国債を買えば儲かる仕組みになっているんだ。実際、マイナス金利の国債は、米国などの外国勢の金融機関が多く買っていたね。

10 ほぼ完全に日銀のコントロール下に入った日本の金利
＝異次元緩和と金利＝

金利ってそのときどきの経済・金融情勢に応じて自然に決まるのが原則だ。しかし、もう10年以上も日銀が強力にコントロールしている。その意味ではとても不自然な状態が続いているといってもいいんだ

もちろん、何とかしてデフレから脱却するためでしょ

うん、そのために金利が自由に動かなくなり、証券会社や銀行の売買業務（ディーリング業務）が成り立たなくなっている

　2013年から日銀が、前例を見ない強力な金融緩和を続けていることは話したね。だから「異次元」なんて言われる。でもこれは日銀自身の意思じゃなく、2012年末に発足した第二次安倍内閣の意向が、そのまま反映されているんだ。2022年時点では岸田内閣になっているけど、今でも日銀の政策は政府の意向に沿っている。

事実上日銀の国債引受けが始まる

　「異次元」の内容を２つだけ紹介しておこうか。

　１つは、国債を日銀が事実上引き受けることになったことだ。現行の法律では、日銀の国債引き受けは原則禁止だ。政府が国債をじゃんじゃん発行してそれをその都度、日銀が直接引き受けていたら、政府を通じてお金が制限なく民間に出ていく。

　これじゃ物価はどんどん上がり、国民生活は苦しくなるばかりだ。それに、国債の利子の支払いが膨れ上がって、政府は借金で首が回らなくなる。これを「財政節度が失われる」なんて言い方をすることもあるけどね。

　このため、財政法っていう法律で政府が発行した国債を日銀が直接引き受

けることを原則禁止している。どうしてもってときには、その都度、国会で議決した範囲内でOKってなっている。

　しかし、今では銀行が引き受けた国債はその過半が、発行されてから間もなく日銀が買いオペで買い取っているのが実態だ。いったん銀行が引き受けた国債を日銀が買い取る場合には、形の上では「引き受け」ではないから、国会の議決はいらない。でもこれって、実質的には日銀の国債引受けだ。

国債金利もコントロールし始めた日銀

　大事なことがもう1つある。日銀がコントロールできる金利は、インターバンク市場のコール金利等にとどまっていたけど、今では、長期の債券の利回りにまで手を出してきている。前にも話したように国債の大量の買いオペを継続的に行っているからね。

　今では日銀は、債券市場で最大の買い手なんだ。つまり、買いオペの金額をコントロールして債券市場の利回りを自在に操っている。実際、日銀は「10年物国債金利がゼロ%程度で推移するよう、上限を設けず必要な金額の長期国債の買入れを行う」（2021年3月19日）っていうステートメント（声明）を公表している。つまりゼロ%近辺から動くことは許さない、って言っているんだ。

　株式市場では「動くところにチャンスあり」って言うけど、これは需給バランスで価格が動くあらゆるマーケットについても同じだ。それが極度に制限されているんだから、いまや債券の売り買いを業とするディーリング業務って証券会社や銀行が行っているんだけど、これが成り立たなくなっているんだ。

この章も最後になったけど、金融政策をちゃんと理解するために外せない２つのキーワードを説明しておこう

金融って特殊な用語が多いからちょっとまごつくのよね

そう。たしかにテクニカルな用語が多いからね

　金融緩和・引き締めを正しく理解するために知っておいた方がいいキーワードが２つある。

　１つはマネーストックだ。マネー、つまり貨幣だね、これがどれだけストック、つまり貯蔵されているか、残高として存在しているかっていうのがもともとの意味だ。といってもわかりずらいよね。

民間全体で保有するお金がマネーストック

　これは一言でいうと、ある時点で民間部門が保有している通貨の総量のことだ。定義的に言うと「金融機関を除く民間（個人、企業）ならびに地方公共団体等が保有している通貨の総量」ってなる。金融機関が保有している通貨は、原則として自分自身で使うためじゃないから、これを除くんだ。

　経済が成長・拡大していくとき、マネーストックがそれに応じて増えていく必要がある。逆に言ってもいいよ。経済が拡大していく過程では、通貨の量は増えていくのが自然だ。このマネーストックの統計は、毎月日銀が調査、発表している。

　どこまでを「マネー」としてカウントするかにより、いくつかの種類がある。現金と要求払い性預貯金（＝普通預金や通知預金など預金者の要求に応じていつでも引き出せる預貯金）をM1（エムワン）っていう。このM1に

図表7-11　マネーストックについて

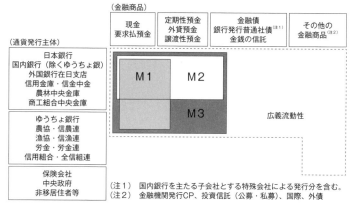

出典：「マネーストック統計の解説2021年7月」（日本銀行調査統計局）

定期預貯金などを加えたものがM2（エムツー）、M2にさらに郵便貯金を加えたものがM3（エムスリー）だ。

　さらに、M3に金銭信託、投資信託や金融機関が発行した社債などを加えた広義流動性という指標もある。ニュースなんかではこのうちM3がよく取り上げられる。

　マネーストックを見るうえで重要なのは、物価・景気との関係だ。大事なことを2つだけ挙げておこう。

　1つは、マネーストックが増加すれば物価が上昇することだ。これはわかるよね。2つ目は経済成長率以上にマネーストックが伸びているときには、株式、不動産といった金融商品（資産財）が買われ過ぎてバブルになることが多いってこと。

日銀が供給するマネーがマネタリーベース

　もう1つ大事なキーワードがマネタリーベースだ。ベースマネーとも言う。これはそのまま訳せば通貨の基本・土台だ。

　日本銀行のサイトでは「『日本銀行が供給する通貨』のことです。具体的には、市中に出回っているお金である流通現金（「日本銀行券発行高」＋「貨幣流通高」）と「日銀当座預金」の合計値です」って説明されている。日本

図表7-11　マネタリーベースの増加に追い付かないマネーストック（前年比）

出典：日銀

銀行券はお札、貨幣とは硬貨のことだ。つまり、これがどの程度のピッチで
伸びているかが、金融緩和の程度を示すんだ。

　日銀が民間銀行から国債などを買う（買いオペ）と、日銀はその購入代金
を銀行の当座預金に入金することは前に話したよね。そうするとマネタリー
ベースが増えるってわけだ。

　今はこれがめちゃめちゃ増えている。さっきも話した異次元金融緩和だか
らね。日銀は頻繁に国債の買いオペを実施して、取引相手の民間銀行などの
当座預金口座にバンバンお金を振り込んでいるからね。

　でも、企業や個人はそれほど積極的に借り入れていないから、マネースト
ックの伸びはそんなに伸びていない。

　つまり、日銀の狙いは成功しているとはいいがたいんだ。日銀はマネタリ
ーベースはコントロールできるんだけど、マネーストックまでは手が回らな
い。

　だって「ほら、こんなに大量のマネーを用意しましたので、どうぞ借りて
使ってください」と言っても「将来不安があるから簡単には借入れを増やせ
ないよ」と言い返されたらなすすべもないからね。

1日複利ってなんだ！？

　一般に複利と言えば、「定額貯金は半年複利で運用される」とか「証券会社などが扱うMRFは1カ月複利」といったイメージだ。つまり、既存の金融商品での複利運用というイメージが普通だと思うんだけど、なにも複利ってこんなイメージだけじゃない。

　現在でも根強い人気なのがFXだ。通貨証拠金取引という。取扱い会社へ寄託した金額の最高25倍までの外国為替の売買をネット上で行う資産運用だ。

　ここでは仕組みを詳しく述べないが、このFXが人気を博している理由の1つが、運用次第ではとても効率的な資産運用が可能になること。

　たとえば1日毎に以下のような運用を行ったとする。これ1日複利だね。

　1日目＝1％の儲け、2日目＝0.5％の損、3日目＝1％儲け、4日目＝0.5％損。つまり2日ごとにコンスタントに0.5％儲けていけば、300日後には次のとおり。

$$(1.01)^{150} \times (0.995)^{150} = 2.097$$

　2日ごとにたかだか？0.5％儲けたくらいでも、300日で資産は2倍だ。これぞ複利運用効果の真骨頂！と言うのはたやすいけれど、まあ実際にこれだけコンスタントに儲け続けることは難しい。

　もちろん、1日複利が経験できるのはFXの独占的な権利じゃない。1日に平均して0.5％ずつ儲かるような資産運用ができれば極論すれば株式の売買でもいい。ただコストを考える必要がある。その点、FXの取引コストは極めて低い。

　ところで、自己研鑽本でこんなくだりを読んだ記憶がある。「1日に自分を1％ずつでも高めていけば、1年後には自分の価値は37.78倍になっている」。たしかに計算上はそうだけどね。ウン？

$$(1.01)^{365} = 37.7834343329\cdots$$

第**8**章

金利がわかれば
経済社会が読める

誰も言わない「金融緩和が格差の拡大をもたらすわけ」
＝金融政策と格差の問題＝

 2013年から続いている異次元緩和で経済格差が拡大したっていう見方が多いよね

 私もそう思うわ。株を持ってる人は株価上昇で随分もうかったけれど、預金しか持ってない人は利息ゼロだもんね

 うんそれだけじゃない。円安で輸出企業は業績が拡大したけれど飲食、小売などの中小、零細企業は逆に利益が減っていった。実は、アベノミクスの柱になった金融緩和っていう経済政策は、根本のところで経済格差を拡大するという側面を持っているんだ

　このことを指摘する人はあまりいないけど、実は金融緩和政策は格差を拡大することが多い。順番に話していこうか。

　まず、金融緩和は金利を下げるというのが1つの柱だ。もちろん預貯金金利が下がる。ってことは、預貯金しか持っていない人の収入は減る。で、金利が下がるときにはたいてい株は上がる。これが原則だ。預貯金や債券の金利が低くなって、相対的に株が有利になるからね。

　現に、アベノミクスが実施されていた2013年から2021年までに、日経平均株価は1万円から3万円台近くまで上がった。

　個人で株式を持っている人は、世帯単位で見ると全体の2割くらいだ。そして、もちろん株を買うんだから、比較的お金にはゆとりのある人たちだ。8割の世帯には株高の恩恵はゼロなんだね。

　金融緩和のもう1つの柱は、お金がじゃんじゃん金融市場に供給されるってことだ。でも今の日本のように国内の需要が乏しいときには、企業はその

図表8-1-1　金融緩和で円安・株高進む

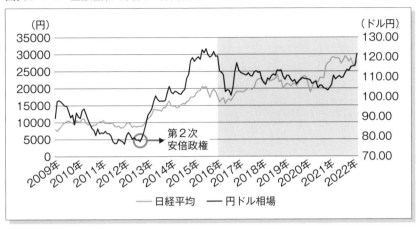

図表8-1-2　金融緩和で金利低下進む一方

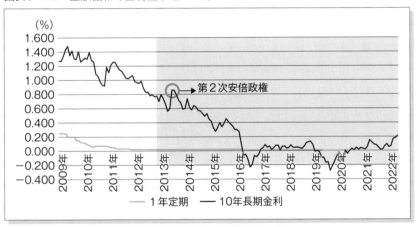

お金を積極的に設備投資なんかに使わない。

　じゃあそのお金はどこへ行くか。株なんかを買うしかないんだ。まさか、現金そのもので持ってるわけにはいかないからね。これも、金融緩和で株が上がる理由の１つだ。

家計、企業部門ともに格差は拡大

　一方、経済格差は企業の分野でも起きている。金利が低くなると、円安が

進む。円の金利に魅力がないから、円が売られるわけだね。で実際アベノミクスの間にそうなった。

2013年には1ドル80円くらいだったのが、その後110円とか120円の水準まで円安が進んだ。すると、自動車、精密、工作機械、半導体と言った大手輸出メーカーは儲かるのに決まっている。

金融緩和→円安の恩恵にあやかれない小売、商業、飲食業

でも、逆に一切輸出をせず、むしろ輸入の割合が高い小売とか商業、飲食、宿泊業は逆に利益が圧迫される。円安で食材、ガソリンなどの輸入品価格が上がって仕入れコストが上がるからね。

こんな風にみてくると、金融緩和政策は個人レベルでも企業のレベルでも格差を拡大させるんだ。こうした下地があるところへ、2021年から本格化した新型コロナウイルスで小売、宿泊、運輸といった業態が苦境に陥ったことはみな知っているとおりだ。

02 新興国にトリプルパンチの米利上げ

＝米金利上昇に世界が身構える本当の理由（わけ）　その1 ＝

年季の入った個人投資家が必ずチェックしているのが、米国の10年国債の利回りだ

日本の投資家なのに、米国国債の利回りを見るの？

そう。世界はつながってるからね。世界の経済社会で起こってることに敏感に反応する。つまり世界全体の景気を表す体温計、センサーなんだ。これが上がり始めると世界中の不安が高まってくる

　米国10年国債が、なぜそこまで注目されるのか。実は、これまでの歴史を振り返っても、ドル金利の上昇が世界景気の悪化を招いたことが多々あったんだ。

　たとえば、1997年にはタイバーツ暴落をきっかけにしたアジア通貨危機から世界経済は一気に衰退したんだけど、これは1994年ごろから米国の金利がどんどん上がったことが遠因になったんだ。

　また、アルゼンチンなど南米経済が一気に悪化し、それが世界に伝播したのが2000年から2001年にかけてだ。このときにも、米国金利の上昇が引き金を引いた。

　みんなも知っているとおり、2021年から米国の国債金利が急激に上がり始めたことで、世界中がこのときの記憶をよみがえらせたんだ。じゃあ、なぜ米国の金利が上がると世界経済は混乱し、悪化するのか。

　まず米国金利が上がるとドル高になる。金利が上がれば、その国の通貨が買われるっていうのは話したよね。

　ドル高とは、そのほかの通貨が下がるということだ。中南米、東南アジア、中東、東欧諸国。特にブラジル、南アフリカ、インドネシア、インド、メキ

シコ等への影響が大きい。

これら新興国の企業は、いろんなものを生産するための機械やコンピュータ技術などの基本設備がまだ不足している。一方、家計でも預金などの金融資産が貧弱だ。そのため、企業が設備を充実させようとしても、国内ではそのための資金を十分賄えない。

じゃあどうするか？海外の銀行などから借りざるを得ないんだね。その場合、特に米国からドル建てで借入れるのが普通なんだ。

実際、これらの新興国は米ドル建て負債を多く抱えている。ここで、ドル高・自国通貨安の波が押し寄せればどうなると思う？実質的な借入れコストが膨れ上がってしまうよね。

ドル高が特に新興国経済にダメージを与える原因とは

ドルで返さなければならないのに、そのドル相場が上がっていれば、自国通貨基準での返済金額は膨れ上がるのはあたり前だ。わかりやすいようにドル円で考えてみようか。

１ドル＝100円のときに１億ドルを借りたとする。100億円だね。その後１ドル＝200円になった。そうすると、１億ドルを返済するには、日本円で200億円のお金が必要だ。実質的な負担が２倍になる。

つまり新興国の企業にとっては、ドル高・自国通貨安は致命的と言えるほどつらいことなんだ。企業の業績が一気に悪化、景気がガクッと下がる。

さらに２つ目だ。ドル高のあおりを食って自国の通貨が下がれば、物価が上がる。そうすると途端に、生活苦になる。企業からみれば売れないから生産品がだぶつく。そこで生産を減らす。企業利益が減る。だから賃金も上がらない。こんな風に経済活動全体が疲弊する。

じゃあ、これを避けるためにどんな方法があるか？ここが３つ目のポイントだ。

自国通貨安を回避するには、金利を上げるくらいしかないんだね。これもまた、国内企業のコストを引き上げるから、企業の首は絞まる。まさに、逃げ道がないんだ。

ドル高が続くと、こんな風に新興国の景気が悪化し、米国など先進国からの輸入も減る。だから、先進国景気も悪化する。つまり、世界全体の景気が後退する。こんな経験を私たちは幾度となくしてきたんだ（この項つづく）。

利上げで不動産下落、そしてローンの破綻

＝米金利上昇に世界が身構える本当の理由 その2 ＝

米国金利の上昇が、新興国経済に与える影響を先に話したけど、もちろんおひざ元の米国の景気や株価にも、マイナスの影響を与えるのはあたり前だ。

震源地の米国の金利が上がれば、まずは米国の株価が下がる。2021年半ば以降はまさにこうだった。さらには、不動産価格が下落する可能性が高い。これは確実に米国景気に悪影響を与える。これまでも、金利の上昇が土地価格を下げたことは珍しくない。

多くの人はお金を借りて土地など不動産を買っている。そこで、金利が上がり借入れコストが上がると、返済に困る。こうして返済できなくなれば、不動産を売りに出さざるを得ない。

米国で2007年に起きたサブプライムローン問題は、その典型だった。米国の中央銀行であるFRBが、2005年ごろから金利をドンドン引き上げたので、ぎりぎりの条件でようやく住宅を手に入れたあまり豊かではない人々が住宅ローンを返済できなくなったんだ。

サブプライムローンとは、あまり裕福ではない人向けに設定されている貸出っていうくらいの意味だからね。

また米国金利の上昇は、車などをローンで買うのがあたり前になっている米国の家計を直撃する。つまり、自動車の売れ行きが鈍る。すると、自動車メーカーなど車関係の業界は停滞するのは当然だ。

つまり、前項からの話をまとめると、金利が上がった米国では不動産価格が下がり、車が売れなくなり、新興国は通貨安でローンの返済が難しくなり、物価の上昇に悩まされ、というように景気に対してマイナスの材料が一気に噴き出す。

そして、この米国金利の上昇をいちはやく僕たちに知らせてくれるのが、毎日敏感に動いている米国国債の利回り、とりわけ10年債の利回りっていうわけだ。

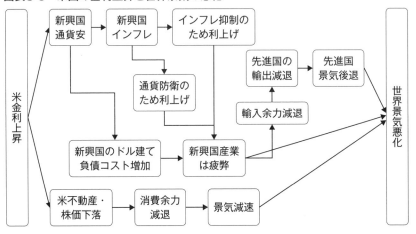

図表8-3　米国の金利上昇と世界景気の悪化

米金利１％上昇で新興国金利は0.2％ダウン

　2021年秋、米国が本格的に利上げするとの予測が急速に強まってきた時期のこと。IMFがまとめ発表したレポートが注目を浴びた。「米国金利が１％上がればアジア太平洋地域の62の国の経済成長率を0.2％下げる」。そして「低成長の新興国では0.4％下げる」。

　さらに「米金利の上昇の原因が景気の良さによるものだと、金利上昇による景気へのマイナスはある程度緩和されるが、原油などの供給が不足していることやコロナによる物資の輸送の遅れなどが主な原因だった場合には、新興国を中心に相当重大な影響を与える」、とレポートしたんだ。

　今、これを書いているのは2022年半ばだけど、どうやら今年中に政策金利はさらに数回、4.0％近くまでは上がると予想されている。となれば、米国10年国債の利回りは3.5％を上回ってくる可能性が高い。世界景気への影響が心配される。

04 これが戦後日本の驚異的な経済成長を支えた影役者
＝臨時金利調整法という名の人為的な低金利政策＝

ローン金利は法令でその上限が決まっているのは、借り手を守るためだね。でも昔は預貯金金利にも上限があったんだ。

ローン金利の上限っていうのはわかるけど、預金金利に上限ってちょっと想像できないわね

だろうね。戦後日本が廃墟から奇跡的な高度経済成長を果たし、一時米国に次ぐ世界第2位の経済大国になったんだけど、それには金利が果たした役割がとても大きかったんだ

戦後日本の高度成長は、朝鮮戦争特需と人口の急増、そして日本人の勤勉さが理由だっていうのが定説だ。今でも中学や高校ではそう教えているんじゃないかな。でも、その当時の日本の金利政策がとても大きな役割を果たしたことは教わらなかったと思う。順に話すね。

それは朝鮮戦争特需から始まった

1945年に第二次世界大戦が終わって間もなく、朝鮮半島を舞台にソ連とアメリカの代理戦争が始まった。米国を中心とした国連軍が南を、今の韓国だね、ソ連・次いで中国が北朝鮮を支援して激しい戦争が始まった。朝鮮動乱とも朝鮮戦争とも呼ばれた。

そこで日本は、米国側に軍事物資などを大量に供給することになった。つまりは、武器等のほか様々な軍需物資を売って儲けた。これが、戦後の日本の経済の復興の第1ラウンドだったんだ。軍需景気って言われた。

もう1つは、終戦で兵役に就いていた多くの人が産業界に戻ったこともある。あらゆる産業で働き手が急増した。そこへ工業化の波が押し寄せたことで、日本経済はかつてない活況を呈したんだね。そして、1960年代から

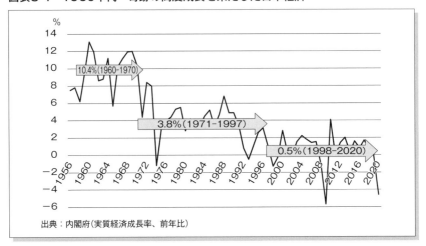

図表8-4　1960年代・奇跡の高度成長を果たした日本経済

出典：内閣府（実質経済成長率、前年比）

70年代初めにかけ、年平均９％を超える高度成長を遂げた。実はその背景には、政府・日銀の金利政策があったことはあまり知られていない。

　戦後日本の産業界ではとにかくお金が必要だった。そのために政府・日銀は臨時金利調整法という法律を作って、預金や貸出金利に上限金利を設け、思い切って低い水準に抑え込んだ。1947年のことだ。

　そこで銀行は低コストで預金を集め、それを低金利で鉄鋼、造船、繊維、電力といった当時の基幹産業へ貸すシステムを作り上げたってわけだ。

　実は、1970年までの我が国の高度成長は、こうした人為的な低金利政策に支えられたんだ。家計、個人が犠牲になって企業の生産活動を支えるシステムだったともいえる。

　あの当時は、政府規制が信じられないくらい強かった。今のパナソニックなんかね、当時は松下電器だね。創業者の松下幸之助さんのエピソードに出てくるんだけど、会社を始めて間もないころ、自転車につけるダイナモ式発電機を考案した。で、それを売り出そうとしたら、政府から横やりが入った。どんな理由だったと思う？電気を作るのは政府の許可が必要だ。で、電力会社だけに許可しているって言うんだ。今から見るとまるでマンガだ。今は逆だものね。ソーラーパネルでの自家発電を推奨している。

　戦後、産業復興の背景にはこんな低金利政策があったんだね。

05 日本の財政は「ワニの口」
＝財政にとっても金利の動きは一大事 その1 ＝

日本の金利について話そうとすると外せないのが財政との関係だ。毎年100兆円程度の予算を組むのに、30兆〜40兆円くらいの国債を発行してお金を集めなればならないからね

世界でも一番国債に頼っている国なんでしょ

そうそう。それだけ日本は経済の伸びが鈍く、税収だけでは国の予算がまかなえないってことなんだ

　日本ではもう30年以上も前から、国家予算の３割〜４割は国債の発行で集めたお金に頼っている。昔は、税収って言うと、個人が納める所得税と会社が稼いだ利益に応じて払う法人税なんかが中心だったけど、それだけじゃとても賄えなくなってきた。そこで、消費税が導入されたんだ。それが1989年だ。

　税率３％から始まったけど、どんどん上がって10％だね。今では、この消費税収は約20兆円で、所得税の19兆円、法人税の９兆円より多い。それでも予算（歳出）には全然足りないんだ。財政が大変なのには他にも理由がある。

　それは高齢化。世界で最も早い時期に高齢化社会を迎えた日本は、医療費や介護、年金など社会保障関連費用が爆発的に増えている。つまり税収が伸びない一方で、歳出がどんどんどんどん膨らんでいくという構造になっているんだ。

　ほら、財務省公表のグラフでもわかる。とくに、バブルが崩壊して日本がデフレ経済に足を踏み込んだ1990年からは、国の支出である歳出に、税収が追いつかない状態がひどくなる一方だ。これを「ワニの口」って言ったり

図表8-5　一般会計における歳入（2022年度）

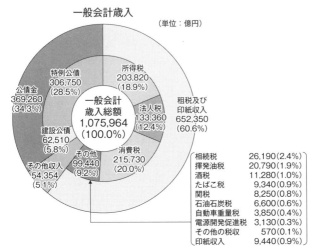

一般会計歳入

（単位：億円）

一般会計歳入総額
1,075,964
（100.0%）

特例公債　306,750（28.5%）
公債金　369,260（34.3%）
建設公債　62,510（5.8%）
その他収入　54,354（5.1%）
その他　99,440（9.2%）
所得税　203,820（18.9%）
法人税　133,360（12.4%）
消費税　215,730（20.0%）
租税及び印紙収入　652,350（60.6%）

相続税　　　　　　 26,190（2.4%）
揮発油税　　　　　 20,790（1.9%）
酒税　　　　　　　 11,280（1.0%）
たばこ税　　　　　　9,340（0.9%）
関税　　　　　　　　8,250（0.8%）
石油石炭税　　　　　6,600（0.6%）
自動車重量税　　　　3,850（0.4%）
電源開発促進税　　　3,130（0.3%）
その他の税収　　　　　570（0.1%）
印紙収入　　　　　　9,440（0.9%）

出典：財務省（両図とも同じ）

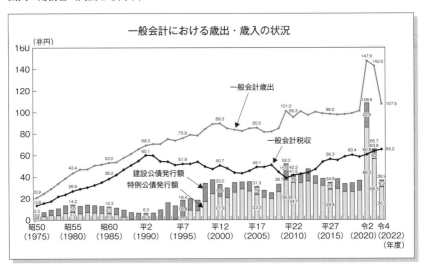

一般会計における歳出・歳入の状況

（兆円）

一般会計歳出
一般会計税収
建設公債発行額
特例公債発行額

昭50（1975）　昭55（1980）　昭60（1985）　平2（1990）　平7（1995）　平12（2000）　平17（2005）　平22（2010）　平27（2015）　令2（2020）　令4（2022）（年度）

する。その口が広がる一方なんだね。うん、財務省のお役人が言い始めたんだけどね。

　つまり、予算を組むためのお金が足りないので、国は国債を大量に発行してお金を集めるのがあたり前になってきたんだ。

　じゃあ、なぜここで金利が問題になるのかってことだよね。国が予算を組むために国債を発行すると、引き受けてくれた人に利子を払わなくっちゃならない。あたり前だ。そして、その利子の額は何によって決まるかって言うと、その国債の金利が基準になる。

　国債は「これくらいの金利だったら国債を発行しても買ってくれるだろうな」っていう金利で発行せざるを得ないよね。ということは、国債を発行するときの金利が高いと、新しい国債にも高い金利を付けることになる。そうすると、それを買ってもらった人には、より多くの利子を払わなくっちゃならない。

　つまり、金利が低いときに発行した国債の持ち主に払う利子は少なくって済むけれど、金利が上がり新しく発行する国債の利率も上がると、国債の利子支払いが増える。すると、どうなる？

　それ以外の公共事業や教育、様々な社会保障、防衛費、文教科学予算などが圧迫される。これじゃ困る。

　だから国債を発行する政府・財務省は、金利の動きに神経質にならざるを得ないんだ（この項つづく）。

さっきの図でもわかったとおり、「ワニの口」が広がっていくのに合わせ、国債の発行がどんどん増えてきた。その結果どうなったか。それを表しているのが図表8-6なんだ。

　ほら、特に1995年くらいから、国債の発行残高は急カーブで増えている。こうして2021年には1,000兆円の国債が積みあがった。これだけ国債の残高が増えてくると、利子の支払いも当然増えると思うよね。じゃ別のグラフで見てみようか。

　毎年度、利子の支払いだけで10兆円くらいお金を国は使っていることがわかる。でも、「あれ？」。国債の残高は膨れ上がる一方なのに、利子の支払い額はほとんど増えていない。理由は簡単だ。

　もう20年以上も前から、日本の金利はとても低い状態が続いている。グラフ中で「金利」と示されている折れ線がそれだね。だから、低金利で国債を発行してこれた。というわけで、国債の残高が急速に増えてきた割には、利子の支払い額は1990年ごろからほとんど増えていないんだ。

　でも、これまで何度も言ってきたとおり、世界的な物価上昇を受けて各国はすでに利上げモードに入ってきている。ということは日本でもこれから金利はじわじわ上がってきそうだ。

　金利が上がれば、日本の予算を組むうえで、国債の利子支払い額はどんどん増えていく可能性が高い。つまり、さっき言ったように公共事業や教育・科学・防衛予算などが圧迫されかねないんだよ。

　ものすごく単純に言うと、今、国はいろんな種類の国債を毎年度100兆円以上も発行している。

　さっき話したとおり、新しく発行する30〜40兆円の国債のほか、すでに発行した国債で満期を迎えたものを払い戻すためのお金を調達するためにも発行しなくちゃならない借換債（かりかえさい）もあるからね。

図表8-6　普通国債残高の累増と利払費と金利の推移

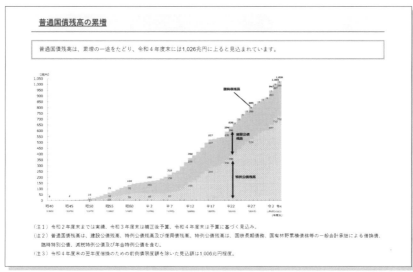

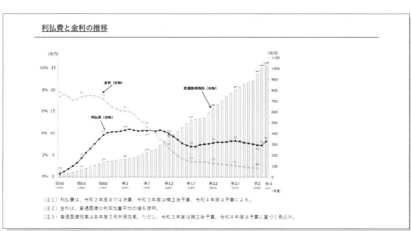

出典：両図とも財務省

　このため、金利が1％上がればそれだけで、国債の利子の支払いは1年に8,000億円。2年目に2.1兆円、3年目には3.7兆円にも利子の支払いが増えると試算されている（財務省による）。

　政府・財務省が金利の上昇に敏感にならざるを得ないのはしごくあたり前なんだ。

神への越権、それとも格差の拡大だから？
＝多くの宗教が利息を禁じた理由＝

 今の経済社会ではお金の貸し借り、利子のやり取りは当然だ。しかし、実は昔から世界のほとんどの宗教では利子をとることを禁じてきたんだ

 えっ？そんなこと初めて聞いたわね

 うん、そうだと思う。ユダヤ教、イスラム教、そして中世ヨーロッパまでのキリスト教でさえ利息のやり取りは原則としてダメだったんだ

　もちろんそれなりに宗教上の理由がある。まずは論より証拠。具体的な例を引いてみようか。

「外国人には利子を付けて貸しても良いが、同胞には利子を付けて貸してはならない」（旧約聖書　申命記23・20-21）

「何もあてにせずに貸しなさい」（新約聖書　ルカによる福音書6・35）

「アッラーは商売はお許しになった。だが利息取りは禁じ給うた。」（井筒俊彦訳　『コーラン』（岩波文庫）より2章275節）

「お金がお金を生むことは自然に反している」（アリストテレス「政治学」1巻10章）

　なぜこれだけそろいも揃って利子を否定していたんだろうね。実は、第1章で話したように、利子・利息は、お金の貸し借りという「現時点でのお金」と「将来のお金」とが交換されることで発生するんだよね。

時間の領域の踏み入れるのは神への越権行為

しかしこうした行為は、神がコントロールする時間の領域に人間が足を踏み入れることだと考えられていた。時間を自由に行き来するのは神への越権行為だっていうんだね。つまり、利子とは「時間＝神（教会）の時間」を売り買いすることで利益を得ることであり、これは不当だという考え方なんだ。キリスト教などの一神教では、神が人間を作ったことになっている。だから、神の意思に属する時間を人間が利用することはノーだというんだ。

ほかにもある。お金の貸し借りで利息を許すと、お金を持つ人と持たない人との格差を拡大するので怪しからん、というのも理由の1つだった。お金を借りる人は弱い立場に立たざるを得ないっていう理屈だ。

お金を持っている人は、自分の生活費を稼げばいいだけだ。でも、借金している人はそれに加えて金利、利息分を稼がなければならない。これは不公平だっていうんだ。お金が返せないと、土地や農機具などの生産手段は没収される。こうして生活をするための道具を失い、窮乏する人間が多くなると、その共同体では農機具やコメの需要が減る。

そしてその共同体の経済が沈没する。つまり、生産してお金を儲け、そのお金で各種器具や食料を買い、それでさらに生産に励むというサイクルが破綻するからまずい。これも古来、利子が禁じられていた理由だったようだ。

まだあるよ。世の中のありとあらゆるものは、時間がたてばどんどん朽ちていく。でも、お金だけが人に貸すことで価値が膨らんでいくのは不自然だっていう考えもあったようだ。

こうした考え方に叛旗を翻したのは1500年代初頭の、スイスの宗教家カルヴァンだ。教会中心のキリスト教の教義への反対運動を始めたマルチン・ルター、さらにはカルヴァンに続く一連の宗教改革運動が、教会の権威を否定する過程で、利息を公認することになった。当時、西洋社会で商工業が勃興期を迎えつつあったことも背景にあった。

つまり、利息の受け渡しを含むお金の貸し借りがダメってなれば、多くの工業、商業活動が成り立たなくなってきていた。こうしてお金を貸せば利息や利子が付くのがあたり前になったというわけ。

利子を禁じるイスラム社会での金銭貸借の方法とは…
＝これがイスラム金融だ＝

あまり知られていないけど、今でも約16億人で世界人口の4分の1を占めるイスラム社会では、原則として利息の受け払いは禁止されている。もちろん、インドネシアやマレーシアなんかもそうだ。でも実際にはこんな国でも実質的なお金の貸し借りは行われている。でなければ、世界各国の企業や銀行と経済取引できないからね

まさか、経済的に鎖国するってわけにはいかないものね

うん、じゃあ、今のグローバル化した資本主義社会で、イスラム社会ではどんな風にお金の貸し借りが行われているかを話しておこうか

商品の売買という形で実質的な利子が生まれる仕組みとは？

イスラム社会で行われている金融をイスラム金融と呼ぶんだけど、利子を意味する「リバー」を伴う取引は禁止というのが原則だ。

では利子という概念を使わず、どんな風に金融取引を行っているんだろうね。ここではムラバハという代表的な取引を紹介しておこう。

登場するのは商品の売り手と買い手、そして銀行の三者だ。実質的には、銀行が商品の買い手にお金を貸すんだけど、それがストレートにはできないので、ちょっと変則的な仕掛けを使う。

仕組み図を見ながら聞いてほしいんだけど、まず、商品の買い手A（＝実質的な資金の借り手）と、その商品の売り手Bの間で、商品の売り買いについて合意しておく（①）。その上で、銀行は商品の売り手Bに100万円を払

図表8-8　ムラバハの基本

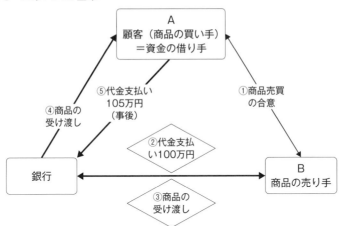

って（②）、この商品を受け取る（③）。これはモノの売り買いだね。

　Bから商品を受け取った銀行は、それを顧客Aに引き渡す（④）。そして、1年後、Aは105万円を銀行に支払うんだ（⑤）。もちろんこれらの商品の売り買いの価格や、顧客Aが銀行に105万円のお金を払う時期は、あらかじめ決めておく。

　ここで気づいてほしいのは、利子その受け払いは一切行われていないことだ。3者間では商品の売り買いとそれに伴うお金の支払い、受け取りだけだよね。

　この取引を銀行側、顧客Aの側からまとめると、次のようになる。

> 銀行：100万円払って（手放して）、商品を受け取り、それをAに
> 　　　渡す。1年後に105万円を受け取る。
> 顧客A：お金を払うことなく、商品を受け取る。1年後に銀行に105
> 　　　万円を支払う。

　さて、これは何を意味するのかな？銀行にとっては、100万円を手放し、1年後に105万円を受け取っている。これは、「100万円を貸して1年後に105万円の返済を受けた」ことと同じだ。

じゃ、Aにとってはどうか？今「お金を払うことなく」100万円の商品を手にしているんだけど、銀行が代わりに払っているんだ。ということは、銀行から100万円受け取り、それで商品を手に入れたのと同じだ。そして1年後に105万円を銀行に払っている。

　つまり、銀行から100万円借り、1年後に105万円を返済した、ということなんだ。

　何のことはない。Aは1年間、利率5％で100万円を銀行から借りたことと同じなんだ。

　これ、第4章で話した債券の現先取引と相通じるところがあるよね（p140）。表向きはモノの売り買いなんだけど、全体としてみれば実質的にはお金の貸し借りであり、利子が発生しているんだからね。だったら、今のご時世、正面切って利子として扱えばいいのにね。

09　金利アップで米国の車の売れ行きが急減する本当の理由
＝金利上昇はローン利用者にとっては“値上げ”である＝

アメリカでは車を買うときには、たいていローンを使うって知ってる？

うん。アメリカ人はどんなモノでもローンで買うっていうわね

そうなんだ。だから、日本以上に金利の動きには敏感だ。金利が上がり始めると車の売れ行きがパタッと止まる。これはね、金利が上がるってことはイコール車の値段が上がったとリアルに感じるからなんだ

「金利上昇はローンで買う人にとっては物価が上がったと同じ」。

ちょっとわかりにくいかもしれないね。でも理屈は簡単だ。300万円の車を全額カーローンで買うとする。年利５％で５年支払いのローンを組んで買うと、むこう５年間で返済額はいくらになる？

ここはわかりやすくまず単利で考えよう。１年に利息は300万円の５％分だから15万円。だから５年間では75万円。つまりこの車を手に入れるのに、結局375万円を支払うことになる。これがこの人にとってのこの車の実質的な購入価格だよね。金利が１％上がって６％になれば利息は90万円（18万円×５）だから支払額は390万円だ。

金利が１％違えばローン返済額は546万円アップ

長期で住宅を買うときのことを考えると、もっとリアルだよ。住宅ローン金額の平均は3,800万円くらいだ。固定金利で25年のローンを組めば年利1.25％くらいだね。これが１％上がって2.25％になったと考えるね。

3,800万円のローンに自己資金500万円を足して、4,300万円の物件を買ったとしよう。つまり現金で4,300万円出費したんだ。このとき最終的に

は、返済金額はいくらになるかな。今度は複利で考えよう。こんな計算は、いまや一発でできるサイトがいろいろあるから試してみるといいよ。

■ Keisan 生活や実務に役立つ計算サイト

https://keisan.casio.jp/exec/system/1256183644

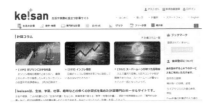

■ E-LOAN

https://www.eloan.co.jp/home/sim/payment/easy/

■ 住宅ローンシミュレーション

https://loan.mamoris.jp/index.html

　毎月定額・ボーナス時増額なしの方法だと、月々の支払いは14.76万円になる。つまり返済総額は4,427万円だ。じゃあ、これが2.25％になればどうか。月々は16.57万円で総額は4,972万円。

　ということは、1.25％の住宅ローンを使ったときにはローンの支払いは4,427万円だから、4,927万円で買えたんだけど、2.25％だとローンの支払いは4,972万円だから、実際には5,472万円で買ったことになる。

　利率が1％違えば支払額は545万円も変わるんだ。つまり、1％金利が上がるってことは、この住宅価格価格が545万円値上げされたと同じことなんだ。

　モノの値段っていうのは、イコール支払金額だ。ローンでモノを買う場合、金利上昇はまさに値上げされたことに等しい。だからローンを前提に車を買う米国人は、金利上昇に敏感なんだ。

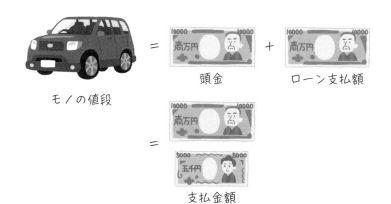

それにしても25年住宅ローンで利率が1％上がれば、支払額が546万円も違うって、これは大きいよね。

10年で価値は半減する木造住宅
＝価値低減の金利学＝

企業経営では減価償却っていう考え方はとても大事だ。持っている機械などの設備資産は、どんどん価値が減っていく。その分をコストとみなして、会計処理するんだね。そのとき、毎年何％ずつ価値が減っていくか、っていう考え方で減価償却費を計算する方法がある

預貯金などはどんどん増えていくけど、同じ資産でも家屋なんかは価値が減っていくもんね

うん。価値が減っていく資産についても、金利っていう考え方が有効なんだ

　あらためて考えてみると、ほとんどのモノは時がたてば価値が減っていく。お金のように、利息が付いて増えていくっていう資産は、むしろ例外なんだ。ということは、価値が定期的に減っていくときにも、金利の考え方が使えるっていうのはわかるよね。

　一生で一番大きな買い物は住宅だけど、木造モルタル住宅を例にとると、一般には10年で半値、30年たつと価値はゼロっていうのがとおり相場だ。価値はゼロと言ったって、住んでいる人にとっては十分価値があるんだけど、ここでいう価値っていうのは交換価値のことね。つまり、売りに出したらいくらで売れるかっていう意味だ。

　じゃあ、10年で半値、30年たてばゼロっていうように価値が減る家屋は、毎年何％ずつ価値が減っていくと考えればいいんだろう。

　わかりやすいように最初の価格を2,000万円とし、10年後には1,000万円になっているとする。そして30年後にはゼロじゃ計算しにくいから、当初の５％である100万円っていう設定にしよう。つまり後半の20年間は、

図表10-1　住宅価格の推移シミュレーション（参考）

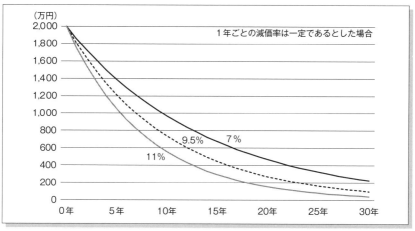

価値は10分の１になるっていう設定だ。

　そうすると、最初の10年間は１年あたり6.7％ずつ下がっていると計算できる。もちろんこれは複利だ。そして、10年目から30年目までは毎年10.9％ずつ値段が下がっていることになる。まあ、最初の10年は年に７％、さらにその後の20年間は年率11％で価値が下がるってことだ。

木造家屋の価値の減り方

最初の10年

$$2{,}000 \times \left(1 - \frac{r_1}{100}\right)^{10} = 1{,}000 \cdots\cdots ① \quad r_1 = 6.7(\%)$$

10年〜30年目

$$2{,}000 \times \left(1 - \frac{r_2}{100}\right)^{20} = 100 \cdots\cdots ② \quad r_2 = 10.9(\%)$$

　参考のため、減価率が30年一定で30年後に50万円〜200万円くらいになった場合の、価格変動ならびに年平均の減価率イメージを描いておいた。

　もっとも、木造家屋と一口に言ってもその耐久性はさまざまだけどね。

11 銀行預金金利が実質的に マイナスっていうのはおかしなことか？

＝マイナス金利の経済学＝

僕たちは、預金すればわずかでも利子が付くのが当然だと思っている。しかし、この常識は疑いようはないんだろうか？どう思う？

だって、お金を預けるんだからその間は使えないよね。お金を使う権利を銀行に譲り渡すんだから、その代わり利子をもらうのは当然だと思うけどなあ

だったら、今現実に預金金利は事実上ゼロって言うのはどう考えればいいのかな？

　銀行預金って言うのは、銀行に「預けている」のかな？それとも「預かってもらっている」のかな？それとも「貸してやっている」のかな？

　「貸してやっている」のだったら、利子をもらってあたり前だよね。でも「預かってもらっている」のだったら、こちらから手数料を支払うのが筋ってものだよね。銀行の貸金庫だってそうだし、駅前の自転車預け（今でも田舎に行けばあるんだろうな）でも、こちらから手数料を払うでしょ。

　僕たちはこれまでなんとなく、預金には利子が付くのがあたり前だって考えていた。でも、預かってもらっているんだったら、預け賃を払わなければならない。預金は現ナマと違って安全だ。盗まれる心配はまずない。

　それだけじゃない。銀行預金ってのは公共料金や税金の引き落とし、年金、給与の振り込み口座、通販等も含めてクレジットカード払いやデビットカードの自動決済など、いろんなサービスがついてる。

　「そんなのあたり前」ってタダで吸える空気のように思っているかもしれないけれど、これは銀行が莫大なコストをかけて設置、メンテナンスしてい

図表11-1　銀行の3大機能（預金者から見て）

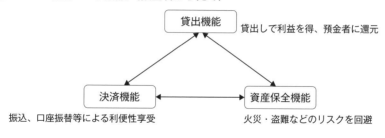

貸出機能　貸出しで利益を得、預金者に還元

決済機能　　　資産保全機能

振込、口座振替等による利便性享受　　火災・盗難などのリスクを回避

るシステムのおかげなんだよね。教科書的に言うと、銀行預金が持つ「決済機能」だ。

　それが証拠に、最近でも頻繁にシステム障害を起こして問題になっているみずほ銀行のシステム。何度修復してもだめだ。それほど高度な技術と綿密なメンテナンスに支えられて、やっと動いているシステムなんだ。

預貯金は利子以外の多くのサービスがメイン機能？

　こんな風に考えると、銀行預金は利子をもらうのが主目的じゃなく、それ以外の様々なサービスのほうがむしろメインなんだと思った方がいい。今のように利率がほとんどゼロのときには、そう考えたほうが精神健康上も良い。なんていうのは半分冗談だけど。

　今では、あちこちの銀行で通帳発行を有料化し始めているし、一定期間内にお金の出し入れがない口座からは、管理手数料を取るなんて世知辛い仕掛けが出てきたね。これまで通帳発行なども無料だったこと自体、おかしなことだったのかもしれない。

　こんな風に言うと、僕は銀行の味方だと思う人がいるかもしれない。でもそうじゃない。個人的には今の銀行員の平均的給与水準は、仕事の内容の割にはどうかなと思う。これに手を入れれば、通帳発行サービス等の有料化は見通し、預金利率ももう少し高くできると思うんだけどね。

　ただ、預金に付き物のいろいろなサービスは実際には、銀行がそれなりのコストを払って維持してきたんだってことは、知っておいた方がいいと思うんだ。

12 お金は持っているだけだと価値は減るべき、という主張っていったい何？

＝シルビオ・ゲゼルの「自由貨幣」論＝

僕たちはお金っていうのは少なくとも名目上は減らないのが当然だと思っているよね。預ければ利子をもらうのがあたり前だと思っている。しかし、持っているだけで使わないんだったら価値は減っていくべきだ、っていう主張があるんだ

へーえ。つまり金利がマイナスってことね。だったら急いで使わなくっちゃならないじゃない

そう。まさにその点が狙いの１つなんだ

　お金を貸せば利子を取るのがあたり前だと、僕たちはそれを不思議だと思わないよね。でも、こんな風にしてお金を貸す人がどんどんお金を増やしていくのはおかしいっていう考えがある。07項で話したよね。

　イスラムの教えでは今でも利子をとることは禁止していたり、キリスト教でも古くは利子が禁止されていたということも話したけど、これとちょっと似た理由なんだ。

　お金を借りる人は将来の稼ぎから利子を払う分だけ、自分で使えるお金が減る。一方、お金を貸す人は何もしないで利子がどんどん入ってくる。こんな風にしていると、資産家は金利収益だけでのうのうと生活する一方、貧富の格差がどんどん広がっていくと考えたんだね。それは社会正義にもとるっていうわけだ。

　そこで、お金は持っているだけだと価値がどんどん減っていくようにすればどうか、って提言した人がいるんだ。言ってみれば貯蓄は人間的じゃないっていう考え方なんだ。逆転の発想だね。

　1862年生まれのドイツの実業家であり、かつ思想家でもあるシルビオ・ゲゼルが主張した「自由貨幣」論がそれだ。

どうすれば持っているお金の価値が減らせるの？

　彼は、面白い方法を提案したんだ。それは、紙幣を持っているなら１カ月ごとに、一定金額のスタンプを購入し、それを紙幣に貼り付けることを義務付けるというものだ。そして、スタンプのない紙幣は無効にするっていう仕組みだ。

　ということは、１カ月ごとにそのスタンプ購入料の分だけ、お金の価値が減っていくんだね。お金を持っていればコストがかかるって言うわけだ。

　手持ちの１万円札を１万円札として使うためには、毎月たとえば500円ずつのスタンプを添付していかなくちゃならない。ということは、20カ月たてば実質的にそのスタンプなしの１万円の価値はゼロになる。

　これはその後、いろいろなバリエーションが考案された。使わないお金に対しては、３カ月ごとに２％の税金を取るっていう仕掛けもそうだ。この場合、持っているだけだと、３カ月ごとに２％ずつお金の価値が減っていく。

　こんな仕組みだと、持ち主はできるだけ早く使おうとするよね。つまりお金を出し惜しみしなくなるから、経済がうまく回るという効果もあるんだ。

　でも、これは、金利をとってお金が貸し借りされるという今の経済社会の根本を崩すことにつながる。あまりに急進的な考え方なので、今のところは、欧州のごく一部の地域だけで通用する通貨で試験的に行われているにとどまっているのが現状だ。考え方としては面白いんだけどね。

　そういえば、持っているだけでお金の価値が実質的に減っていく仕掛けはほかにもあるよね。インフレだ。

　毎年物価が２％上がっていけば、お金の価値は１年ごとに２％ずつ減っていく。そんなとき、人はお金を急いで使うから、それが消費を掻き立て、景気浮上のきっかけになる。

　それを目指しているのが2013年から10年近く実施されている日本銀行の異次元緩和だ。今のところほとんど効果はないけどね。多少物価が上がっても消費を増やそうとはしない。

　お金の価値がちょっとずつ減っていくことより、よほど大きな将来不安を抱えているんだね。

13 株式にも利回りっていう概念があり

=配当利回りと債券利回りは比較できるか=

預貯金や債券の投資尺度が利回りなのはあたり前だけど、株式でも利回りって尺度があるんだ

えっ？株式ってもっぱら値上がり益を狙うもんじゃないの？配当があることは知っているけど、微々たるものなんでしょ

違うよ。でもそう思っている人は多いね。でも米国なんかでは個人でも、株式の銘柄を選ぶときには利回りがとても大事な判断材料なんだ

　株式投資のスタンスにはいろいろあるけど、長期で投資しようとした場合、とても大事なのが「どれだけ安定的に高い配当を受け取れるか」っていう尺度だ。とくに、長期にわたり、毎年の配当額をどんどん増やしている銘柄に人気がある。連続増配って言うのがそれだ。

配当重視の株式投資スタンス

　日本では花王、小林製薬、リコーリースなんかが有名だ。いずれも過去20年間、配当は維持かもしくは増え続けてきている。米国株だとフィリップモリス（52年）、IBM（26年）、エクソンモービル（39年）、スリーエム（63年）なんて連続増配銘柄がゴロゴロしている（2021年現在）。

　で、利回りの話ね。こうした配当に注目して株を買うときに、まずチェックするのが配当利回りだ。考え方は簡単。債券などと同じだ。つまり、投資元本に対して1年にどれだけの配当が手に入るかっていう尺度だ。つまり、1株あたりの年間配当を株価で割って計算すればいい。

$$配当利回り＝\frac{年間配当}{株価}×100（\%）$$

図表8-13　債券利回りと逆転してきた株式配当利回り

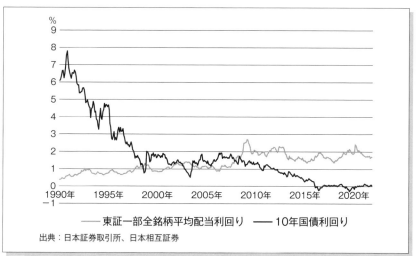

注　東証では2022年4月から、上場制度を大幅に改正、それまでの一部市場を改組して「プライム市場」としているが、長期の統計は1部市場でしか取れない

◇投資指標〔PERと配当利回りの太字は予想、カッコ内は前期基準、PBRは四半期末基準、連結ベース〕

	PER（倍）	PBR（倍）	配当利回り（%）単純平均	加重平均
日経平均採用銘柄	12.85（16.10）	1.20	2.33（1.89）	
東証プライム全銘柄	13.84（17.48）	1.20	2.25（1.92）	2.34（2.06）
東証スタンダード全銘柄	15.86（23.06）	0.91	2.17（2.09）	1.91（2.38）
東証グロース全銘柄	93.76（570.49）	3.66	0.31（0.25）	0.20（0.17）

株式益回り（東証プライム全銘柄）
　　　予想　7.22%
　　　前期基準　5.71%

※上記図表の数値は参考例

　2022年現在、個別株でいうと、日本郵船が10％以上だし、ソフトバンク、西松屋、武田薬品なんかが5％以上っていうあたりが、高配当利回り銘柄として知られている。
　配当利回りって言う投資尺度は、上場企業全体についても計算されている。

2022年６月末でみると、東証プライム市場全体では今期の予想配当をもとにした配当利回りは2.42%。つまり、株価1,000円の株だと平均すれば24.2円の配当が払われるだろうっていうんだね。

　では株式の配当利回りは、そのほかの債券や預貯金の利回りに比べてどんな水準にあるのが合理的だと思う？常識的には、株式は値上り益が得られる可能性があるんだから、利回りは預貯金、債券に比べ低いって考えるのが自然だ。

　逆に言ってもいい。預貯金は値上がり益はないし、債券はとても株式ほどの値上がりが期待できないのだから、株式配当利回りより預貯金、債券の利回りの方が高いのが自然だ。

　実際、かなり前はこの理屈どおり、株の配当利回りは預貯金などより相当低かった。しかし、2008年ごろから現在までまったく逆転してきている（図表8-13）。

　これにはいろんな原因がある。一番わかりやすいのは、金融緩和で債券利回りが極端に下がってきたためだ。

　ただ、ここではもう１つだけ挙げておくね。

　日本の企業は、収益の大部分を内部に留保して将来に備える傾向が強い。これは長年、米国の投資家などから批判されてきたんだ。「本来企業は株主のものだから、稼いだ収益はまず株主に還元すべき」っていう考え方が米国なんかでは主流だからね。

　ここでいう株主還元っていうのは、「もっと配当を多く払え」ってことだ。こうした声に押されて、ここ10年くらいは、多くの企業が配当を増やしてきた。だから「株の配当利回り＞債券利回り」っていう状態が定着しちゃったんだ。

20%以上のローン金利は刑事罰の対象って知ってた？
＝利息制限法と貸金業規制法＝

昔、駅前にはサラ金の会社が軒を連ねていたもんだ。昭和50年代から平成半ばまでの写真だとよくわかる。でも今はそんな風景はまったくないよね

サラ金って言葉自体、わたくしなんか馴染みはないわね

そうだろうね。正式には消費者金融会社って言うんだけど。一時は大卒就職先でも人気だったくらいだ。でもいつの間にか見なくなった。実は、ある法律が改正されたのが引き金を引いたんだ

　ほんの20年ぐらいの間に、駅前の風景はガラッと変わってしまった。今はコンビニ、治療院、ドラッグストアなどが多いよね。これは、ちょっとした法律の改正が要因だと言っても大げさじゃない。

■ 2006年の錦糸町駅前

■ 現在の錦糸町駅前

出典：ウィキペディアより

今でも、テレビやラジオで弁護士、司法書士事務所なんかが「過払い金を取り戻そう」なんて広告をじゃんじゃん打っているけど、これも関係しているんだ。

一言でいうと、サラ金の業務を金利面で規定していた法律が改正されたためだ。その昔、サラ金は30％近い金利を平気でとっていたんだけど、新しい法律ではそのうち相当部分が違法だと認定され、利用者に返済しなければならなくなったんだ。

簡単に言ってしまうと、貸付金利の上限を引き下げたため、それまでは見逃されていた利息が顧客から見て「過払い利息」と認定され、それを過去に遡って返済しなければならなくなり、多くのサラ金が立ち行かなくなったんだね。

法改正が行われた背景はなんだ

そのころ最大手だった武富士は破綻したし、アコムとかプロミスといった大手も、ほとんどが大手銀行に事実上吸収されてしまった。

貸金業者がお金を貸すときには、もちろん上限金利が決まっている。融資金額によって若干差があったんだけど、昔は図の左のようになっていた。利息制限法と出資法という２つの法律で決まっていたんだね。

貸金業者は10万円までだったら20％が上限、10万円から100万円までは18％、100万円超は15％を上限金利とするっていうのが利息制限法だった。しかし、別の出資法という法律では29.2％まではOKだったんだ。

そして、その間にある金利は本来無効なんだけど、いわば見て見ぬふりをしようっていう扱いだった。これがグレーゾーン金利ってやつだ。

で実際、僕も何度か借りたことがあるけど3万、5万円借りるときでも年利26％とか28％って言うのがあたり前だったんだ。この当時は、利息が払えない人にひどい取り立てが日常的に行われていたしね。このことも、法改正のきっかけになった。

一方、1990年代後半からは一般の預貯金金利や債券金利がどんどん下がっていったこともあり、利息制限法と出資法で定める金利はいかにも高すぎるってことになった。そこで法改正が行われた。その結果が右の図だ。

今の利息制限法では100万円以上については15％以上の金利に対応する

図表8-14　グレーゾーン金利の改正

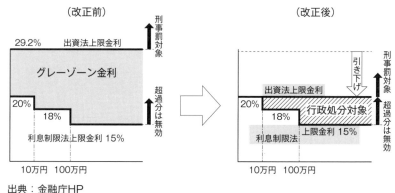

（改正前）　　　　　　　　　　　　（改正後）

出典：金融庁HP

利息は無効とするだけではなく、同時に行政処分とし、20％以上の金利を
取れば出資法上、刑事罰の対象になった。

　法改正されて、実施されたのが2010年6月だ。それ以降、多くのサラ金
業者が立ち行かなくなって、廃業あるいは身売りをすることになったってい
うわけだ。

　だから今では、銀行などのカードローンでも、サラ金でも、数万円、数十
万円程度の少額だと金利は18％とか18.6％といった設定になっている。こ
れは「利息制限法」の上限金利が意識されているからなんだ。

＜頭の体操＞10年で2倍は7.2％なのに、半減だと6.7％ってどういうこと？

　自然界には半減期って概念がある。よく知られているのは考古学の地質調査で炭素の半減期っていう考え方を使う。

　さて、この章で木造家屋の価値が10年で半分になるとき、毎年6.7％ずつ減価しているって話をした。じゃあ、逆にお金を運用して2倍になるには、毎年どれだけ増えればいいか。これは簡単だね。

$$(1 + r/100)^{10} = 2$$
$$1 + r/100 = \sqrt[10]{2} \ (2の10乗根) = 2^{\wedge (1/10)} = 2^{\wedge 0.1}$$
$$= 1.071773$$
$$r = 7.177 \ (\%)$$

- -

倍増の場合　＜72の法則＞
年数×利率（％）＝72・・・・①
半減の場合　＜67の法則＞
年数×利率（％）＝67・・・・②

　つまり、年利7.2％で複利運用すると10年後にはお金が2倍になる。「72の法則」って投資の教科書では必ず習う。それが①だ。この式を満たす年数、期間だとお金は2倍になる。5年で2倍にするに必要な利率は14.4％だね。

　10年で価値が半減ときの年あたりの減価率は6.7％だったから「67の法則」と呼ぶことにしよう。つまり②式が成り立つ。

　さあ、お金を2倍にするには7.2％で運用しなければならないのに、半分になるには毎年6.7％減っていくだけでいい。つまり、減らすのは簡単だけど増やすのは難しいってことになるんだろうか？

第**9**章

〈基本編〉
誰でもわかる金利
予想と対策

01 金利は人が決めるのか？自然に決まるのか？
＝決まる金利と決める金利 その1 ＝

株価は決まるもんだよね。誰かが決めるんじゃない。円相場もそうだ。外国為替市場ってところで取引された結果決まる。需要と供給のバランスでね。じゃあ金利ってどうだろう？決まるものか、それとも誰かが決めるのか？どう思う？

…考えたことないんだけど、やっぱり決めるもんじゃない？預金金利もクレジットカードローン金利も銀行だとかカード会社が決めるんでしょ。政策金利も日銀が決めると教わったけど

普通そう思うよね。でもそれ、ちょっと違うんだ

　多分多くの人は、株価や円相場とは違って金利は銀行が決める、っていうイメージを持っていると思う。預金金利や住宅ローン金利は銀行が決める。消費者金融の金利もね。

　しかし、金利全体を見渡してみると、誰かが決めるという金利だけじゃなく、株価と為替と同じように需給バランスで決まるという性格のものまで、いろんな種類のものがある。ここでキーワードになるのが、実は債券の利回りなんだ。

　すでに話したように、どこの国でも期間が1年以上の中〜長期の金利では、国債等の債券が売り買いされた結果ついた利回りが基準になっている。

　テレビニュースでは、株価や円相場はその日の売り買いで決まった結果だというのは誰もが知っている。でも、債券についてはほとんど報道されないのでイメージしにくいんだけど、株式市場や外国為替市場と同じなんだ。

　毎日のように大量の売りと買いが出会うなかで価格が決まり、それに応じ

て利回りが決まる。債券の売り買いが行われている市場では、国が発行した国債の売買が圧倒的に多いんだけど、売りが多いと値段が下がり利回りは上がるし、買いが優勢なときには値段が上がって利回りは下がる。決して誰かが「明日から0.5%上げて1.6%にする」というように決めるもんじゃない。

ところが多くの人は、債券の利回りが時々刻々と動いているという情報に接する機会がほとんどない。債券についてはほとんどニュースで流れないからね。だから、市場で瞬間瞬間ごとに取引され、その結果利回りが決まるっていうイメージを持てないんだ。

「◇◇銀行は預金金利を引き下げた」とか「住宅ローン金利を○○○%に決定した」といった「決める金利」の情報しか耳に入ってこないから、「金利は決めるもの」と思い込んでいるんだね。

これ債券の利回りをリアルタイムで報じているサイトなんだ。このグラフ

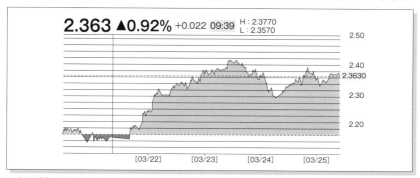

※2022年3月〜
出典：https://ch225.com/

は、国債のなかでも最も頻繁に売り買いされている10年国債の利回りがどんなふうに動いてきたかを、ほぼリアルタイムで示している。QRコードですぐ見れるよ（「米国債10年利回り」をクリックで拡大）。ほんの1日のうちでもダイナミックに、かつ小刻みに動いていることがわかる。そう、誰かが決めてるんじゃないんだ。株価が動く原理と同じで、その時々の売り買いの需給バランスで決まっているんだね（この項つづく）。

つまり、金利の世界でも中核にある債券が売り買いされている市場では、利回りは「決まる」んだ。ところが一方では、多くの人にとって身近な預貯金金利や各種のローン金利、これらは銀行が決めているように見えるよね。でもこれは違う。

　銀行は勝手に決めるわけにはいかないんだ。かといって、誰かの許可を得て決めているわけでもない。ここは微妙なんだけど、「これくらいの水準で決めざるを得ない」といったギリギリの線で決めている。決めるに際しての自由度はとても低い。

　たとえば、市場での売り買いで利回りが決まる債券のうち、満期まで1年の銘柄が3％の利回りで取引されているときに、1年の預金金利を1％に設定できるかい？

　そんなことをすれば、誰も預金なんか見向きもしない。3％の債券を買うよ。少なくともお金の運用についてはプロの投資家や企業などは、預金を引き上げてそのお金を国債にシフトさせるはずだ。

　こんなとき、銀行は1年定期の利率を3％という債券の利回りに限りなく近い水準で決めるしかない。つまり、「決める」とはいっても自由度は限りなく低いんだ。

　ただし、誰かが自由意思に基づいて決める金利がある。これが政策金利だ。中央銀行が良かれと考える金融政策を遂行するために決める金利がそれだ。日本でいえばコール翌日物金利だね。

　コール市場で成立する金利は、ほぼ完全に日銀のコントロール下にある。つまりこの金利は日本銀行が決めているといっていい。これは多くの先進国でも同じだ。

　景気が良くないときに金利を下げて、企業が借りやすい環境を作るのは日銀の仕事だ。政策金利を自由に動かすことは、どこの国でも中央銀行の専権

図表9-2　決まる金利⇔決める金利

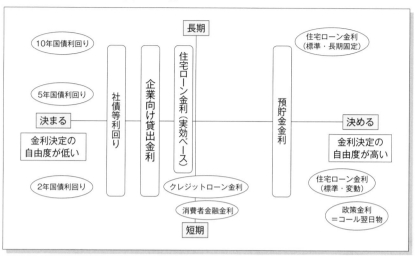

事項になっている。

　図でも短期のうち自由度が最も高い、つまり決める金利の最右翼が政策金利っていうのはそういう意味なんだ。それに対して、国債は年限を問わずいずれも一番左に描いてある。つまり、需給バランスに応じて決まるという性格の金利なんだ。企業向け貸出金利はやや右寄りのところにある。これは、借り手の企業と銀行の交渉事で決まるという意味では、「決める」って言うより「決まる」という要素が強い。

　あるいは、住宅ローン金利でも銀行が決める標準金利ってのがあるけど、実際には顧客との交渉で決まる。これが（実効ベース）ってやつだ。一応、銀行の側が建前上決めるのが標準金利だけど、実際にはそれからいろんな名目で金利を下げる（控除）のがあたり前になっている。たとえば2022年7月現在だと、変動金利型住宅ローン金利は「2.475％」ってことになっている。でも、実際には「0.5〜0.8％」くらいで貸している。ここまで建前と本音が乖離しちゃうと、一体「標準金利なんて意味ないじゃないか」って言いたくなるけどね。

　さて、ここまでくるとこれらのさまざまな金利はどんな順序で動いていくのか、って知りたくなるはずだ。そのためには、まずイールドカーブの考え方を知る必要がある。

期間が違えば金利も違うほんとうの理由

03

=イールドカーブの基本 その1 =

 預金でも債券でも、期間が違ったら金利も違う。なぜかな？

 そうね。お金を預ける立場でいうと、お金を使う権利をあきらめる期間が長いと、その分だけ、高い金利をもらうのがあたり前っていうことかしら

 たしかにね。借りる方から言うと長期だとすぐ返さなくてもいいから、使い勝手はいい。だから高い金利を払うのがあたり前ってことだね。ただ、もっと大事なことがある。だって、長期金利の方が低いこともあるんだから

　期間が違えば金利も違う。このテーマは、金利が動く順序を考えるうえでとても大事なことだ。簡単な例で考えてみるね。

　1年定期の利率が3％だとする。そして1年後には同じ1年定期の利率が5％に上がると誰もが思っていたとしよう。こんなとき、2年定期の利率は今何％であればいいかな？そんな難しくないよね。

　いったん1年定期に預けて1年後に引き出し、それを再び1年定期に預けても、最初から2年定期に預けても、2年後には同じなのが合理的だろう。

　どちらかが一方的に有利とか不利っていうのはおかしい。さあ、ではこのとき2年定期の合理的な水準はいくらかな？

　ケース1）とケース2）をみればわかるよ。1年定期を2度利用したときには1.0815になっている。

　であれば、2年預金の利率は4.075％であるのが合理的だね。つまり、1年定期に2度預けても、2年定期に預けても結果は同じって言うのが自然だ。

　じゃあ次に、1年後に1年定期の利率は3％で変わっていないと予想されているときにはどうなる？

```
┌─────────────────────────────────────────────────────────┐
│  ┌──────────────────────┐                                │
│  │ 2年定期の利率はいくら？ │                                │
│  └──────────────────────┘                                │
│  当初の元本を1とする。                                      │
│  ‥‥‥‥‥‥‥‥‥‥‥‥‥‥‥‥‥‥‥‥‥‥‥‥‥‥‥‥‥‥  │
│  ケース1） 3％の1年預金⇒1年後に満期を迎え、そこで5％の    │
│           1年預金に預ける。                                │
│           1年後：1×（1＋3÷100）＝1.03                    │
│           2年後：1.03×（1＋5÷100）＝1.0815               │
│  ケース2） x％の2年預金に預ける（実際のスーパー定期では単利）。│
│           2年後：1×（2x÷100）＝1.0815  x＝4.075％        │
│  ‥‥‥‥‥‥‥‥‥‥‥‥‥‥‥‥‥‥‥‥‥‥‥‥‥‥‥‥‥‥  │
│  ケース3） 3％の1年預金⇒1年後に満期を迎え、そこで3％の    │
│           1年預金に預ける。                                │
│           1年後：1×（1＋3/100）＝1.03                    │
│           2年後：1.03＊（1＋3/100）＝1.0609               │
│  ケース4） x％の2年預金に預ける（実際のスーパー定期では単利）。│
│           2年後：1×（2x÷100）＝1.0609  x＝3.045％        │
│  ‥‥‥‥‥‥‥‥‥‥‥‥‥‥‥‥‥‥‥‥‥‥‥‥‥‥‥‥‥‥  │
│  2年金利の理論値                                          │
│   2年金利＝（現在の1年金利＋1年先に予想される1年金利）÷2   │
└─────────────────────────────────────────────────────────┘
```

　今度はケース3）とケース4）だね。1年定期を2回繰り返せば2年後には1.0609（1.03×1.03）になっている。だからこのときには2年預金の利率は3.045％であるのが合理的だ。

　さて、この計算で何がわかったか？そう。1年預金と2年預金の金利の違いは、これから1年後の1年定期利率がどうなっているかで変わってくるんだ。皆が金利は上がると予想しているときには、1年定期に比べ2年定期の利率はかなり高くなる。これから金利は上がらないと考えているときには、1年と2年の預金の金利差はほとんどない。

　こんな考え方を、期待利子率説っていう。つまり、これから予想（＝期待）される金利いかんで、短期と長期の金利差は決まるっていう考え方なんだ。

　つまり、現時点で短期金利は動かなくても、予想が変わるだけで、ただちに長期の金利は上がるってことだ。ということは、長期の金利のほうが先に動くんだ。これがわかれば金利が動く順序がわかる。

いよいよ金利についてとても大事なテーマの本丸に攻めこむよ。実は前項で話した期待利子説を踏まえると、イールドカーブっていう考え方につながっていく。日本語でいうと利回り曲線だね

利回りが曲線？まったくわかりません

あ、ちょっと先走りすぎたね。これは主に債券の利回りで使うんだけど、これがわかってくると先行き金利がどう動くかから始まって、景気を予測することだってできる。その意味ではとても実践的なテーマなんだ

　債券は、同じ発行者が発行した銘柄が数多くある。国債などはその典型だ。30日、60日といったごく短期のモノから、2年、5年、10年、20年といった様々な期間の国債がほぼ毎月発行されている。

　これらの国債は、発行されてから時間が経つにつれ、満期までの期間がどんどん短くなる。ということは、債券市場には期間が数日というごく短期の国債から、期間が10年あるいはそれ以上の国債に至るまで、満期が異なる銘柄がいっぱいあるってわけだ。

　じゃあ、これらの銘柄の利回りはどのような位置関係にあるのか。それを単純な1つの線で示したものがイールドカーブ（利回り曲線）なんだ。タテ軸に最終利回りを、ヨコ軸に期間をとったうえで、期間が異なる多くの銘柄の利回りをプロット（点描）してそれをつないでいく。

　すると、これから金利がどう動くかという予測いかんでイールドカーブの形が変わる。つまり、そのときどきの期間1年、2年、3年…10〜20年国

図表9-4　イールドカーブの形状概念図

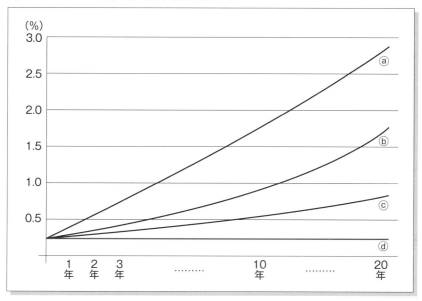

債の利回りの位置関係が変化するんだ。

　ほら、前項で話したんだけど、これから金利が大きく上がると予想されているときには、長期金利の方がより短期の金利に比べてうんと利回りが高くなるのがあたり前だったよね。

　つまり、これから金利がどう動くと予想されているかで、図のようにⓐ、ⓑ、ⓒのように右肩上がりのこともあれば、ⓓのようにフラットのこともあるんだ。

　さて、このイールドカーブで何がわかるのか？そう、勘のいい人はわかったと思うけど、実はこのカーブの傾きをみれば「これから金利は上がりそうだな」とか「下がりそうだ」ってことがわかるんだ。

　つまり、日銀の金融政策の先行きを予想したり、さらには景気予想もできる。このイールドカーブを使った具体的な金利予想法については、章を改めて詳しく話すからね。

　さて、このあたりで金利はどんな順で動くのかの基本を先に話しておくことにしよう。

ここからは金利が動く順序について考えていこう。いち早く動く金利とワンテンポ、ツーテンポ遅れて動く金利があるんだ。ここで一番大事な原則が、期間が長い金利が先に動くっていうことなんだ。実はさっき話した期待利子説をよーくわかっていれば簡単なんだけどね

なんだかちょっと頭がこんがらかってきたわ

ここ肝心なところなので、丁寧に話していくね

　前項では「将来の金利予想によって短期と長期の金利の位置関係は変わる」って学んだよね。

　繰り返しになるんだけど、１年預定期が３％で１年後も３％で変わらないって予想されているときには、２年定期はほぼ３％だった。でも、１年後には５％になるって予想されているときには、２年定期は４％くらいになるのがあたり前っていうことだった。

　教科書っぽくいうと「短期の金利が変わらなくても、その短期金利の予想値が上がればその瞬間に、長期の金利は現実に上がる」ということだね。短期金利そのものは変わっていないのに、長期金利はその時点で、実際に上がるんだよね。

　①現時点の短期金利が変わらなくても→②その短期金利の将来予想値が変われば→③現時点の長期金利が変わるーっていうわけなんだ。これを図にしてみればこんな風になる。

　つまり、金利が動くときにはより長期の金利が先に動き、それに先導されるように短期の金利があとから実際に動いていくってわけだ。

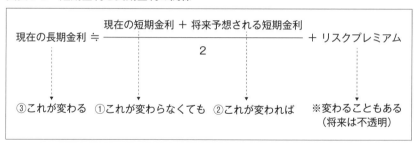

図表9-5　短期金利と長期金利の関係

$$現在の長期金利 ≒ \frac{現在の短期金利 + 将来予想される短期金利}{2} + リスクプレミアム$$

③これが変わる　①これが変わらなくても　②これが変われば　※変わることもある（将来は不透明）

　すでに話したけど、日銀が決める政策金利ってコール翌日物だよね。銀行同士がお金の過不足を調整するために、ごく短期のお金の貸し借りをしたときについた金利だ。これを日銀は間接的にコントロールしている。間接的にといっても、そのコントロール能力はとても正確だ。

政策金利の先行きを予想するには国債利回りをチェックする

　そこで、この短期の政策金利が先行きどう動くかを予想するとき、現在、長期の金利がどう動いているかを見ることがとても有効なんだ。この本のあちこちで「10年国債の利回りが大事。あらゆる金利に先行して動くから」っていう話をしているけど、それはこんな理由からなんだ。

　これから動こうとする短期金利の動きを先取りするように、長期の債券利回りが先に動くってことだ。ちょっとくどかったなあ？

　最近の例だと、2022年から米国の政策金利が上がり始めるちょっと前から、2年〜10年のより長期の国債利回りがどんなふうに動いているか、イールドカーブがどんな形に変わりつつあるかが、とても注目を集めたんだ。

　で、実際には、中〜長期の国債利回りが先行してドンドン上がっていくのを追うように政策金利が引き上げられたんだ。

　あ、それからこの板書にある「リスクプレミアム」っていうのは、ここで話しているテーマからはちょっと脇道に入るので、章を改めて第10章で詳しく話すからね。

債券の利回りが先に動いて、それがそのほかのいろんな金利に波及していくって言ったよね。じゃあ、そのときどんな順番でどんな金利が動いていくんだろうね

そうか。何となくイメージだけはわかったけど、改めて考えてみると具体的には？？？だわね

じゃあ、そのメカニズムを話しておこうか

　いきなりだけど、様々な金利がドミノ倒しのように動いていくことは、雁行をイメージしておくといい。最初の鳥が全体を引っ張るように動き、すぐ後ろに付く鳥が目の前の鳥の動きにならって動いていく。そして結果として全体が1つの生き物のように動く。

　ここでは期待を込めて、景気が回復している場面をイメージしてみよう。
　企業業績も底をついて上がってきた。それを受け株価も上昇。また、原材料のなかでもとりわけ景気の動きをいち早くキャッチする銅や原油などの価格が急に上がり始めた。それがいろんなものの値上げに波及して、物価が7％も8％も上がってきたっていうイメージだね。
　こんな風に物価が上がってくると、中央銀行はどう考えるか。「物価がこれ以上一本調子で上がらないようにけん制しておかんといかんな」となる。じゃあどうするか。政策金利を上げる。これが基本だ。
　金利を上げると、個人も企業もお金を借りにくくなるから、消費や投資が細って物価上昇にブレーキがかかる。ただし、まだ見極めが必要だ。しばらくは様子を見ながら、半年先くらいに政策金利を上げることを検討し始めた。こんなニュアンスを関係者はかぎ取ったとする。つまり、その時点では0％

10年国債
利回り

の政策金利が半年後から0.5％⇒1.0％というように上がりそうだ、とね。あ、2022年初めの米国がこんな状態だった。

　こんなとき、中央銀行の意向を先取りするように、期間が長い期間２年、５年、10年の国債利回りは、先行して上がるんだ。中央銀行がコントロールする政策金利は、ごく短期の金利だ。金利は、短期金利の先行き予想に基づき、長期のものが先に動くっていう理由はさっき話したよね。

　ここからはわかりやすいように、日本のケースで話そう。多くの人が注目している10年国債の利回りが上がってくると何が起きるか。このとき私たちの周りで一番影響を受けるのが、長期の住宅ローン金利だ。住宅ローン金利には変動金利型と、10年〜35年といった長期固定金利型があるけど、そのうち長期固定のローン金利が上がる。タイミングは月初からって言うのが基本だ。

　また、銀行が企業に貸し出す期間が１年以上の長期の金利も上がり始める。もちろんこれは、企業との個別交渉を通じてだけどね。

　ここで注意しておいてほしいのは、まだこの時点では実際には政策金利は上がっていないってことだ。「引き上げられるだろう」という予想だけで長期の金利が先に動いているんだ。

　さて、ではこの後はどんな展開になるのか。項を改めて続けよう（この項つづく）。

　さて、政策金利の引き上げを先取りするように、国債利回り、長期の住宅ローン金利、そして企業向け長期貸出金利が上がったところまで話したけど、ここでぜひ知っておいてほしいことがある。

　10年国債の利回りが上がった、って言ったけど、これには実は2つの段階があるんだ。最初は、すでに発行されて市場で毎日のように取引されている国債の利回りが先に上がる。これが市場実勢利回りだ。新聞の相場欄やネットサイトなどにあるのはこの利回りだ。この章の最初の項目で見た利回りグラフもそうだね（p271）これは米国の例だったけど、日本の場合も同じことだ。これが上がってくると、新しく国が発行する国債の利回りも引き上げられる。

既発債利回り→新発債利回りの順で動く

　債券にはすでに発行されて市場で売り買いされている既発債と、これから新しく発行される新発債がある、って話したよね。

　そう、まず既発債の利回りが上がり、それに合わせるようにちょっと遅れて新発債の利回りが上がるんだ。だって、すでに発行された既発債の利回りがたとえば2％から3％に上がっていたとき、新しく発行する債券の利回りも3％に上げなければ誰も買ってくれないからね。

　こうして国債の利回りが先行して長期の住宅ローン金利、そして企業向け長期貸出金利などが上がっていったところで予想されていたとおり、政策金利が実際に引上げられる。これがいわゆる「利上げ」だ。

　すでに話したように、金融機関がお金を貸し借りするときについたコール翌日物金利だ。この金利を日銀が、たとえば0.25％とか0.5％というように引き上げるんだ。

図表9-7 金利はどんな順に動くのか

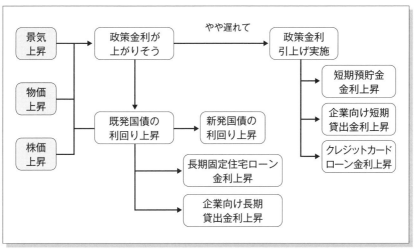

　そうすると何が起きるか。銀行にとってはお金の調達コストが高くなる。だから、貸出金利も上げなくっちゃ商売にならない。そこで、短期の貸出金利も引き上げるんだ。

　とともに、僕たちの身近にあるクレジットカードローン金利や消費者ローン金利などの金利も、ドミノ倒しのように相次いで上がっていく。

　こんな段階になると、すでにわたくしたち個人にもなじみの深い期間3年、5年の個人向け国債で新しく発行される銘柄の利回りも上がってきているはずだ。

　だから、期間が同じ預金金利も引き上げなければ銀行にはお金が集まらない。こんな仕組みで金利全体がどんどん上がっていく。預貯金金利なんかの引上げは最後なんだね。

　このテーマを終えるに際して念を押しておくね。

　「政策金利の引き上げを予想して、国債などの債券の利回りがいち早く動く」。これが一番大事なことだ。だから、債券のなかでもダントツに取引量が多い10年国債の利回りの動きには細心の注意が必要だってことなんだ。

08 アベノミクスで50兆円超の預金が吹っ飛んだ!!
=預貯金の実質目減り時代がやって来た その1 =

金利について一番生活に密着したテーマと言えば、当面、預貯金ではインフレに負けてしまうってことだろうな

目減りっていうやつ？もうすでに始まっているの？

そうだ。あまり報道されないから実感はないかもしれないね。実は、2013年から2021年までの8年間で、個人の預金の実質的な価値は50兆円以上目減りした。驚くかもしれないね。2022年現在でもどんどん目減りしているんだ

　簡単に言うと、預金金利が年1％でも物価がまったく上がらなければ、この預金の実質的な価値は年に1％増える。でも、預金金利が年3％でも物価が5％上がれば、預金の価値は2％下がる。これ、実質金利っていう考え方だっていうのはすでに話したね（p58、77）。
　実は、日本ではとっくの昔から預金の実質金利がマイナスになっているんだ。さっき言ったけど、2021年までの8年間で個人預金が50兆円吹っ飛んだっていう根拠を先に話しておこう。

　個人の預貯金は1,000兆円くらいある。で、2012年の我が国の消費者物価指数は94.5だったのが、2021年には99.8まで上がっている。つまり物価は8年間で5％上がったんだ。そしてその間、預貯金金利は事実上ゼロだったろう。
　ということは、この1,000兆円の預貯金の実質的な価値が50兆円分吹っ飛んだってことなんだ。
　8年で50兆円っていえば、毎年6兆円目減りしてきたことになる。6兆円っていえば、日本の成人人口を1億人とすると、1人あたり毎年6万円ず

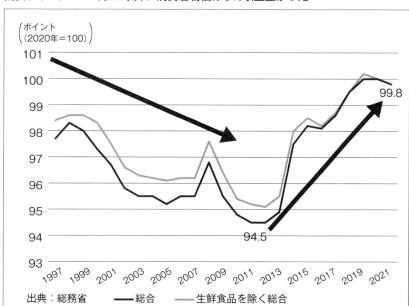

図表9-8　アベノミクス以降、消費者物価は5％以上上がった

つ預金の価値が目減りしている計算だ。これ大きいよね。

　ニュースで物価の動きを報道するときはもっぱら、1年前に比べていくら上がったか下がったか、つまり前年同月比っていう基準だ。だから、5年前に比べてとか10年前に比べてという期間での物価の動きはなかなか見えてこない。

　まあ、これはNEW（新しいこと）S（複数形）だから仕方がない面もある。でも、こんな風に8年間といったもう少し長いスパンで見なければ直感的に把握できないことも多い。これが、個人消費がいまだに盛り上がらない大きな理由なんだけどね。

　ともあれ、預金はインフレに負けてしまう時代に入ってきたってことなんだ。これは、これからの家計管理を考えるうえでとても重要なテーマだ（この項つづく）。

　じゃあ、これまで預貯金金利と物価上昇率がどう動いてきたかを図でみよう。

　信じられないかもしれないけど、昔は預貯金はほとんど目減りしたことがなかったんだ。図をていねいに見ていくとわかるよ。1997年以前は、物価上昇率より預貯金金利の方が高い。つまり、預金の利子で、物価上昇をカバーできていたんだ。

　これは、第5章の最初で説明したとおりだ（p152）。物価が上がれば、それに応じて預貯金金利が上がるというメカニズムが、ちゃんと働いていたからだ。

　もっとも、1997年以前でも預貯金の目減りが起こったことは幾度かある。しかし、いずれの時期も物価の上昇とともに預金金利も上がっているだろう。しかも、太い実線で示してある1年定期の利率はほとんどの時期、CPI（物価）より上で動いている。

　ところが1997年以降はまったく様変わりだ。物価が上がっても、預金金利はまったく反応していない。図に記した番号で説明していこうか。

　（A）の物価上昇は第一次オイルショック、（B）は第二次オイルショックによるものだ。アラブ諸国が西側への原油の輸出を大幅に削減したため、原油価格が一気にハネ上がった。これをきっかけに物価は大いに上がったんだ。

　ただ、（A）のときには1年定期の利率以上に物価が上がったけど、1年ぐらいで元に戻っているね。このころから日本の経済成長率がガクンと下がることになるんだけど、この時期には物価上昇に応じてそれなりに預金金利は上がっている。

　（C）の物価上昇は、1989年の消費税の導入（3％）によるものだ。また、このときには日銀が当時の政策金利である公定歩合を、過去最低の2.5％ま

図表9-9　預金の目減りはこの程度で済んでいたのだが…

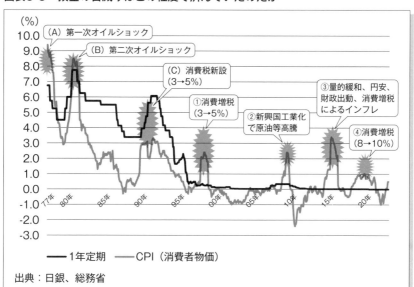

（A）第一次オイルショック
（B）第二次オイルショック
（C）消費税新設（3→5％）
①消費増税（3→5％）
②新興国工業化で原油等高騰
③量的緩和、円安、財政出動、消費増税によるインフレ
④消費増税（8→10％）

―1年定期　―CPI（消費者物価）

出典：日銀、総務省

で下げたことが引き金になって地価、株価が急騰したいわゆるバブルの時期でもあるね。

　消費者物価も3％くらい上がっている。このときもやはり原則どおり、金利も一段高になっているよ。

　そう。このときまでは、物価と金利の動きはパラレルなんだ。ピーク、ボトムも時期はだいたい同じだ。

1997年を境に一変した物価と金利の関係

　しかし、その後は様相が一変してるよ。

　①は消費税の引き上げ（3％⇒5％）、②は中国などの新興国の急速な工業化で、原油などエネルギー資源の需要が増え、世界的に物価が上がったときだ。

　さらに、2014年、2019年には消費増税（③、④）が相次いで実施され、一時的に物価は上がっている。でも、その間、預貯金の金利も10年国債の利回りもほとんど反応していないんだ。一体どんな事情があったんだろうね？（この項つづく）

物価が上がっても預金金利が上がらない本当の理由

＝預貯金の実質目減り時代がやって来た その3＝

1997年以降は物価が上がっても金利上がらないんだけど、その理由としてこんな声が聞こえてきそうだ。

「だって、今は日銀が金利を押さえつけているんでしょ。だから金利が上がらないのは当然じゃないの」ってね。たしかにそれも一因だ。でもそれだけじゃない。

この点については、第5章でいくつかの理由を上げておいた。振り返っておこう。

最大の理由は、企業が積極的にお金を借りなくなってきたこと。つまり、大企業を中心に大量の余裕資金をため込んだから借りる必要がなくなってきた。いわば、自前の銀行を自社内に持ってしまったようなもんだ。銀行から積極的に借りようとしないんだから、需給バランスの原則から言っても金利は上がらない。

2つ目には、日本では少子高齢化社会が進むなかで、年金支給額は低く抑えられてきた。また賃金が一向に上がらないから、多くの家庭では否応なく生活防衛モードに切り替えざるを得なくなって消費がどんどん減った。このため、企業は生産を抑制し、機械などの設備投資を減らしてきた。これも、銀行からの借り入れが減ってきた理由だ。

資金需要が減れば金利が上がらないのはあたり前だ。

じゃあ次に、日銀が金利を強引に低く抑えている、っていうテーマに戻ろうか。

日銀は、多少物価が上がったくらいでは、金利が上がることを許さないんだ。2022年に至ってもまだ「2％インフレ目標」を掲げている。これは「2％程度の物価上昇率が安定して見込めるまでは、現在の超低金利政策は変えない」と言っているんだ。

図表9-10 いよいよ本格的な預金目減り時代に突入!!

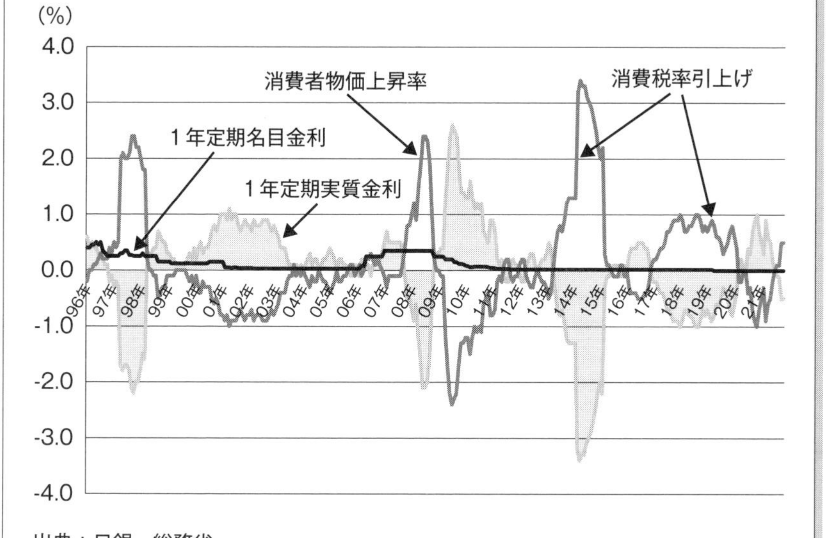

出典:日銀、総務省

官僚的な言い回しだね。何をもって安定的だとみなすのか、というあたりが曖昧だ。でもまあ、多くのエコノミストは「2%程度のインフレが3～6カ月以上継続して、再び2%以下には下がらないだろうと予測できるようになれば」というんだけどね。実際には、2%インフレが6カ月～1年くらい続いても、政策金利を上げることはしないだろうね。

ということは、物価が2.0%くらいまで上がっても、預金金利はほぼゼロの状態が続くことは間違いない。

2%インフレでも金利を上げない日銀

実際、(ちょっと舞台裏を明かすと)この原稿を書いている間にも事態はどんどん変化しているんだ。2022年5月下旬、4月の消費者物価が前年比で2.1%上がったことが明らかになった。でも、日銀は引き続き金利は低く維持する姿勢を変えない。だから金利が一段も二段も上がった米国などとの金利差が開き、その結果円安が進んでいる。

つまり、預貯金の目減りはしばらく避けられないんだね。

11 誰にも歓迎されない 金利上昇って何？
＝良い金利上昇と悪い金利上昇＝

表向きの現象は同じでも、その本質はまったく逆、ってことは世の中にはよくある。経済でも同じだ。同じように金利が上がっていても、それが良い金利上昇である場合と、悪い金利上昇である場合がある

っていうと、私たちの暮らし向きが良くなるか悪くなるかっていう意味なの？

そうだね。そんな風に言うこともできるね

　経済の世界では「良い金利上昇なのか、悪い金利上昇なのか」ってことが話題になることがよくあるんだ。

　結論から言うとね。景気が良いことを素直に反映して金利が上昇しているケースは良い金利上昇だといっていい。そんなときには、消費や設備投資が活発だから物価が適度に上昇、それで金利が上がっていることが多い。

　つまり、原材料や製品に対する買いが増えているために物価が上がってい

良い金利上昇
　①景気拡大を伴った金利上昇
　②消費・設備投資が増えたことで物価が上がり、それが金利上昇につながったとき
　③金利上昇にもかかわらず株価は適度に上がり続けているとき
悪い金利上昇
　①税収が上がらず国債の発行が急増し、金利が上昇するとき
　②供給が減ることで物価が上がり、それが金利を上昇させたとき
　③金利上昇で株価が急落するとき

るときの金利上昇が良い金利上昇だ。

でも、生産（供給）が追い付かないために物価が上がり、それが原因で金利が上がっていればそれは悪い金利上昇だ。

イラン、イラクなど産油国の政治的混乱などで原油の生産がうんと減って原油価格が上がり、それが世界全体の物価を引き上げるなんてこともよくある。2022年2月に勃発したロシアのウクライナ侵攻で、西側各国がロシアからの原油・天然ガスなどの輸入を大幅に制限したときの原油高もそうだ。

こんなとき、物価上昇を阻止するため、やむなく金利を引き上げることがある。景気にある程度悪影響があることは覚悟のうえでね。これも悪い金利上昇だね。

金利が上がるピッチも重要

あるいは、金利の上がり方が急だと企業業績に与えるダメージは大きいから株は下がる。こんなのも、悪い金利上昇って言える。中央銀行が景気のコンディションについての判断を誤り、金利の引き上げを急ぎすぎ、それで景気が悪化したなんてのも悪い金利上昇だ。1989年のバブル崩壊も日銀の金利引上げのタイミングが早すぎたという見方が多い。

こんなとき、景気が悪くかつ物価も上がることがあるが、これがスタグフレーションって呼ばれる現象だ。景気停滞を示すスタグネーションと、物価高を意味するインフレーションの合成語だけど、こんなときには金利が上がっていることが多い。

こんな風に、表面的には同じように金利が上がっているときでも、その原因は様々だ。

ただ、現実に金利が上がっているときに、それが「良い金利上昇」なのか「悪い金利上昇」なのか判断するのはむずかしい。そんなときどうするか。

一番簡単なのは、その金利上昇とともに株価全体が上がっているかどうかを見るといいと思う。金利が上がっているのに、株価は適度に上げているんだったらひとまず「良い金利上昇」とみていいよ。

景気が良く税収が増えれば
国の財政問題は片付くか？

「わが国が国債に依存しなければ予算が組めないのは、もっぱら景気が悪いから」という見方がある。これが正しければ「景気が良くなれば国債は発行しなくてもすむ」となるよね。さあどうだろう？景気が良くなると、わが国の財政問題は解決するだろうか。

実はそんな簡単な話じゃないんだ。景気が良くなると、むしろ国の財政は窮迫するという見方もあるんだ。意外に思われるかもしれないけれど、理由は次のとおりだ。

景気が良くなると確かに税収は上がる。しかし同時に金利も上がり、国債の発行金利も上がる。ということは必然的に、国債の利払い費も増える。つまり、景気と税収と金利は同じ方向で動く。ここがポイントなんだね。

つまりここでは「景気拡大・金利上昇」となった場合、「景気上昇に伴う税収増」と「金利上昇に伴う国債の利払い費用増」のどちらが多いかというバランスを考えなければならないんだ。

これまでにもいくつかの試算が発表されているけど、景気回復でかえって利子の支払い費が増えて、財政はさらに逼迫する、というシミュレーションが多かった。

何しろ国債の発行額は、すでに発行した国債を償還するための資金を得るために発行するものも含めると、毎年、100兆円を優に超えるというとんでもない巨額に達する。この国債の利率がいっぺんに上がるんだからね。利子の支払いが一気に増えるのは目に見えている。

こんな風に考えると、景気が回復すれば日本の財政問題は片付く、とは言えない。こんなところにも、日本の財政問題の厄介な点が隠されているんだ。

第10章

〈実践編〉
誰でもわかる金利
予想と対策

01 「長期金利は短期金利の累積平均値である」って何？
＝〈実践編〉イールドカーブの使い方 その1 ＝

 ここから、金利を予測するためのとっておきの方法をいくつか紹介していくよ。まずはイールドカーブを使った方法だ

 イールドカーブって利回り曲線ね

 うん。ここではもう少し実践的な使い方を話していこう

　ちょっとおさらいしておくこうか。第9章では1年金利と2年金利の関係について話したね。つまり、2年の金利は現在の1年金利と1年先に予想される1年金利の平均値ぐらいで決するって話だった（p274）。じゃあ、これをさらに延長すればどうなる？

　つまり、3年、4年、5年の金利はどんなふうにして決まるんだろうね？

　教科書では「長期金利は短期金利の累積値の平均」ってかっこよく説明されるけど、これじゃちょっと？？？だね。普通の人にはわからない。

　ここではわかりやすく、短期金利として1年金利を基準にしよう。そのとき3、4、5年の金利は、これから、この1年金利が1年刻みでどう動くかで決まるんだ。

　たとえば5年の金利だったら、これから5年間、1年金利がどう動くかで決まる。今後5年間における1年金利の平均値で決まるってわけだ。

　まず図表10-1の図表1を見てもらいたいんだ。

　現在の1年金利がaだ。同じ1年金利が1年後にはb、2年後にはc、3年後にはd、4年後にはeになると予想されているとしよう。この時、この予想金利をもとにすると、「現在の1年金利」と「1年後の1年金利」の平均は❷だね。

図表10-1　イールドカーブの基本構造①

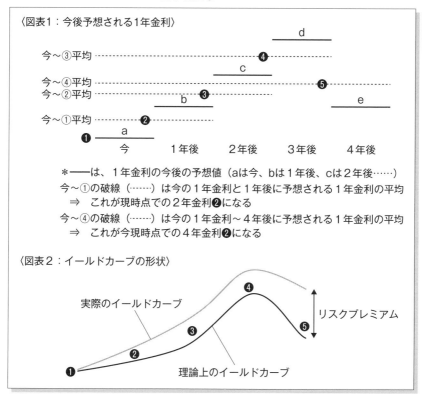

〈図表1：今後予想される1年金利〉

*———は、1年金利の今後の予想値（aは今、bは1年後、cは2年後……）
今～①の破線（……）は今の1年金利と1年後に予想される1年金利の平均
　⇒　これが現時点での2年金利❷になる
今～④の破線（……）は今の1年金利～4年後に予想される1年金利の平均
　⇒　これが今現時点での4年金利❷になる

〈図表2：イールドカーブの形状〉

「現在の1年金利、1年後の1年金利、2年後の1年金利の平均」が❸。同じようにして「現在の1年金利から4年後の1年金利」までの平均は❺になる。

　さてこの時、現時点での1年金利、2年金利…5年金利はそれぞれどんな水準で決まると思う？

　もう簡単だね。図表10-1の図表2にあるようになるはずだ。図表1で示してある❶が「現在の1年金利」、❷が「現在の2年金利」・・・❺が「現在の5年金利」になる。これが基本だ。つまり、イールドカーブは❶❷❸❹❺を結んだ線になるんだ。これがこの図でいう「理論上のイールドカーブ」ってわけだ。

基本的な考え方は第9章（p274）で話したね。つまり、「リスクの程度が同じ金融資産だったら、一度に5年金利で運用しても、1年金利を1年刻みで5回運用しても、これから5年間に得られる収益（あるいは元利合計）は同じなのが自然だ」って言うことだね。

　これが、イールドカーブを使って金利予想をするときの最初のステップなんだ。

リスクプレミアムが上乗せされているイールドカーブ
=〈実践編〉イールドカーブの使い方 その2 =

1章 〈実践編〉 誰でもわかる金利予想と対策

どうだろう。これでイールドカーブの基本がわかってもらえたかな

うん。何となくね。これから短期の金利がどんなふうに動くかで、長期の金利は先行して変化していくんだってことはね

じゃあ、もう一押しだ。実は前項で話したことはあまり正確ではないんだ。もう1つ大事なことを話しておかなくっちゃならない

　ここで1つ、大事な注意点がある。それは、以上で説明した理論上の1、2、3〜5年債の利回りを結んで得られたイールドカーブに対して、実際のイールドカーブはそれよりもやや上で決まるってことだ。さっきの図の1番上にもう1つ線が引いてあるね。これがそうなんだ。

　つまり、実際には、2、3、4、5年の金利はさっき説明した「予想される短期金利の平均値」より少し高い水準で決まるんだ。なぜかわかるかい？　先になればなるほど「予測不可能」な要素が大きくなるためだ。理屈はとても簡単だよ。

　日常生活でも、明日や来週のことはおおむね予想がつく。でも、5年、10年先には会社の給料にしても物価にしても、どうなっているかわからないよね。先になるほど、予想外のことが起きる可能性が高いんだ。そんなとき、金融の世界では何が起こるか。

　「予想外のこと＝リスクが高い」とみなすんだ。そして「リスクが高い分だけ利回りは高くなくっちゃ割に合わない」って考える。これがリスクプレミアムだ。

297

図表10-2　イールドカーブの基本構造②

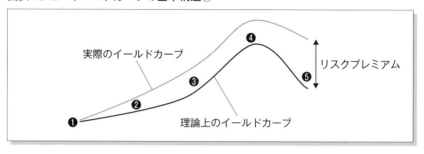

金利の世界でも同じだ。不確定要素が大きい資産運用ほど利回りが高くなくっちゃ、そろばんに合わないだろう。

だから、先になるほど、「これから予想される短期金利の平均値」という理論上の金利よりも、実際の金利は高い水準で決まるってわけなんだ。

じゃあ、これからまったく金利は動かないと予想されているとき、イールドカーブはどうなると思う？そんなときでも１年金利よりも２年の方が、さらには３、５年金利の方が高くなるんだ。先に行くほどリスクが高いからね。

だから、ある時点での長期の金利は、「短期の金利のこれから予想される平均値」と「リスクプレミアム」によって決まるため、次の式が成り立つ。

> 短期金利と長期金利の関係・その基本
> 長期金利＝（今後予想される）短期金利の平均値＋（期間に応じた）リスクプレミアム

そして、このリスクプレミアム自体も変化する。つまり将来の経済・金融ひいては金利の動きが読みにくくなればなるほど、リスクプレミアムは拡大するのが基本なんだ（この項つづく）。

03 政策金利を予想するには 2年債の利回りに注目！

＝〈実践編〉イールドカーブの使い方 その3 ＝

イールドカーブを実践的に使うための方法を続けるね。

現実問題として、イールドカーブが一番注目されるのは、政策金利がこれから動きそうなときだ。米国のケースがわかりやすいんだけど、最近だったら2022年初頭なんかはそうだった。

これまでは、政策金利の動きなど短期金利の動きを予想するには、10年の債券利回りを見るのが基本だって言ってきた。ただ、政策金利の変更が近づいてきたときには10年債よりも、2年債の利回りを見ていた方がいい。

注意深くニュースをみていると、「政策金利の近い将来の動きを反映する2年債の利回り」なんて言ったりする。

なぜかって？ほら、10年金利だったら、さっき話したように、中〜長期的には金利が下がると予想されるときには、その中〜長期の金利予想を含んだうえで決まる。

つまり、これから1〜2年くらいの比較的近い将来の政策金利の予想をするのには適していないともいえるんだ。

実際、「しばらくは相当のピッチで金利は上がるけど、3〜4年も経てば景気は後退、今度は逆に政策金利は下がるかもしれない」なんて予想されることもある。こんなときには、10年債よりも2年債の方が目先の政策金利の動きを予想するには適しているんだ。

実際のデータで見てもわかるよ。①でも②でも、10年債よりもむしろ2年債の利回りが上がり始めると、それにちょっと遅れて政策金利のFFレートが上がっているのがはっきりわかる。

そして、この本を書いている2022年の春（③）でも2年債の利回りが一気に上がってきているだろう。このころのイールドカーブの姿を描いたのが図表10-3-2だ。ほら、10年債の利回りはあまり上がっていないのに、2年債の利回りの上がり方はうんと急だろう。

図表10-3-1 米FFレート、2年、10年国債の利回り推移

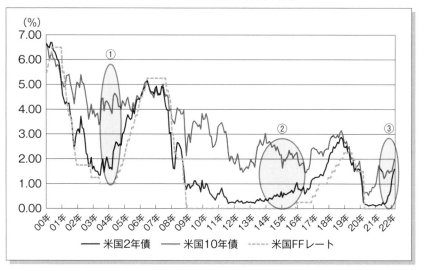

図表10-3-2 米利上げ接近で2年国債利回りが急上昇

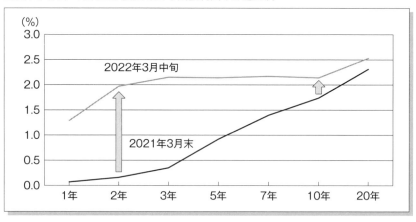

　実際、その後2022年3月から米国の政策金利が連続的に上がっていったことは多くの人が知っているとおりだ。

04 イールドカーブで本当に金利が予測できたの？

＝〈実践編〉1990年の米国の例で実証する＝

イールドカーブがどれだけ大事かがわかってもらったかな。このテーマはとても大事なところなので、米国の過去の例を取り上げてもう少し詳しく解説しておこうと思うんだ

でも、日本の金利では検証できないの？

うん。日本の金利はもう20年以上もほとんど動いていないからね

　前項でもちょっと触れたんだけど、2000年代初め頃の米国の例を取り上げてみよう。図表10-4-1は、2004年6月と、2006年6月の米国の国債のイールドカーブだ。

　イールドカーブの基礎的な考え方から言うと、このときには次のように予測できた。

　①2004年6月：急激な右肩上がりの形なので、これからどんどん金利は上がっていくはず。

　②2006年6月：金利水準は相当高いけれど、その傾きを見るとほとんどフラット（平坦）だ。つまり、これから金利は上がらないどころか、むしろ下がっていくだろう。

　さて、ではその後米国の金利は実際にどう動いただろうね。それを示したのが図2だ。たしかに、イールドカーブの形から予想したとおりに動いたのがわかる。

　米国の政策金利は、2004年半ばから2006年にかけて急激に上がっている。①での予想は完全に当たりだったよね。

　それから1年ほどして2007年半ばから今度は急に下がり始めていること

図表10-4-1　米国国債イールドカーブの変化をみる

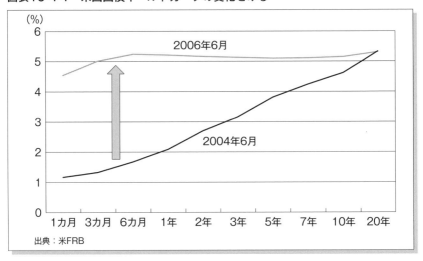

出典：米FRB

図表10-4-2　米国長短金利の推移

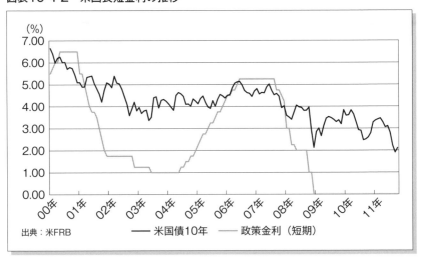

出典：米FRB　　　── 米国債10年　　── 政策金利（短期）

がわかる。これも②の予想どおりだ。

　いずれも、イールドカーブの形はその後の金利の動きを相当正しく、予見
していたんだ。

プロ投資家が着目する
FFレート予想分布図
=〈実践編〉米政策金利の先行きを読む=

日本の金利の先行きを読むための最も重要なデータが米国の政策金利の行方だ。ここまではイールドカーブとか2年債の動きに注目するといった見方を紹介したけど、手っ取り早くそれを知る方法があるんだ

な〜んだ。それだったらそれを先に教えてくれればよかったのに

いやいや、やはり基本はイールドカーブだからね。ここでは専門家が予想しているデータを紹介することにしよう

　プロの見方を知る。どんなことでもとりあえず、これが先読みのための鉄則だね。じゃあ、世界中が注目している米国の政策金利を先読みするにはどうするか。多くの専門家の予測が集約されたデータがあれば、それに越したことはない。

　じゃあ、そんなの作ってみよう、って人が出てくるのは当然だ。必要は発明の母だ、まずニーズありき、だ。で、紹介したいのがこのサイト図表9-5なんだ。

　デフォルトで出てくる画面では、次回のFOMC（連邦公開市場委員会）で決められる政策金利の水準を、専門家がどう予測しているかが棒グラフで示されている。一番上の横に並んだタブは、左から今後のFOMCが開かれる日付だ。

　2022年7月30日に開いた画面で2022年最後のFOMC（12月14日）をクリックすれば図1が現れる。

　年末には「3.25〜3.50%」にまで引き上げられていると予想している人が半数近く（45.4%）いることがわかる。

この画面を開いた7月30日時点での米国の政策金利は2.25～2.50%だから、年内にさらに1%引き上げられるとみている人が多いんだね。

　なかには3.75～4.00%まで上がっているだろうと予測している人もわずかだけど2.3%いる。じゃあ、来年の今ごろはどうかなって「26　723」をクリックしてみてみたんだけど、図2のようだった。つまり「3.0～3.25%」との予想が最も多い。ということは、あくまで平均的な見方なんだけど、来年には逆に政策金利は引き下げられるとみている人が多いってことなんだ。

　なにしろ、米国の政策金利は世界の金利を引っ張っていくからね。ときどきはチェックしておくといいと思うよ。

【CMOホームページURL】

https://www.cmegroup.com/trading/interest-rates/countdown-to-fomc.html

図表9-5-1　FFレート①

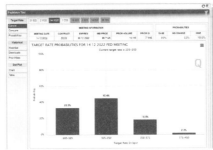

図表9-5-2　FFレート②

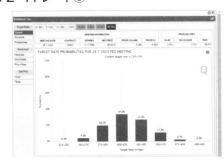

10年債とFF金利が逆転すれば景気は悪化！
＝〈実践編〉長短金利差で景気を予測する法＝

06

ここからは、金利で景気の先行きが読める方法を具体的に話すね。特に米国で有名なのは、政策金利であるFF（Federal Funds）金利と10年国債の利回りの関係をチェックするっていう方法だ

はい。FF金利って米国の政策金利ね。日本の政策金利のように銀行が互いにごく短期のお金を貸し借りするときにつく金利だね

うん、そのとおりだ。このFF金利が10年国債の利回りを上回ってくると景気は悪化するっていう経験則がある。FF金利はごく短期の金利で、イールドカーブの一番左端にある金利だね。これが10年債の利回りを上回るのだから、イールドカーブは右肩下がりになっているというわけだ

　これから金利が上がると予想されるときには、イールドカーブは急な右肩上がりになり、上がらないときには緩やかな右肩上がりにとどまるって話はしたよね。
　金利が上がるってことは、原則的に景気が良くなるってことだ。逆に短期の金利は高いけど長期になるにしたがって低くなるときには、景気はこれから悪化すると読めるんだ。

　ということは、イールドカーブの形を見ると、金利だけではなく景気も予想できるってことなんだね。でも、金利を手掛かりにして景気の先行きを予想するには、必ずしもイールドカーブを見なきゃならないってわけでもない。実は、イールドカーブの考え方を下敷きにすれば、簡単に景気の予想ができ

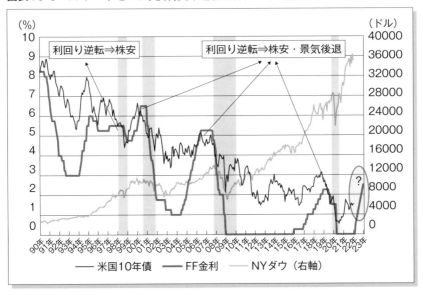

図表10-6　FFレートと10年債利回り逆転で株安・景気後退へ

利回り逆転⇒株安

利回り逆転⇒株安・景気後退

―― 米国10年債　―― FF金利　―― NYダウ（右軸）

る方法があるんだ。

　それは、短期金利の代表であるFF金利と、10年国債の利回りの差をチェックするっていう奴だ。ポイントは「FF金利が10年国債の利回りを上回ったら景気は悪化する」っていうジンクスだ。いや経験則だね。じゃあ過去に遡ってみておこうか。

　ほらね。短期のFF金利が10年国債利回りより高くなったときには、同時にあるいはちょっと遅れて株は下がっているよね。とともに、景気後退が始まっているのがわかる。黒塗りのところは景気後退期だからね。1998年〜99年、それにITバルブ崩壊の2001年、リーマンショック時、それから2020年もそうだ。

　ということは、2022年から2023年にかけて米国の政策金利＝FF金利は少なくとも３％あるいはそれ以上になって10年長期金利と逆転しそうだから、これから数年は株も景気もちょっと心配だね。

07 債券の利回り差で景気が先読みできるって何

＝〈実践編〉国債と低格付け債の差を読む＝

ほかにも、債券の利回りで景気が読めるちょっとテクニカルな方法もあるんだ。景気が悪くなるときには金利は下がるのが原則だけど、実は債券の中には利回りが上がるものもあるんだ

へぇ～。いきなり言われても・・・これはまったくお手上げだわね

うん、まだこのテーマは話してなかったからね。ちょっぴり専門的だけど、でもそんなに難しくないからね

　金利は、実体経済の動きを先取りして動くっていうのは基本だよね。先行き景気が良くなりそうなときには金利が先行して上がるし、景気不安の兆しが出てくると途端に金利は下がる。

　ところで、ここで紹介したいのは単に金利が上がる、下がるってことじゃない。債券のなかでも信用力の高い会社などが発行した銘柄と、信用力が低い銘柄の利回りが正反対の動きをすることがあるってことなんだ。

　これから景気が思わしくない、あるいは社会不安が高まりそうなときには、信用力が低い企業が発行した債券（低格付け社債）の価格は下がる。事業の行き詰まりが懸念され、発行した社債が売られるためだ。つまり利回りは上昇するんだね。

　一方、信頼度が高い国債なんかは逆に利回りが下がる。なぜか。景気が悪化しそうだから、それを阻止するために先手を打って金融が緩和されると予想されるからだ。つまり、政策金利は下がる可能性が高い。それを見越して国債利回りも下がるからなんだ。

さて、じゃあどうなる？景気が後退しそうなときには格付けが低い債券（社債）の利回りは上がり、国債利回りは逆に下がるので、その利回り差（スプレッド）は拡大するんだ。

　期間が同じだと、もともと、低格付け社債利回りは国債利回りより高い。信頼度が低い社債は利回りが高くないと誰も買ってくれないからね。

　この手の債券はハイイールド債って言ったりする。高い利回りの債券って言う意味だね。

ハイイールド債スプレッド＝ハイイールド債利回り−国債利回り

　現実のデータで見てみようか。ほら、このスプレッドが広がるとちょっと遅れて破綻する企業が増えていることがはっきりわかる。2008年、2015年それに2020年もそうだね。いずれも景気が一時的にせよ悪化した時期だ。

　ハイイールド債に集中的に投資している投資信託の各種レポートなどには、必ずと言っていいほどこのデータが掲載されているから注意して見ておくといいよ。

図表10-7　米国ハイ・イールドスプレッド

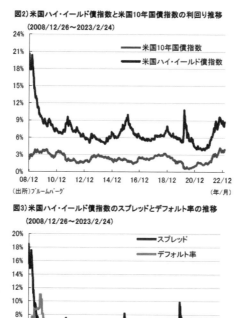

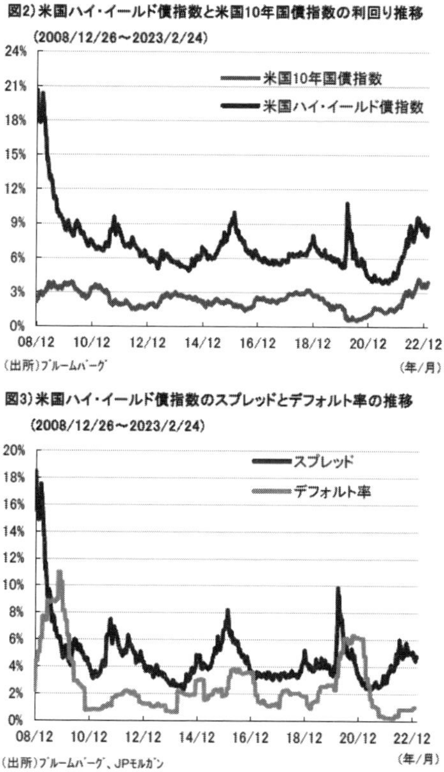

図2）米国ハイ・イールド債指数と米国10年国債指数の利回り推移
（2008/12/26～2023/2/24）
米国10年国債指数
米国ハイ・イールド債指数
24%
21%
18%
15%
12%
9%
6%
3%
0%
08/12
10/12
12/12
14/12
16/12
18/12
20/12
22/12
（出所）ブルームバーグ
（年/月）
図3）米国ハイ・イールド債指数のスプレッドとデフォルト率の推移
（2008/12/26～2023/2/24）
スプレッド
デフォルト率
20%
18%
16%
14%
12%
10%
8%
6%
4%
2%
0%
08/12
10/12
12/12
14/12
16/12
18/12
20/12
22/12
（出所）ブルームバーグ、JPモルガン
（年/月）

出典：週間市場情報（2023年２月20日～2023年２月24日）より（野村アセットマネジメント）
（https://www.nomura-am.co.jp/market/weekly/weekly_high_yield.pdf）

08 近い将来の物価の動きが予想できるBEI
=〈実践編〉金利差で物価の先行きを占う法=

景気もそうなんだけど、債券の金利を見ていれば、これからの物価の動きもある程度予想できるんだ

ええ、物価が上がってくると金利も上がるっていう理屈でしょ。たしか5章で習ったわね

うん、それもある。だけどここで話したいのは、物価の先行きをいち早くキャッチするためのちょっとテクニカルな金利の見方なんだ

「これから物価はどうなるの？」って専門家に聞いたとき、必ず持ち出されるのがBEIっていうデータだ。

これ「ブレーク　イーブン　インフレ率」の頭文字をとったものだけど、たとえば「BEIがじりじり上がってきているから、先行きの物価は上がるな」なんて言う。どういうことか。

ほとんどの債券は、固定金利でかつ満期に受け取れる金額は決まっている。額面100万円だったら、この100万円は変わらない。つまり、経済・金融情勢がどれだけ変わっても、満期になったときに受け取る金額は変わらない。

ところが、「物価連動国債」って言うのはちょっと違う。

BEIで将来のインフレ率が予想できるわけ

これは、文字どおり、物価の動きに合わせて満期時の払い戻し金額が変動するっていう国債なんだ。物価が上がれば払戻金額は多く、物価が下がれば少なくなる。

もともと固定金利で払い戻し金額が決まっている多くの債券は、インフレに弱いよね。いくら物価が上がっても、利子や満期時に払い戻される金額は

変わらないんだから、債券を持っている間にインフレが進むと、その実質的な価値はどんどん減る。

わが国では、第二次世界大戦中に戦費を賄うために戦時国債が多く発行されたけど、終戦直後の超インフレによってほとんど紙くずとなってしまった。

こんな欠点をカバーするために、工夫されたのが物価連動国債なんだ。これ、クーポンは変わらないけど、元本がインフレ率に連動して変動するんだ。もちろん、インフレが進めば増える。

さて、じゃあこれから物価が上昇しそうなとき、プロの投資家はどうすると思う?「通常の国債は目減りするから売ろう」と考えるけど逆に、「物価連動国債はインフレが進めば元本が増えるから得。買っておこう」ってなるよね。

そうすると、通常の国債は売られて利回りは上がり、逆に物価連動国債は買われて利回りが下がる。で、その利回り差が変動する。こうした点に目を付けたのが、BEIによるインフレ率予想テクニックなんだ。BEIは次の式で算出される。

「ブレーク・イーブン・インフレ率（BEI）」＝「固定金利国債利回り」－「物価連動国債利回り」

つまり、物価がどんどん上がると予想されるときには、「ブレーク・イーブン・インフレ率」は上昇するんだ。じゃあこれはどこで見ればいいのか?一番わかりやすいのはここだね。証券会社や銀行などのプロの投資家が、大量の債券の売り買いをするときの仲介役になっている日本相互証券って言う会社が公開しているサイトだ。

最近だと、2020年11月ごろから上り始め、翌2021年半ばから上がり方が急になっているね。つまり、このころから専門家の間では「どうやら物価は上がりそうだ」っていう予想が広がっていったんだ。実際、この時期から物価は上がり始めていた。ほらこれ、図2でわかるよね。

図表10-8-1　インフレ率の予想

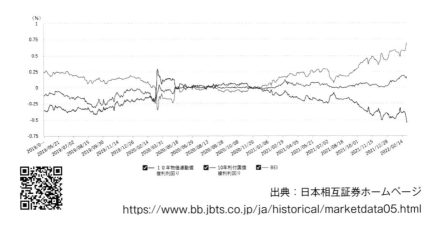

出典：日本相互証券ホームページ
https://www.bb.jbts.co.jp/ja/historical/marketdata05.html

図表10-8-2　日本インフレ率の推移

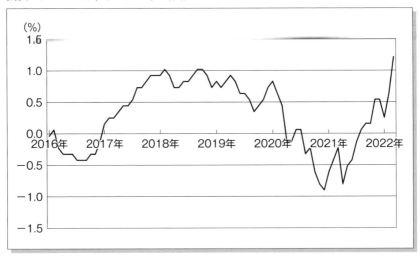

09 金利が上がるときは債券ファンドは売り？買い？
＝金利上昇期の債券ファンドの選び方 その1 ＝

このあたりで資産運用に役立つテーマを取り上げよう。預貯金だけじゃ物足りないと考え始めた個人が、最初に手を出すのが大体投資信託だ。とても種類が多いけど、株式はゼロでほとんど債券だけで運用されている投資信託もある

債券ファンドって言うのかしら。聞いたことがあるような気がするわ

うん。じゃあ、ここで問題ね。これから金利が上がっていくと、債券ファンドの価値は上がるかい、それとも下がるかい

このテーマは実は簡単そうに見えて、なかなか難しい。

多分、この本をここまで読んでこられた方なら、金利が上がると債券ファンドの価値は下がる、って思うんじゃないかな。だって、世の中の金利が上がり債券の利回りも上がれば、債券の価格は逆に下がるってことはしつこく説明したからね。だから、あらゆる債券ファンドは金利上昇期には買うもんじゃないって考えるよね。

でもね。必ずしもそうじゃないんだ。わかりいいように、極端な例を2つ取り上げてみよう。ホワイトボードにあるAとBだね。Aは10年債だけ、Bは1カ月のごく短期の債券だけで運用されている。

金利がどんどん上がっていったとするよ。これらのファンドの価値はどうなると思う？投資信託の価値は基準価額っていうんだけど、これは1口あたりの価値を示す。株価と同じようなものだね。

じゃあ、その基準価額はどうやって計算するか？運用されている資産のその時点での時価を基準に、ファンド全体の資産価値をはじき出し、それを口数（くちすう）で割るんだ。

ファンドA：運用の中身はすべて期間10年の債券
　　　　　金利上昇で10年債の価格は下落⇒ファンドの基準価
　　　　　額は下落
ファンドB：満期までが1カ月の債券だけで運用
　　　　　金利上昇で1カ月ごとに全債券を入れ替え⇒その都度
　　　　　金利収益は増加
　　　　　⇒ファンドの基準価額は上昇

　これでわかるよね。金利が上がれば10年の債券の時価は下がる。ということはファンドAの1口あたりの価値である基準価額は下がっていく。

　じゃあ、ファンドBはどうか？運用の中身は満期まで1カ月の債券だけだから金利が上がってもほとんど影響を受けない。ほら、債券は短期ほど価格の変動が小さいってことは話したよね。

　それどころか、ファンドBはほんの1カ月経てば持っている債券が全部満期になって元本が全額返ってくる。そこでそのお金で再び1カ月の債券を買う。ここがポイントなんだ。

　満期で戻ってきたお金を全額、1カ月の債券の買いにあてるんだけど、金利が上がっているわけだから、より高い金利の1カ月債券が買える。こうして1カ月ごとに、満期金をより高い金利の債券に投資しなおすことになる。そうするとどうなる？このファンドが稼ぐ収益はどんどん増えていく。

　これでわかったかい。そう、そのファンドが運用している債券の満期までの期間の違いで、損するか得するかはまったく逆になるんだ。つまり、金利が上がっていくときには、満期までの期間が短い債券を多く持っているファンドを選ぶのが鉄則だってことになる。

　期間がごく短い債券などで運用されているMRFがそれだ。海外だと外貨建てMMFっていう短期の金融資産だけで運用している投資信託がある。

外債ファンドを選ぶときには デュレーションに注意！

＝金利上昇期の債券ファンドの選び方 その2 ＝

第10章

〈実践編〉誰でもわかる金利予想と対策

第4章では、「金利上昇で長期の債券を持った金融機関が困る」って話したけど、個人の資金運用でもこの理屈はとっても大事なんだ。デュレーションって言ったよね

うん、覚えている。だけど個人は期間が違ういろんな債券は持ってないし、金利が上がったからといって債券を売ったり買ったりなんて、しないでしょ

いやいや、そうじゃない。海外の利回りが高い債券に投資する外債ファンドに投資している人は多い。こんな人は、ファンドが組み入れている債券の期間と利回りの関係がわかっていないとまずいんだ

　期間が長い債券の価格は大きく動くのでリスクが高い、っていうデュレーションの考え方なんだけど、これは個人投資家もぜひ知っておいてほしい。この本でもあちこちで話したけど、2022年、世界的に金利が上がってきている。

　個人でも日本の低金利に嫌気がさし、海外の高い利回りの債券を買っている人は多い。でも多くの場合、債券を直接買うんじゃなく、海外の高利回り債券で運用している投資信託を買うケースが圧倒的に多い。前項でも話した外債ファンドがそれだ。

　前に、2000年ごろ米国の国債を買ったあと利回りが上がったので、売りに来たお客がいたって話をしたよね（p116）。証券会社のお客で資産家と言われる人たちは債券そのものを買っていたんだけど、5万円とか10万円くらいの金額では海外の債券にはなかなか手が出ない。そこで、そんな投資家にも手が出せる海外の高利回り債券を組み入れた投資信託がたくさん売ら

れたんだ。投資信託だと１万円くらいから買えるからね。今でもこの種のファンドは多くある。

　そこで本題なんだけど、こんな外債ファンドに投資するとき絶対知っておかなければならないのがデュレーションの値なんだ。意味することは簡単だ。金利が上がったり下がったりするのに応じて、どのくらい値段が動くのかっていうのを、単純な１つの数字で示している。

　例に挙げたのは、2022年現在で結構お金を集めている外債ファンドなんだけど、デュレーションの項に8.0ってあるよね。これはこのファンドが抱えている債券全体の平均デュレーションで単位は年なんだけど、この数値が大きいほど、ファンドの基準価格の上げ下げが大きい。

　ほら「金利変動に対する債券価格の変動が大きい」って説明してあるだろう。つまり、金利が下がるときには、デュレーションの値が大きい方が値段は大きく上がるけど、逆に金利が上がるときの損失は大きい。

　デュレーションを決める一番大事なポイントは、実は第４章で話したとおりだ。つまり、期間が長い債券の方が価格の変化が大きいってことなんだ。期間が長い債券を多く組み入れて運用している投資信託ほど、この数値が大きい。この点は投資信託の販売員も説明しないことがあるので、必ずチェックするべきだよ。

　あ、なんでこの値の単位が年かって言うとね、これは投資元本を回収するにはそれだけの期間が必要だ、って言う意味なんだ。うん、詳しい説明は省略するけど、このデュレーションって言うのは「金利変動によってどれだけ価格が変動するか」って言うことに加え「元本回収に必要な期間」っていう意味もあるんだ。

■ポートフォリオ特性

	ファンド
最終利回り	0.8%
直接利回り	2.0%
デュレーション	8.0

・利回り、デュレーションは組入銘柄の純資産総額に対する比率で加重平均しています。
・最終利回りとは、個別債券等について満期まで保有した場合の複利利回りを示しています。
・直接利回りとは、個別債券等についての債券価格に対する受取利息の割合を示しています。
・デュレーションとは、金利変化に対する債券価格の感応度を示しています。デュレーションの値が大きいほど、金利変動に対する債券価格の変動が大きくなる傾向があります。
・利回りはファンドの将来の運用成果を保証するものではありません。

　　出典：「eMAXIS Slim 先進国債券インデックス」（三菱UFJ国際投信）の月次
報告書より（http://doc.wam.abic.co.jp/ap02rs/contents/pdf/0331A172_m.pdf）

11 米先行利上げで必須の円安対策
=〈実践編〉金利上昇期の資産運用の勘所=

2022年現在、世界を見渡せばすでに金利がどんどん上がり始めているんだけど、気にとめておいてほしい大事なことがもう1つある。円相場の行方だ。世界的に金利が上がるなかで、しばらくは円安が進みそうなんだ

だって、日本も米国など海外と同じように金利が上がれば、特に為替には影響しないと思うんだけど

そう、くしくも君が言ったように、日本も同じように金利が上がればね。でも日本の金利は、少なくとも米国ほどには上がらない可能性が高い。なぜだろうね

　第5章で金利が動けばどうなるかって説明したとき、内外金利差が拡大すると円安が進むって言ったよね。いや、もう少し一般的に言うと、金利が高くなった国の通貨が買われて為替相場は高くなるってね。これは直感的に理解してもらったはずだ。

　この本でも何カ所かで触れてきたけど、2022年7月現在、すでに海外では金利が相当上がってきている。米国の政策金利は2022年3月から上がり始めて、年内に5〜6回、それまで0%の金利は年末には3.25〜3.5%になると予想されているんだ。

　じゃあここで、今まで米国と日本の政策金利がどんな風に動いてきたかを振り返っておこう。図表10-11-1（p319）でとりあえず、政策金利の動きだけに着目してほしい。

　この間に利上げがあったのは5回だ。でも、どの時期でも米国の利上げが先行し、日本はそれを追っかけるように金利を上げているよね。それもわず

かだ。

　2016年からは米国は利上げしているけど、日本は追随していない。さて
そこで何が起こったか？

　すぐあとの為替のグラフを見れば一目瞭然だ。米国が先行して利上げした
ときには、例外なく円安が進んでいる。これは第5章で話した理屈どおりだ
ね。金利が高い通貨が買われて高くなるのが原則なんだから。

　さて、じゃあこれからどうなるかだ。2022年7月時点で判断する限り、
これまでのように米国が先行してさらに利上げするものの、しばらく日本の
政策金利は動かないとみられているんだ。

　理由は簡単だ。米国ほど物価は上がっていないし、景気も米国ほどはよく
ない。成長率も低い。だから金利を上げられないんだ。

　ちなみに、2021年のインフレ率は米国が4.7％、日本は－0.2％だ。経済
成長率でみても米国は5.7％だけど、日本は1.7％だ。

　日本は、物価もあまり上がっていないし景気も良くないんだから、おいそ
れとは利上げできない。金利を上げれば、景気はさらに悪化することは目に
見えているからね。だったらどうなる？日本と米国の金利差が開くよね。そ
したら、円安が進むのはあたり前だ。

　ということは、しばらくは資産を運用するにしても、円安を前提に考えて
おいたほうがいい。つまり、外貨建て資産での運用にウェイトをかけるのが
基本ってわけだ。

　米国の金利がさらに上がり、円安が予想されるんだから、リスクをあまり
取らないんだったら、ドル建てMMFなんかが有力な選択肢だね。

　これは、ごく短期のドル建て金融商品で運用されるから、金利が上がって
いくときには短期間でドンドン新しく、より高い金利の資産を組み入れてい
くため、収益も上がっていく。そして同時にドル高・円安が進むと、為替差
益も得られるっていうわけだ。

※外貨建てMMF：マネーマーケットファンド。MRFよりは多少長めの債券、金融
　資産で運用される投資信託。ドルやユーロといった外貨建てで運用される。外
　貨基準でのファンドの価値の変動は小さいが、為替リスクはある。MRF同様、
　解約手数料はゼロ。外貨預金より断然為替コストが安い。

図表10-11-1　日本に先行して利上げを行う米国

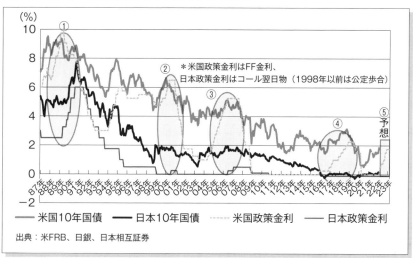

米国10年国債　日本10年国債　米国政策金利　日本政策金利

出典：米FRB、日銀、日本相互証券

図表10-11-2　ドル円相場の推移

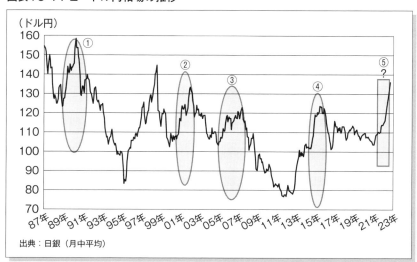

出典：日銀（月中平均）

12 米国は利上げでも日本はできないこれだけの理由
＝なぜ日本の金利は常に米国より低いのか その1 ＝

前項で、米国は利上げ、でも日本はできないといったね。もちろんそれには理由がある

えっ？日本はそれほど物価も上がっていないし、成長率も低いから利上げできない、っていう説明だったわ

そうだね。じゃあ、なぜ日本の物価はあまり上がっていないんだろうね

　順に話していこうか。実は、日本の金利はこれまでほぼ世界最低水準だった、といえば驚くかな。過去50年以上を振り返っても、日本の金利は常に米国など海外の金利より低かったと言い切っていいんだ。

　こういうと気が付く人がいるかもしれない。ドルなどの外貨預金は常に日本の預金金利より高いっていうイメージを持っている人が多いと思う。日本の預金金利は少なくとも過去30年間世界最低だ。

　もちろん、金融政策の基本になる政策金利もそうだし、期間10年の国債の利回りもそうだ。どの時期でも米国の方が高かった。

　グラフを見てもらおうか。ほら、日本の金利は常に米国より低いよね。ここでは米国だけしか取り上げなかったけど、世界各国の政策金利を並べてみても同じだし、国債などの利回りでもほぼ同じ傾向なんだ。もちろん、それにはちゃんとワケがある。

　ここで思い出してほしいのが「金利は一体何で決まるんだ」ってことだ。5章で説明したけど、まずは物価が動けば金利が動くっていう関係だったね。金利を見る場合、まず物価からの影響が一番大事だ。

　じゃあ、日本と米国の物価の動きを見てみようか。図表10-12-2でわか

図表10-12-1　常に米国より低かった日本の金利

図表10-12-2　日米インフレ率の推移

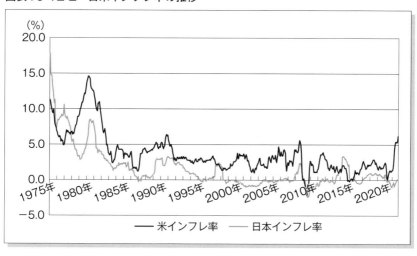

るとおり、日本の物価上昇率のほうが常に低い。これは過去30年くらい、日本は世界でも最もデフレの程度がひどかったという私たちの経験に照らしてもわかるよね。

　では、なぜ日本は米国よりインフレ率が低かったのか。ここで思い出して

ほしいのが「物価は需要と供給のバランスで決まる」ってことだ。「生産と消費」といった方が分かりやすいかな？

ここまでくればわかるよね。生産と消費とのバランスが日米ではまるきり反対なんだ。

日本は供給＞需要、米国は供給＜需要

日本では、企業からの製品の供給が需要を上回っている。しかし、逆に米国では需要が企業の供給を上回っている。米国では、国内消費を賄うだけの量が生産できていないんだ。だから物価は上がりがちだ。何しろ、売りより買いの方が常に多いんだから。

ともあれ、需要が相対的に強い米国ではインフレ率が高く、日本では低いのは経済の原理から見てあたり前だったんだね。この状態はまだまだ続きそうだ。つまり、日本は米国なんかより金利が低い状態がこれからも続くってことだ。

ただし、「日本金利＜米国金利」の状態だと、常に円安に動くわけじゃないことには注意が必要だよ。

たとえば「米国金利―日本の金利＝３％」で「１ドル＝130円」だったとする。このときには、「金利差３％」と「１ドル＝130円」が釣り合っているんだ。だから金利差が２％になれば、円高が進むし、逆に差が広がって3.5％～４％になってくれば、円安が進むと見るのが基本だね。

つまり、「金利差がどう動くか」が円高、円安を決めるんだ（この項つづく）。

13 日本は経常収支が黒字 vs 米国は赤字
＝なぜ日本の金利は常に米国より低いのか その2 ＝

　日本の金利が米国なんかに比べて常に低かったことについては、違った説明もできる。

　キーワードは「経常収支（けいじょうしゅうし）」だ。日本が海外との間でいろんな経済取引をした結果、得たお金と支払ったお金のバランスだね。これを総合的に示すのが経常収支なんだけど、日本は受け入れるお金の方が多い。こんなのを経常収支が「黒字」って言う。

　日本が海外と行う経済取引といってもモノのやり取り、つまり貿易だけじゃない。日本人が海外旅行すれば現地で買い物をし、鉄道・航空運賃を払い、宿泊する。あるいは、米国の会社が持っている特許を使えば特許使用料を払う。これらのお金は海外の会社に払われるんだよね。お金が日本から出ていくわけだ。

　一方、日本の会社が米国に設立した支社で稼いだお金が、日本の本店に送られる。この場合、海外からお金が日本に持ち込まれる。

　こんな様々なルートを通じたお金の流れ全体をまとめた統計が「経常収支」だ。黒字だと差し引き受け取ったお金が多い状態だ。海外に支払ったお金の方が多いと「赤字」ってわけだ。日本はこれがほとんど黒字だったんだ。

　高度経済成長を成し遂げた1960年代以降、自動車、電機、機械、精密等日本の製品は世界中に輸出されて巨額の貿易黒字を稼いでいたし、今は海外に進出した多くのメーカーが海外で稼いだ利益が配当として毎年大量に日本に持ち込まれている。

米国の経常収支ランキングはなんと最下位

　表は2020年の経常収支を各国別に並べたものだ。ほら、日本は中国、ドイツの次で3位だ。それに引き換え米国はなんと最下位だ。10年前くらい

図表10-13-1　2020年　各国の経常収支

順位	名称	単位: 10億USドル
1位	中国	273.98
2位	ドイツ	266.97
3位	日本	164.40
4位	台湾	95.10
5位	韓国	75.28
6位	イタリア	66.86
7位	オランダ	63.72
8位	シンガポール	59.78
9位	オーストラリア	36.21
10位	ロシア	36.11
〰〰〰	〰〰〰	〰〰〰
191位	フランス	−49.85
192位	イギリス	−100.61
193位	アメリカ	−616.10

出典：IMF - World Economic Outlook Databases
（2021年10月版）

までさかのぼってみても似たようなもんだ。

　米国は、海外からいろんなものを大量に輸入している。しかし、輸出はそれには到底及ばない。その結果、毎年大量のドルが世界に流出し続けているんだよね。つまり、国内にとどまっているお金が減る。お金が減れば取り合いになるから金利が上がるのが原則だ。

　逆に日本は経常収支が「黒字」だから、海外から受け取るお金が多い。って言うことは何を意味すると思う？日本には、常に巨額のお金が流れ込んでいる状態なんだ。

　ここまで言うとわかるよね。日本国全体としてはお金が余っている。とい

図表10-13-2　日米の経常収支の推移（金額）

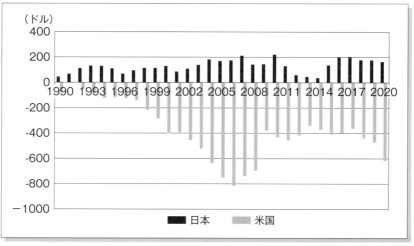

出典：国際通貨基金のデータより

うことは、金利は低いに決まっている。お金の量が多いってことは、借りる人より貸す人が多いってことだ。こんな状態では金利が低くなるのがあたり前だ。

　話をちょっと変えるね。投資信託で昔から売れ筋の１つが、海外債券ファンドだけど、とくに新興国の債券に投資するのが人気だ。ブラジルとかトルコがその代表だ。理由は簡単。金利が高いからね。

　これらの国はまだ産業が発展途上だから輸出より、輸入の方が断然多い。だから、経常収支が赤字で国内にはお金がない。だからみんながお金を取り合うため、金利が高くなるっていうわけなんだ。

なぜベンチマークからかい離
していくのか？
＝〈実践編〉あなたの直感を裏切るブルベア型ファンドにご注意＝

金利そのものの話ではないんだけど、資産価値の変化率というテーマではちょっと面白い話がある

そういえば、第1章の最後のコラムなんかで、企業業績が毎年10％アップ、10％ダウンを繰り返していけばどうなるか、って話があったわね

ああ、よく覚えていたね。ここで紹介しようと思うのはそのテーマにちょっと似ている

　その昔、投資家が金利のことを正しく知らなかったために、ちょっとした事件が起こったことがあるんだ。ある投資信託を買った人が想定外の損をして、証券会社に猛烈に抗議、ちょっとした騒ぎになった。2000年台初頭のころだ。あまり知られていない話だけど、大事なことなので紹介しておこう。

　ここに、日経平均株価の動きとはちょうど逆に動く投資信託があるとしよう。先物とかオプション取引などのデリバティブっていう金融技術を使っているんだね。1日ごとに、日経平均が5％下がれば逆に価格が5％上がるように設計されている。1日刻みで見ると、日経平均とはちょうど逆の値動きをするわけだ。つまり、これから相場が下げるって思っている人の期待に応えられるってところがミソなんだね。
　ところが、この手のファンドを正しく理解していない人が多かったため、問題になった。
　毎日、日経平均とまったく逆に動くっていうようにルールどおりに運用されているんだったら、問題は起きないと思うよね。でもそうじゃなかった。
　例示してみよう。わかりやすいように、最初1万円だった日経平均が1日

図表10-14　ブルベアファンドの不思議

	スタート時	1日目	2日目	3日目	4日目	通期
日経平均株価の前日比		5%	−10%	8%	−15%	
日経平均株価	10,000	10,500	9,450	10,206	8,675	-13.25%
マイナス1倍型（ベア）ファンド	10,000	9,500	10,450	9,614	11,056	11.06%
プラス2倍型（ブル）ファンド	10,000	11,000	8,800	10,208	7,145	-28.55%

目には5％上がり、次の日には10％下がり、3日目には8％上がり、4日目には15％下がったとする。4日目には日経平均は8675円になっている。つまり、13.25％下がった。

　じゃあ、スタート時にやはり1万円だったこの投資信託の価格はいくらになっていると思う？　日経平均とはまったく逆に動いているはずだから、直感的に逆に13.25％上がって1万1325円になっていると思うだろう。でも違うんだ。

　図表10-14の「マイナス1倍型（ベア）ファンド」でわかるとおり1万1,056円だ。これじゃもめるでしょ。だって、日経平均は13.25％下がっているんだよ。でもこのファンドの価格は10％ちょっとしか上がっていない。「こんなはずじゃない！」ってなるよね。

　さらに、このままほっておくと、その後も「日経平均の動きとはちょうど逆」と考えていたイメージから、どんどん離れていく。差が広がるんだね。こんな風にして1年たったころには日経平均が20％下がっているのに、この投資信託の価格は3％しか上がっていないって可能性も大いにある。

　これは、マイナス1倍型っていうファンドだけど、同じ方向で2倍の率で連動するっていうタイプもある。これだったらどうなるか。表のいちばん下がそれだ。

　4日目には7,145円になっているね。つまり、スタートから28.5％下がっている。日経平均は13.25％下がってるのに、ファンドの価格はその2倍の26.5％以上下がっている。

そう。ファンドの価格は「逆の方向で同じ比率で連動する」とか、「同じ方向で2倍の比率で連動」っていう直感的なイメージを明らかに裏切っているんだ。1日ごとにはたしかにそのとおり動いている。でも、期間がたつとイメージした価格からドンドン乖離していく。

　「だって、そのあたりの事情はちゃんと分かったうえで、買ったんでしょ」って思うかもしれない。ところがどうもそうじゃなかった。日が経つにつれ、こんな風に値段がドンドン下に引っ張られていくことについて苦情が相次いだんだ。証券会社や銀行の販売者できちんと説明している人は少なかった。だから「そんなことは聞いていない」ってなったんだ。

　こんなのをブルベア型のファンドって言うんだけど、基準にするベンチマーク、以上の例だと日経平均株価だね、これに対してプラス1,2,3倍とかマイナス1,2,3倍型なんかがある。
　でも長期で見て、ベンチマークと同じように価格が動くのは、プラス1倍のモノだけなんだ。それ以外は、どんどん価格は下方に乖離していく。この点は絶対にチェックしておくべきだよ。
　　*ブルベア型ファンド：投資信託の一種。基準（ベンチマーク）とする指標と同じ方向で価格が動くように設計されているものがブル型（強気型）、逆に動くような仕組みのファンドがベア型（弱気型）と呼ばれる。

　もっとも、長期で見ても一方方向で動くときには、直感的なイメージどおりに「マイナス1倍」とか「プラス2倍」になるんだけどね。でも、長期的に相場が一方方向で動くなんてことはまずない。上がったり下がったりしながら動くのに決まっている。
　今でもこの理屈が分からず、ブルベア型のファンドを買っている人がいるんじゃないかな？

苦あれば楽あり/義務あれば権利あり

=バランスシートの考え方で金利を上手に使う法 その1

 本書もそろそろ終盤戦だ。ここで家計の立場から金利を上手に利用するコツを2つ3つ紹介しておこうか

 そうね。これまでもリボ払いの内容なんかも習ったけどね

 うん。ここでは家計の現状をバランスシートとして把握すると、金利の考え方がとても役立つって話をしたいんだ

　バランスシート。これ企業会計では一番基本になる概念だ。シート上に記された2つの数字がバランスしているってこと。つまり「そのお金はどこから来たか」と「今そのお金はどんな状態にあるか」っていう2つはシーソーのようにバランスがとれている。言い換えると、何らかの経済的な価値のある財産を持っていれば、その裏にはそれ相当のコストが支払われたはずなんだ。

　感覚的に言ったほうがわかりやすいかもね。「苦あれば楽あり」であり「表があれば裏がある」と言ってもいい。それを具体的な数値で示したものがバランスシートだ。

　ごく単純な例で家計のバランスシートを考えてみよう。

　この家計は、預貯金が400万円、家屋・不動産の評価額が2,600万円、計3,000万円の資産を持つ。バランスシートの考え方から言うと、この資産はどこからか突然もたらされたものじゃない。何らかの対価を払ったうえで得られたものだ。この家計では2,000万円の借り入れがある。つまり、2,000万円の借り入れが3,000万円の資産の裏側にあるんだ。

　バランスシートをわかりやすく言うと、右半分の「負債の部」は「どんなふうにしてお金を調達したか」を示している。「払わなければならないコス

図表10-15-1　バランスシート例

資産の部		負債の部	
現預金	400	借入れ	2000
固定資産	2600	純資産	1000
合計	3000	合計	3000

図表10-15-2　信用度が高い債券と信用度が低い企業の債券

信用度が高い国の債券：リスクが低い ⇔バランスしている 利回りが低い

信用度が低い企業の債券：リスクが高い ⇔バランスしている 利回りが高い

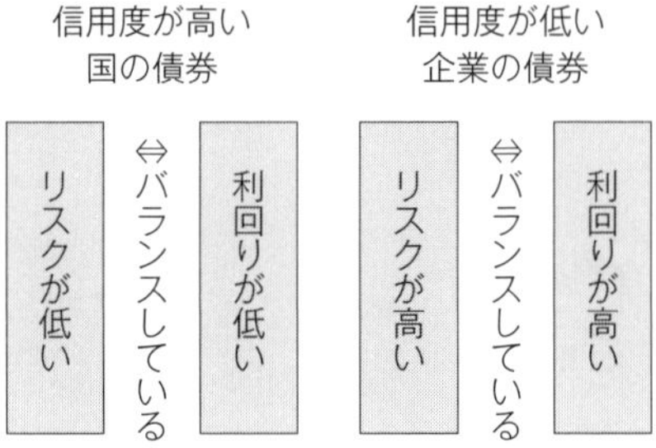

ト」と言ってもいい。左半分の「資産の部」は手元にあるお金をどんな形で所有しているかだ。

　そして，資産から負債を引いたものが，その家計が持っている純粋な資産ってわけだ。これを純資産って言う。企業の場合には資本にあたるものだね。こんな風に整理してみると，この家計の財務状況が一目瞭然だ。

　実はこのバランスシートの考え方は，経済・金融を語るうえでのキーワードである裁定という考え方に似ている。たとえば2つ以上の運用商品がある場合，リスクの程度が同じなら収益（リターン）はほぼ同じレベルになるはずだ。リスクとリターンはバランスしている。

　信用力が高い国が発行する国債の利回りは低く，信用度が低い企業の債券利回りは高いのはあたり前だ。つまり，国債では「リスクが低い」と「利回りが低い」がバランスしており，二流・三流の企業の債券は「リスクが高い」代わりに「利回りが高い」。

　バランスシートの話に戻るよ。右半分の借金は負債だ。負債だから「（返済するという）義務を果たさなければならない」ということだね。

　これに対して左の「資産」は（それを用いて）「（何かをする）権利を持つ」ということ。そしてそれがバランスしている。こんな風に言うと，権利を行使するためには義務を果たす必要がある，という考え方とまったく同じだとわかる。

16 ローンの繰り上げ返済が有効である理由
＝バランスシートの考え方で金利を上手に使う法 その2

前項では一切金利の話は出てこなかったね。ではここで金利の問題を考えてみよう

え、バランスシート上で金利の考え方を使うってわけ？ちょっとイメージがわかないんだけど

そうかなあ？だって、このバランスシート表には、必ず金利がついて回る項目があるだろう

多くの読者は気づかれたと思うが、前項のバランスシート表のうち、「預貯金」と「借り入れ」には必ず金利がついて回る。たとえば「預貯金」の利率を0.001％で借り入れの利率を3％としよう。借り入れは住宅ローンを想定すればいい。

さあ、ここでお金の運用にあたる「預貯金」と、調達である「借り入れ」を合わせて考えると、何か気づくことはないかな？400万円の預貯金は0.001％の利息しか手に入らないのに、2,000万円のローンには年3％もの利息を払っているんだ。こんな状態で良いんだろうかね？なんか損してない？

そう。借り入れと運用を全体としてみれば、この状態は褒められた話じゃないってことはわかる。計算してみると、年に受け取る預貯金の利息は40円（税引き前）で、ローンの支払利息は60万円だ。つまり、差し引き59万9,960円の支払い超だね。

企業だったらこんな状態を続けることはまずない。必要なお金は預貯金で確保するのは当然として、借入れを減らして利息支払いを減らすに決まっている。

図表10-16　バランスシートと損益計算書の改善

①バランスシートの改善

資産の部		負債の部	
現預金	400	借入れ	2000
（利率0.001％）		（利率3％）	
利息：40円		利息60万円	
固定資産			
	2600	純資産	1000
合計　3000		合計　3000	

⇒

資産の部		負債の部	
現預金	50	借入れ	1650
（利率0.001％）		（利率3％）	
利息：5円		利息49.5万円	
固定資産			
		純資産	1200
合計		合計	

②損益計算書の改善

受取利息	支払利息
40円	60万円

受取利息	支払利息
5円	49.5万円

0.001％を捨てて３％をとるとどうなる？

　たとえば、400万円の預貯金のうち350万円をローンの返済に回せばどうなるか。預貯金は50万円だから利息は５円ぽっちりになる。話していて情けなくなる金額だね（笑）。一方、ローンの支払い利息は49万5,000円に劇的に減る。実は、こんな簡単なことに気づいていない家計が結構多い。

　2022年、世界的に金利が急速に上がり始めているけれど、日本ではまだ低金利時代が続く可能性が高い。なにしろ、インフレだといっても９％前後の欧米なんかに比べると日本は２％ちょっととまだ低い。景気は世界でほとんど最下位レベルだからね。預貯金金利が上がる状況ではない。

　とすれば、たとえば住宅ローンのある家庭だと、金利ゼロの預貯金はできるだけ減らして、それをローンの返済に充てることがおすすめだ。マイナス金利のローンを減らすってことは「－」×「－」＝「＋」なんだからね。

17 前もって支払えば有利なのはなぜなのか？

＝一括前納で有利な割引制度を利用する

唐突だけど、君の兄さんはたしかイラストレーターだったよね？ということは自営業だから、年金は国民年金保険に入っているのかな」

ええ。たしか毎月1万6,000円くらい払うたびに「これ結構馬鹿にならないよな」「毎年上がっていくしな」ってぶつくさ言ってるわ」

たしかに。だったら1年分を一括で前払いするとそれなりに割引が受けられることを話してみたらどうかな？これを利用すると、下手な運用するよりずっと有利だよ

　前項で話したのは、預貯金の一部を負債の返済に充て、トータルでの利息支払いを減らすという方法だった。つまり、支払いを減らすのがポイントなんだ。

　実は、支払いを減らすためにほかにも使える手がある。それが「分割で払うんじゃなく、一括前納割引を利用する」という方法なんだ。

　国民年金保険料のほか、生命保険料、NHKの受信料なども一括前納するとそれなりに割り引かれるって言う制度があるんだけど、結構知らない人が多いんだよね。

　改めて調べてみたんだけど、2022年度の国民年金保険料は月額1万6,590円。12か月払い込めば総額は19万9,080円。これを年度初めに一括して支払うと、19万4,910円でOKだ（口座振替扱い）。

　つまり、4,170円割り引かれたことになる。これ、0.25カ月分の割引だね。割引率自体はたいしたことないけれど、金額が多いだけに4,170円っていうのは大きい。

運用チャンスを相手に譲る対価が割引きである

じゃあ、なぜ割り引かれるんだと思う？航空機のチケットだと「早割」とか「特割」って言うのがあるけど、これは早めに購入手続きを行うと割引料金が適用されるってやつだ。ここで言っている前納割引とはちょっと違うからね（笑）。

年金保険料を前もって払うということは、払う側にしてみれば、お金を運用するチャンスを放棄するってことだ。逆に保険料を受け取る国からみれば「前もって払ってもらっているので、そのお金を運用するチャンスを得た」ってことになる。

つまり、お金を運用するチャンスを相手に譲り渡す対価として、割り引かれるんだね。国が運用して得られたであろう利息分が、保険料を支払った人に還元されると考えてもいい。

ということは、保険料が割り引かれるってことは、実質的にはお金を運用したことになるんだ。

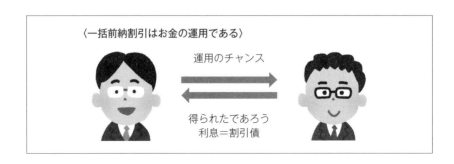

〈一括前納割引はお金の運用である〉

運用のチャンス

得られたであろう
利息＝割引債

これはまさに金利の問題だね。じゃあこのとき、実質的にいくらの金利で運用していたことになるんだろうね？（この項続く）

18 各種保険料、NHK受信料は毎月払いにするな
＝一括前納で有利な割引制度を利用する その2

　こんなとき、一括払いでも分割払いでも損得は同じ状態を想定するんだ。

　国民年金の例で話すね。ここに19万4,910円あるとする。このお金で1年間の保険料を払うには2つの方法がある。1つ目の方法は一括支払いしてジエンド。むこう1年間支払う必要はない。

　2つ目は、自分で運用しながら払っていくという方法だ。19万4,910円からまず当月分の保険料1万6590円を払う。17万8320円残る。そしてこの17万8320円を次の支払いまでの1か月間、x%で運用する。17万8320円プラスαとなるね。そしてここから2回目の保険料1万6590円を支払う。そして残ったお金をさらに1か月間x%で運用する。こんな風に残ったお金を1か月ごとにx%で運用していくんだ。

　こうして、12回目の保険料1万6590円を支払えば残額がゼロになったとする。このときxはいくらかを計算すればいいんだ。4.65%だってわかる。エクセル等の表計算ソフトを利用すると簡単だよ。

　これ、何を意味しているか分かるかい？そう。4.65%以下でしか運用できないんだったら、最初に19万4,910円を一括前納した方が得だってことだ。4.65%以下の運用だと、最後の12回目の支払い時に1万6,590円以下のお金しか残らない。つまり、一括前納で4,170円割り引かれるってことは、実質的に4.65%でお金を運用したことに等しいんだ。

　今のご時世、リスクをとらずに4.65%でお金を運用することなどできっこないよね。でもこれは、国がこの割引を保証しているんだからリスクゼロの運用だ。低金利時代が続く限り、これは有利だ。

　ちなみに、4.65%で運用しながら毎月1万6,590円を12回払い続けたときのシミュレーションを表で示しておくね。最後は3円余ったけど、まあこれは愛嬌だ。

　一括前納すると割り引かれるものはほかにもある。NHKの受信料などもそうだ。口座振替扱いだと1カ月2,170円の受信料が2カ月ごとに口座から

図表10-18-1　一括前納（＝資産運用の経済効果）

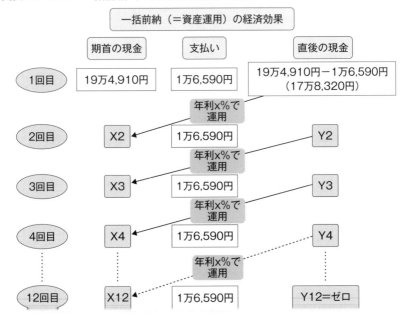

図表10-18-2　国民年金保険料の一括前納効果を計る

回次（月数）	支払直前の元本	毎回次の支払額	支払直後の元本
1	194,910	16,590	178,320
2	179,011	16,590	162,421
3	163,050	16,590	146,460
9	65,979	16,590	49,389
10	49,581	16,590	32,991
11	33,119	16,590	16,529
12	16,593	16,590	3

＊毎月、保険料支払後のお金を1カ月、年率4.65％で運用し続けていった場合

引き落とされ、年間では2万6,040円だ。でも一括前納すると2万4,185円でOKだ。この1,855円の割引額は0.85カ月分に相当する。

　また、ある大手の損保会社では軽自動車の任意保険が月3,100円（年3万7,200円）だけど、一括前納だと3万5,400円と0.58カ月分の割引だ。

逆イールドが逆に？ 景気を悪化させる

　本章では「先行き景気が悪くなりそう」だから「長短金利が逆転する（逆イールド）」って説明してきた。でもこれとは逆に、「逆イールドになる」から「景気が悪くなる」というメカニズムも働くことに留意しておいてほしい。

　銀行などはたいてい、預金などで短い資金を調達して、長い期間貸すという業務を行っている。ほとんどの時期には短期より長期の金利の方が高いからね。これで収益が稼げるわけだ。

　しかし短期金利より長期金利が低いという逆イールドになると、高い短期金利で調達して、低い長期金利で貸し出さざるを得ない。これじゃやっていけない。つまり銀行の収益が減るんだね。

　銀行はそれを避けようとして貸し出しを渋る。そうすると企業は借り入れが難しくなる。これは明らかに景気にはマイナスだね。

　つまり「景気悪化」⇒「逆イールド」という方向だけじゃなく、その逆の「逆イールド」⇒「景気悪化」っていうメカニズムも働くんだ。

```
景気悪化　⇔　逆イールド
```

巻末付録①

〈実践編〉財務係数表を使いこなす

01 お金の運用⇒ 回収のパターンは3つだけ！

本編では金利についてのいろんなことを学んでもらった。ここではまとめとして、お金の運用と回収にはどんなパターンがあるかってことを再現してみよう

パターンって？これまでに習った運用のパターンって言えば、単利運用と複利運用くらいしか思いつかないんだけど

運用だけではなく、それを回収する場合も含めると、いくつかの基本的な形があるんだ。これは特に、長期にわたる住宅ローン利用とかライフプランなどを作るときにとても役に立つんだ

　お金の運用だけを考えても、一括で運用するだけじゃなく、積み立てていくスタイルもある。また、運用したお金をその後どんなふうに回収していくかってことも視野に入れる必要があるよね。たとえば、年金以外に収入がない人にとっては、運用しながらそれを取り崩していくタイプが一般的だ。

　運用には一括と積立があり、お金の回収に際しては一括で払い戻すときと、定期的に取り崩していくタイプがある。基本的にはお金の運用と回収はこの組み合わせなんだ。
　ということは、お金の運用ならびに回収（取り崩し）を巡るパターンはこれらの組み合わせだから、形の上では4つのパターンしかないことがわかるよね。

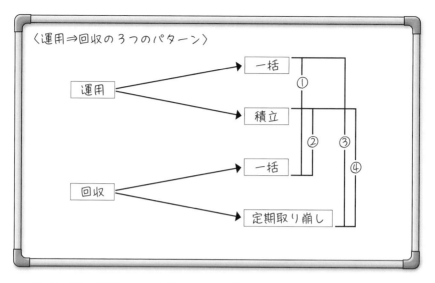

それは「①一括運用⇒一括払い戻し」「②積立運用⇒一括払い戻し」「③一括運用⇒定期取り崩し」「④積立運用⇒定期取り崩し」だ。

ただし、最後の「④積立運用⇒定期取り崩し」は現実的じゃない。一方で積み立てながら、同時に定期的に貯蓄を取り崩すなんてことは普通しないからね。

ということは、結局3つのパターンしかないってことになる。

①の「一括運用⇒一括払い戻し」。これは一番単純な運用⇒回収スタイルだ。次の②「積立運用⇒一括払い戻し」。これも誰でもあたり前にやってることだね。特に若い時期には積立運用を続けていくのが貯蓄・投資の基本になる。

③の「一括運用/定期取り崩し」。これは年金生活の場合の基本だね。たとえば退職金などのまとまったお金を預けて運用しつつ、そこから毎月いくらかのお金を取り崩していくっていうスタイルがこれだ。そして、あらかじめ設定したある時期に、たとえばゼロになるように設計する。

じゃあ、現実にはこれらのいくつかの運用と回収を巡るいくつかのパターンでどんな金利計算が必要になるか？これを、次の項で話していくことにしようか。

金利・利回り計算とは
５つの数値の関係式である

 じゃあ、実際にマネープランを作るときに、どんな場面で金利の計算が必要になってくるかを考えてみようか？

 これまでに習ったことだと、住宅ローンやカードローンなんかでローン金額と利率と期間から、返済金額を知りたいときなどに金利の計算が必要ってことはわかったわ

 そうだね。利率がちょっと変わっただけで返済金額は相当違ったよね。

　お金をコントロールしようとすると、いろんなパターンがあることがわかる。将来にわたってのお金の設計（ライフプラン）を考え始めると、次のような疑問が浮かぶはずだね。

❶「1400万円の退職金を向こう20年、２％で運用しながら使い切るとすれば、毎年いくら取り崩せるか」

❷「毎年30万円ずつ積み立てていけば、15年先には元利合計はいくらか。利率が２％のときと３％のときとどれだけ違うか」

❸「10年先に100万円を貯めたい。運用利率を2.5％とすると毎年いくら積み立てていく必要があるか」

❹「公的年金では不足するので65歳以降向こう20年間にわたって月３万円（毎年36万円）ずつ資産を取り崩していく。このときば65歳時点でいくらの原資があればいいか。運用利率が年２％のときと５％のときと、どれくらい違うのかな」

❺「3500万円の30年住宅ローンを組みたい。金利が２％のときと2.5％の時では支払総額はどれだけ違うんだろう？」

こんなときに、金利に絡んだ計算が必要になってくるんだけど、実はこれらの問題をいくつかの要素に分解してみると、とてもわかりやすい。実は金利、利回り計算とは、次の５つの条件のうち３つが与えられていて１つの未知数を求めるということにほかならないんだ。

> **金利計算・５つの要素**
> ①元本（元金）
> ②金利（利率）
> ③期間（返済あるいは取崩回数）
> ④元利合計
> ⑤定期的な取崩し金額あるいは返済金額

４つの数から１つの未知数を計算する

たとえば、❶だったら①元本、②金利、③期間が与えられていて、⑤定期的な取り崩し金額あるいは返済金額を求めるっていう問題だよ。

❷は単純な積立計算だね。つまり、①元本、②金利、③期間がわかっていて④元利合計を求めるっていうものだ。

❸は❷とは同じ積立運用のパターンだけど逆だね。②金利、③期間、④元利合計が与えられていて、①元本を計算するっていうやつだ。

じゃあ、❹はどうかな？これは②金利③期間⑤取り崩し金額がわかっていて①元本を求めるものだ。

❺は①元本②金利③期間が与えられ、④元利合計を求めるっていうパターンだ。

だとしたら、こんないくつかのパターンごとに、金利や元利合計や元金などがあらかじめ計算されているテーブル（一覧表）があれば便利だよね。それが財務係数表ってやつなんだ。

03 利率、期間、元本の関係が直感的にわかるのが財務係数表（テーブル）

ただ、ここで「今はネット上でもいろんな計算シミュレーションが公開されているから、もうこんな一覧表は必要じゃないんじゃない」っていう人がいる。これ、あるファイナンシャルプランナーが集まるFacebookのコミュニティに書き込まれていた

そういえば、住宅ローンの計算のところ（p254）でいくつかの計算サイトを紹介してもらったわね

そう。たしかにピンポイントでその計算だけをするんだったらそれでもOKだ。でもこの財務係数表はマネープランを作成するときにはとても役に立つんだ

　実際にプランを立てるときには、「利率が違えば毎月の返済金額がどれだけ違うのか」とか「20年返済ではなく25年に延長すると、毎月の返済額はどれだけ軽くなるか」っていう疑問に答えたいことがある。

　こんなときにはピンポイントで1つの解を知るという計算シミュレーションより、この数表のほうが直感的にわかりやすい。一覧表になっているとその違いがすぐわかるからね。

　ここでちょっと復習なんだけど、運用、回収についての基本パターン3つを改めて整理しておくね。

❶ 一括運用・一括払戻し

　「100万円を年率６％の複利で運用していけば、10年後にはいくらになっているか」、といった最も単純な資産の運用パターンがこれだ。逆に言うと「10年後に200万円を得たいのなら現在いくらの元本が必要か、運用利率は年６％で１年複利」という問題も一発で解ける。

　このうち元利合計をXと置くものが終価係数であり、後者のように、当初必要な元本を求めるときに使われるのが現価係数だ。

❷ 一括運用・定期定額取り崩し（あるいは一括借入・分割返済）

　これは「1500万円を20年返済という契約で人にお金を貸したが、毎年の受取り金額はいくらか。運用利率は年３％」といった計算パターンだ。住宅ローンを貸付ける銀行の立場に立てばこの意味はわかるよね。

　借りる側から見ると「毎月10万円、年120万円ずつ20年で返済するときには、いくらまで借入れ可能か。ローン金利は年3.5％」という疑問にも答えられる係数だ。

　貸出額、利率ならびに年限がわかっていて、毎年受け取れる金額を求める係数を資本回収係数って言う。銀行が住宅ローンを貸し出して、それを回収するというイメージで“回収”っていう言葉が使われている。これとは逆に、毎年の受取り金額、年限と利率から当初必要な元本を求めるものは年金現価係数と呼ばれる。

❸ 積立運用・一括払戻し

　これはごく単純な積立運用のパターンだ。「毎年５万円ずつ積み立てるとき、利率が５％だと10年後にはいくらになっているか」とか、その逆に「10年後に500万円が必要なとき、利率を６％だと、毎年いくら積み立てればいいか」といったときに使えるんだ。

　このうち、一定期間後の元利合計を求める係数が年金終価係数で、逆に貯蓄目的金額と年限、利率を決めておいて、毎年必要な積立金額がわかるのが減債基金係数だ。

終価係数

　お金をある利率で複利運用すると、一定期間後にはいくらになるかを示すのがこれ。預けるときも払戻し（受け取り）も一括であるというもっとも基本になる財務係数だ。特に断りがない場合には1年複利で計算されている。

〈一括運用／一括払戻し〉

	元　本 (P)	利　率 (i)	年数・期間 (n)	元利合計 (S)	
	○	○	○	?	→ 終価係数
現価係数 ←	?	○	○	○	

【計算式】　$S = P(1 + i)^n$

〈使い方〉

　100万円を年利3.0%で20年間運用すれば、いくらになっているか？元利合計は右表のi＝3.0%、n＝20（年）が交差する係数（180.61）から180.61万円とすぐわかる。

　これはお金の運用だけではなく、物価やGDPの将来予想などにも使える。いずれも「定期的に一定率で増え続けていく」ということだから。

　年に2％物価が上がっていけば、10年後の物価水準は今の何倍かを知るには、i＝2％、n＝10（年）の係数（1.219）をみればいい。1.22倍程度になっていると、見当がつく。

　同じ利率だと期間が長くなるにつれ、運用効果が高くなっていく。5％で10年間運用すると単利だと1.5倍になるが、係数表でわかるとおり、複利だと1.629でその倍率は1.086。これに対し30年だと単利運用では2.5倍になるだけだが、複利だと4.322倍に増えるので、その倍率は1.7288だ。

〈終価係数〉

n\i	0.2	0.4	0.6	0.8	1.0	2.0	3.0	4.0	5.0
1	1.0020	1.0040	1.0060	1.0080	1.0100	1.0200	1.0300	1.0400	1.0500
2	1.0040	1.0080	1.0120	1.0161	1.0201	1.0404	1.0609	1.0816	1.1025
3	1.0060	1.0120	1.0181	1.0242	1.0303	1.0612	1.0927	1.1249	1.1576
4	1.0080	1.0161	1.0242	1.0324	1.0406	1.0824	1.1255	1.1699	1.2155
5	1.0100	1.0202	1.0304	1.0406	1.0510	1.1041	1.1593	1.2167	1.2763
6	1.0121	1.0242	1.0365	1.0490	1.0615	1.1262	1.1941	1.2653	1.3401
7	1.0141	1.0283	1.0428	1.0574	1.0721	1.1487	1.2299	1.3159	1.4071
8	1.0161	1.0325	1.0490	1.0658	1.0829	1.1717	1.2668	1.3686	1.4775
9	1.0181	1.0366	1.0553	1.0743	1.0937	1.1951	1.3048	1.4233	1.5513
10	1.0202	1.0407	1.0616	1.0829	1.1046	**1.2190**	1.3439	1.4802	**1.6289**
11	1.0222	1.0449	1.0680	1.0916	1.1157	1.2434	1.3842	1.5395	1.7103
12	1.0243	1.0491	1.0744	1.1003	1.1268	1.2682	1.4258	1.6010	1.7959
13	1.0263	1.0533	1.0809	1.1091	1.1381	1.2936	1.4685	1.6651	1.8856
14	1.0284	1.0575	1.0874	1.1180	1.1495	1.3195	1.5126	1.7317	1.9799
15	1.0304	1.0617	1.0939	1.1270	1.1610	1.3459	1.5580	1.8009	2.0789
16	1.0325	1.0660	1.1004	1.1360	1.1726	1.3728	1.6047	1.8730	2.1829
17	1.0345	1.0702	1.1070	1.1451	1.1843	1.4002	1.6528	1.9479	2.2920
18	1.0366	1.0745	1.1137	1.1542	1.1961	1.4282	1.7024	2.0258	2.4066
19	1.0387	1.0788	1.1204	1.1635	1.2081	1.4568	1.7535	2.1068	2.5270
20	1.0408	1.0831	1.1271	1.1728	1.2202	1.4859	**1.8061**	2.1911	2.6533
21	1.0429	1.0874	1.1339	1.1821	1.2324	1.5157	1.8603	2.2788	2.7860
22	1.0449	1.0918	1.1407	1.1916	1.2447	1.5460	1.9161	2.3699	2.9253
23	1.0470	1.0962	1.1475	1.2011	1.2572	1.5769	1.9736	2.4647	3.0715
24	1.0491	1.1005	1.1544	1.2107	1.2697	1.6084	2.0328	2.5633	3.2251
25	1.0512	1.1050	1.1613	1.2204	1.2824	1.6406	2.0938	2.6658	3.3864
26	1.0533	1.1094	1.1683	1.2302	1.2953	1.6734	2.1566	2.7725	3.5557
27	1.0554	1.1138	1.1753	1.2400	1.3082	1.7069	2.2213	2.8834	3.7335
28	1.0575	1.1183	1.1823	1.2500	1.3213	1.7410	2.2879	2.9987	3.9201
29	1.0597	1.1227	1.1894	1.2600	1.3345	1.7758	2.3566	3.1187	4.1161
30	1.0618	1.1272	1.1966	1.2700	1.3478	1.8114	2.4273	3.2434	**4.3219**

現価係数

一定期間後の運用目標金額と運用利率から、現在必要な元本を求めるときに使われる。終価係数とは逆であるが、基本式は終価係数と同じ。

住宅購入のための頭金とか結婚式の費用といった具体的な金額を貯めるために、現在必要な元本を求めるときに利用できる。「8年後に1,000万円貯めたいが、そのためには現在手元にいくらあればいいか。運用利率を年5％とする。運用は年複利」といった問いに答えられる。

〈一括運用／一括払戻し〉

	元　本 (P)	利　率 (i)	年数・期間 (n)	元利合計 (S)		
	○	○	○	？	→	終価係数
現価係数　←	？	○	○	○		

【計算式】　$S = P(1+i)^n$

たとえば上の例だと、i＝5.0％、n＝8（年）が交差する0.6768という係数を利用して676.8万円であるとわかる。

この現価係数は、先の終価係数の逆数（1をその数で割ったもの）になっている。たとえば2％、10年のケースだと終価係数は1.2190であるのに対して現価係数では0.8203だ。

これを応用すると、インフレで通貨の実質的な価値がどれくらい目減りするか、もわかる。

「？？？」という読者の方もいらっしゃるかもしれないけれど、将来の達成目的額に対し現在いくら必要かということと、インフレにより実質的なお金の価値がどれくらい目減りするかというテーマはまったく同じことだ。

「物価上昇率が年2％で5年後」だと係数は「0.9057」なので、『現在の1000万円は5年先には905.7万円』に目減りするというわけだ。

〈現価係数〉

n＼i	0.2	0.4	0.6	0.8	1.0	2.0	3.0	4.0	5.0
1	0.9980	0.9960	0.9940	0.9921	0.9901	0.9804	0.9709	0.9615	0.9524
2	0.9960	0.9920	0.9881	0.9842	0.9803	0.9612	0.9426	0.9246	0.9070
3	0.9940	0.9881	0.9822	0.9764	0.9706	0.9423	0.9151	0.8890	0.8638
4	0.9920	0.9842	0.9764	0.9686	0.9610	0.9238	0.8885	0.8548	0.8227
5	0.9901	0.9802	0.9705	0.9609	0.9515	0.9057	0.8626	0.8219	0.7835
6	0.9881	0.9763	0.9647	0.9533	0.9420	0.8880	0.8375	0.7903	0.7462
7	0.9861	0.9724	0.9590	0.9457	0.9327	0.8706	0.8131	0.7599	0.7107
8	0.9841	0.9686	0.9533	0.9382	0.9235	0.8535	0.7894	0.7307	0.6768
9	0.9822	0.9647	0.9476	0.9308	0.9143	0.8368	0.7664	0.7026	0.6446
10	0.9802	0.9609	0.9419	0.9234	0.9053	0.8203	0.7441	0.6756	0.6139
11	0.9783	0.9570	0.9363	0.9161	0.8963	0.8043	0.7224	0.6496	0.5847
12	0.9763	0.9532	0.9307	0.9088	0.8874	0.7885	0.7014	0.6246	0.5568
13	0.9744	0.9494	0.9252	0.9016	0.8787	0.7730	0.6810	0.6006	0.5303
14	0.9724	0.9456	0.9197	0.8944	0.8700	0.7579	0.6611	0.5775	0.5051
15	0.9705	0.9419	0.9142	0.8873	0.8613	0.7430	0.6419	0.5553	0.4810
16	0.9685	0.9381	0.9087	0.8803	0.8528	0.7284	0.6232	0.5339	0.4581
17	0.9666	0.9344	0.9033	0.8733	0.8444	0.7142	0.6050	0.5134	0.4363
18	0.9647	0.9307	0.8979	0.8664	0.8360	0.7002	0.5874	0.4936	0.4155
19	0.9627	0.9270	0.8926	0.8595	0.8277	0.6864	0.5703	0.4746	0.3957
20	0.9608	0.9233	0.8872	0.8527	0.8195	0.6730	0.5537	0.4564	0.3769
21	0.9589	0.9196	0.8819	0.8459	0.8114	0.6598	0.5375	0.4388	0.3589
22	0.9570	0.9159	0.8767	0.8392	0.8034	0.6468	0.5219	0.4220	0.3418
23	0.9551	0.9123	0.8715	0.8325	0.7954	0.6342	0.5067	0.4057	0.3256
24	0.9532	0.9086	0.8663	0.8259	0.7876	0.6217	0.4919	0.3901	0.3101
25	0.9513	0.9050	0.8611	0.8194	0.7798	0.6095	0.4776	0.3751	0.2953
26	0.9494	0.9014	0.8560	0.8129	0.7720	0.5976	0.4637	0.3607	0.2812
27	0.9475	0.8978	0.8509	0.8064	0.7644	0.5859	0.4502	0.3468	0.2678
28	0.9456	0.8942	0.8458	0.8000	0.7568	0.5744	0.4371	0.3335	0.2551
29	0.9437	0.8907	0.8407	0.7937	0.7493	0.5631	0.4243	0.3207	0.2429
30	0.9418	0.8871	0.8357	0.7874	0.7419	0.5521	0.4120	0.3083	0.2314

まとまったお金を運用しながら一部を定期的に取り崩すという運用で使われる係数。元本、運用利率、期間を決めたうえで、毎年取崩せる金額を求めることができる。利率、返済期限を決めたうえで住宅ローンを借りたとき、毎年（毎月）の返済額を求める場合にも使える。

〈一括運用／定期的取崩し〉

	資本額 当初元本 (P)	利　率 (i)	年数・期間 (n)	毎年受取額 (R)	
	○	○	○	?	→ 資本回収係数
年金現価係数 ←	?	○	○	○	

【計算式】　　$R = P \left[\dfrac{i}{(1+i)^n - 1} + i \right] \times \dfrac{1}{1+i}$　（期首法）

【計算式】　　$R = P \left[\dfrac{i}{(1+i)^n - 1} + i \right]$　（期末法）

　金融機関が1,000万円の住宅ローンを貸し付けた場合、これを20年間で全額を回収するためには毎年いくらずつ返済を受ければいいのか。

　このとき金利が1.0%だと、i＝1.0%、n＝20（年）が交差する係数（0.0554）から、毎年55.4万円の金額を回収すればいいとわかる（期末法）。

　「資本」とか「回収」という言葉なのでちょっとわかりにくいかもしれないが、たとえば、退職金を一定の利回りで運用して一定の期間内に使い切ってしまいたい場合、毎年いくら取り崩せるかを知るために使える。以上の例で貸し手であった金融機関の側から考えればまったく同じことなのだから。

　上の例で言うと、1,000万円を1.0%で運用しながら向こう20年の間に使

い切ってしまうためには、毎年55.4万円を取り崩せるわけだ。

　なお、この係数以降の説明ならびに数式、表では期首法と期末法を示して
ある。これは、1回目の積立てや返済を起算日に行うのか（期首法）、それ
とも1期目の期末に行うのか（期末法）による違いによるものだ。

〈資本回収係数（期首法）〉

(i＝利率、n＝期間)

n＼i	0.2	0.4	0.6	0.8	1.0	2.0	3.0	4.0	5.0
1	1.0000	1.0000	1.0000	1.0000	1.0000	1.0000	1.0000	1.0000	1.0000
2	0.5005	0.5010	0.5015	0.5020	0.5025	0.5050	0.5074	0.5098	0.5122
3	0.3340	0.3347	0.3353	0.3360	0.3367	0.3400	0.3432	0.3465	0.3497
4	0.2507	0.2515	0.2522	0.2530	0.2537	0.2575	0.2612	0.2649	0.2686
5	0.2008	0.2016	0.2024	0.2032	0.2040	0.2080	0.2120	0.2160	0.2200
6	0.1675	0.1683	0.1692	0.1700	0.1708	0.1750	0.1792	0.1834	0.1876
7	0.1437	0.1446	0.1454	0.1463	0.1472	0.1515	0.1558	0.1602	0.1646
8	0.1259	0.1268	0.1276	0.1285	0.1294	0.1338	0.1383	0.1428	0.1474
9	0.1120	0.1129	0.1138	0.1147	0.1156	0.1201	0.1247	0.1293	0.1340
10	0.1009	0.1018	0.1027	0.1036	0.1045	0.1091	0.1138	0.1185	0.1233
15	0.0676	0.0685	0.0695	0.0704	0.0714	0.0763	0.0813	0.0865	0.0918
20	0.0510	0.0519	0.0529	0.0539	0.0549	0.0600	0.0653	0.0708	0.0764
25	0.0410	0.0419	0.0429	0.0439	0.0450	0.0502	0.0558	0.0615	0.0676
30	0.0343	0.0353	0.0363	0.0373	0.0384	0.0438	0.0495	0.0556	0.0620

〈資本回収係数（期末法）〉

(i＝利率、n＝期間)

n＼i	0.2	0.4	0.6	0.8	1.0	2.0	3.0	4.0	5.0
1	1.0020	1.0040	1.0060	1.0080	1.0100	1.0200	1.0300	1.0400	1.0500
2	0.5015	0.5030	0.5045	0.5060	0.5075	0.5150	0.5226	0.5302	0.5378
3	0.3347	0.3360	0.3373	0.3387	0.3400	0.3468	0.3535	0.3603	0.3672
4	0.2513	0.2525	0.2538	0.2550	0.2563	0.2626	0.2690	0.2755	0.2820
5	0.2012	0.2024	0.2036	0.2048	0.2060	0.2122	0.2184	0.2246	0.2310
6	0.1678	0.1690	0.1702	0.1714	0.1725	0.1785	0.1846	0.1908	0.1970
7	0.1440	0.1452	0.1463	0.1475	0.1486	0.1545	0.1605	0.1666	0.1728
8	0.1261	0.1273	0.1284	0.1295	0.1307	0.1365	0.1425	0.1485	0.1547
9	0.1122	0.1133	0.1145	0.1156	0.1167	0.1225	0.1284	0.1345	0.1407
10	0.1011	0.1022	0.1033	0.1045	0.1056	0.1113	0.1172	0.1233	0.1295
15	0.0677	0.0688	0.0699	0.0710	0.0721	0.0778	0.0838	0.0899	0.0963
20	0.0511	0.0521	0.0532	0.0543	**0.0554**	0.0612	0.0672	0.0736	0.0802
25	0.0410	0.0421	0.0432	0.0443	0.0454	0.0512	0.0574	0.0640	0.0710
30	0.0344	0.0354	0.0365	0.0376	0.0387	0.0446	0.0510	0.0578	0.0651

07 年金現価係数

　毎年の受取り金額、年数（期間）から、当初必要な元本を求めるときに使う係数だ。毎年一定の年金額を受け取るには、あらかじめいくらの金額を用意していればいいかがわかる。基本になる考え方は資本回収係数と同じだ。

〈一括運用／定期的取崩し〉

	資本額 当初元本 (P)	利　率 (i)	年数・期間 (n)	毎年受取額 (R)	
	○	○	○	？	→ 資本回収係数
年金現価係数 ←	？	○	○	○	

【計算式】　　$R = P \left[\dfrac{i}{(1+i)^n - 1} + i \right] \times \dfrac{1}{1+i}$　（期首法）

【計算式】　　$R = P \left[\dfrac{i}{(1+i)^n - 1} + i \right]$　（期末法）

　61歳以降80歳に至るまでの20年間、毎年250万円の生活資金が必要なのだが、そのためには61歳のときいくら用意しておけばいいか。20年間の運用利率は年5％としよう。

　i＝5％、n＝20（年）が交差する係数（12.462）から、3115.5万円（250万円×12.462）が必要だとわかる（期末法）。

　あるいは、70歳までの10年間で使いきるつもりで「後はなるようになれ」と、毎年300万円の資金を使っていくつもりだと、利率を同じく5％とすると元本は、i＝5％、n＝10（年）の7.722から2,317万円が必要だとわかる（期末法）。

これは、住宅ローンの借り入れ計画にも使える。つまり「毎年ある一定金額を返済できる人は、最初にどれだけ借りられるか」、という疑問にも答えてくれる。つまり、住宅ローンの借入額の上限がわかる。

　たとえば月間10万円、年間120万円の返済が可能な人が30年の長期ローン（利率1.0％）を借り入れるとき、3096.96万万円（120×25.808）の借り入れが可能。利率が0.8％だと、3189.36万円までOKだ（期末法）。

〈年金現価係数（期首法）〉

(i＝利率、n＝期間)

n＼i	0.2	0.4	0.6	0.8	1.0	2.0	3.0	4.0	5.0
1	1.000	1.000	1.000	1.000	1.000	1.000	1.000	1.000	1.000
2	1.998	1.996	1.994	1.992	1.990	1.980	1.971	1.962	1.952
3	2.994	2.988	2.982	2.976	2.970	2.942	2.913	2.886	2.859
4	3.988	3.976	3.964	3.953	3.941	3.884	3.829	3.775	3.723
5	4.980	4.960	4.941	4.921	4.902	4.808	4.717	4.630	4.546
6	5.970	5.941	5.911	5.882	5.853	5.713	5.580	5.452	5.329
7	6.958	6.917	6.876	6.836	6.795	6.601	6.417	6.242	6.076
8	7.944	7.889	7.835	7.781	7.728	7.472	7.230	7.002	6.786
9	8.928	8.858	8.788	8.720	8.652	8.325	8.020	7.733	7.463
10	9.911	9.823	9.736	9.650	9.566	9.162	8.786	8.435	8.108
15	14.792	14.589	14.390	14.195	14.004	13.106	12.296	11.563	10.899
20	19.625	19.261	18.906	18.562	18.226	16.678	15.324	14.134	13.085
25	24.410	23.841	23.290	22.758	22.243	19.914	17.936	16.247	14.799
30	29.148	28.330	27.544	26.790	26.066	22.844	20.188	17.984	16.141

〈年金現価係数（期末法）〉

(i＝利率、n＝期間)

n＼i	0.2	0.4	0.6	0.8	1.0	2.0	3.0	4.0	5.0
1	0.998	0.996	0.994	0.992	0.990	0.980	0.971	0.962	0.952
2	1.994	1.988	1.982	1.976	1.970	1.942	1.913	1.886	1.859
3	2.988	2.976	2.964	2.953	2.941	2.884	2.829	2.775	2.723
4	3.980	3.960	3.941	3.921	3.902	3.808	3.717	3.630	3.546
5	4.970	4.941	4.911	4.882	4.853	4.713	4.580	4.452	4.329
6	5.958	5.917	5.876	5.836	5.795	5.601	5.417	5.242	5.076
7	6.944	6.889	6.835	6.781	6.728	6.472	6.230	6.002	5.786
8	7.928	7.858	7.788	7.720	7.652	7.325	7.020	6.733	6.463
9	8.911	8.823	8.736	8.650	8.566	8.162	7.786	7.435	7.108
10	9.891	9.783	9.678	9.574	9.471	8.983	8.530	8.111	**7.722**
15	14.763	14.531	14.304	14.082	13.865	12.849	11.938	11.118	10.380
20	19.586	19.184	18.794	18.414	18.046	16.351	14.877	13.590	**12.462**
25	24.362	23.746	23.151	22.577	22.023	19.523	17.413	15.622	14.094
30	29.090	28.217	27.380	**26.578**	**25.808**	22.396	19.600	17.292	15.372

年金終価係数

　お金を積立てていけば、一定期間後にいくらになっているかがわかる。もちろん積立は定期的であり、毎回の積立金額も一定（定額）であるのが前提だ。

　前項までで説明した財務係数との関連で言うと、「現価係数」「終価係数」が"一括運用→一括受け取り"のパターン、「資本回収係数」「年金現価係数」が"一括運用→分割受け取り"のパターンであるのに対し、この「年金終価係数」と次項で取り上げる「減債基金係数」は積立運用・一括受け取りというパターンで使われる。

〈積立運用／一括払戻し〉

	毎時積立額 (R)	利　率 (i)	年数・期間 (n)	元利合計 (S)	
	○	○	○	?	→ 年金終価係数
減債基金係数 ←	?	○	○	○	

【計算式】　$S = R \left[\dfrac{(1+i)^n - 1}{i} \right] \times (1+i)$　　（期首法）

【計算式】　$S = R \left[\dfrac{(1+i)^n - 1}{i} \right]$　　（期末法）

　年複利2％で毎年100万円ずつ定期的に貯めていけば、20年後には元利合計金額はいくらになっているか、がわかる。i=2.0、n=20（年）の（24.297）を使い、2429.7万円とわかる（期末法（以下同））。

　では、運用年率が2倍の4％であれば元利合計金額はどうか。2977.8万

円となる。利率は２倍なのに利息は2.27倍だ。

　さらに30年と期間がさらに長くなればどうだろう。２％のときには4056.8万円であるのに対し、４％のときには5608.5万円になっている。つまり、利率が２倍であっても利息は２倍以上であり、さらには期間が長くなるほどその複利運用による効果はグンと高くなることがわかる。

〈年金終価係数（期首法）〉

(i＝利率、n＝期間)

n＼i	0.2	0.4	0.6	0.8	1.0	2.0	3.0	4.0	5.0
1	1.0020	1.0040	1.0060	1.0080	1.0100	1.0200	1.0300	1.0400	1.0500
2	2.0060	2.0120	2.0180	2.0241	2.0301	2.0604	2.0909	2.1216	2.1525
3	3.0120	3.0241	3.0361	3.0483	3.0604	3.1216	3.1836	3.2465	3.3101
4	4.0200	4.0402	4.0604	4.0806	4.1010	4.2040	4.3091	4.4163	4.5256
5	5.0301	5.0603	5.0907	5.1213	5.1520	5.3081	5.4684	5.6330	5.8019
6	6.0421	6.0846	6.1273	6.1703	6.2135	6.4343	6.6625	6.8983	7.1420
7	7.0562	7.1129	7.1700	7.2276	7.2857	7.5830	7.8923	8.2142	8.5491
8	8.0723	8.1454	8.2191	8.2934	8.3685	8.7546	9.1591	9.5828	10.0266
9	9.0905	9.1819	9.2744	9.3678	9.4622	9.9497	10.4639	11.0061	11.5779
10	10.1107	10.2227	10.3360	10.4507	10.5668	11.1687	11.8078	12.4864	13.2068
15	15.2423	15.4891	15.7406	15.9968	16.2579	17.6393	19.1569	20.8245	22.6575
20	20.4254	20.8617	21.3092	21.7683	22.2392	24.7833	27.6765	30.9692	34.7193
25	25.6605	26.3426	27.0469	27.7743	28.5256	32.6709	37.5530	43.3117	50.1135
30	30.9482	31.9340	32.9588	34.0245	35.1327	41.3794	49.0027	58.3283	69.7608

〈年金終価係数（期末法）〉

(i＝利率、n＝期間)

n＼i	0.2	0.4	0.6	0.8	1.0	2.0	3.0	4.0	5.0
1	1.000	1.000	1.000	1.000	1.000	1.000	1.000	1.000	1.000
2	2.002	2.004	2.006	2.008	2.010	2.020	2.030	2.040	2.050
3	3.006	3.012	3.018	3.024	3.030	3.060	3.091	3.122	3.153
4	4.012	4.024	4.036	4.048	4.060	4.122	4.184	4.246	4.310
5	5.020	5.040	5.060	5.081	5.101	5.204	5.309	5.416	5.526
6	6.030	6.060	6.091	6.121	6.152	6.308	6.468	6.633	6.802
7	7.042	7.085	7.127	7.170	7.214	7.434	7.662	7.898	8.142
8	8.056	8.113	8.170	8.228	8.286	8.583	8.892	9.214	9.549
9	9.072	9.145	9.219	9.293	9.369	9.755	10.159	10.583	11.027
10	10.090	10.182	10.274	10.368	10.462	10.950	11.464	12.006	12.578
15	15.212	15.427	15.647	15.870	16.097	17.293	18.599	20.024	21.579
20	20.385	20.779	21.182	21.596	22.019	24.297	26.870	29.778	33.066
25	25.609	26.238	26.886	27.554	28.243	32.030	36.459	41.646	47.727
30	30.886	31.807	32.762	33.754	34.785	40.568	47.575	56.085	66.439

09 減債基金係数

一定期間後の目標金額、年限、運用利率が与えられているとき、それを達成するためには毎年定期的にどれだけ貯めればいいのかを示す係数がこれ。必要な積立年額を求めるための早見表として使える。

積立貯蓄を行うに際しては、目標額から毎年（あるいは毎月）の積立金額を計算しなければならない。計算式は以下のとおり。これでわかるとおり、考え方の基本は前項で説明した年金終価係数の逆だ。

〈積立運用／一括払戻し〉

毎時積立額 (R)	利　率 (i)	年数・期間 (n)	元利合計 (S)	
○	○	○	？	→ 年金終価係数
？	○	○	○	← 減債基金係数

減債基金係数 ←

【計算式】　　$S = R \left[\dfrac{(1+i)^n - 1}{i} \right] \times (1+i)$　　（期首法）

【計算式】　　$S = R \left[\dfrac{(1+i)^n - 1}{i} \right]$　　（期末法）

たとえば、10年後に住宅建設資金の元手として2,000万円を貯めるためには、毎年定期的にいくらずつ貯蓄していけばいいか。運用利率は3％としよう。

これを求めるには、i＝3％、n＝10（年）の交差する係数（0.0847）を所要金額に掛けるだけでいい。つまり、毎年169.4万円ずつ積立てていけばいい。月間平均ではおおよそ14万円程度になる（期首法）。

356

　では、同じく10年後に2,000万円の元利合計金額を得るために、5％で運用できれば毎月の積立金額はどれだけ減らせるか。これも同じ要領でi＝5％、n＝10（年）の箇所を見れば、0.057だから年間で151.4万円、つまり月間平均では12.6万円だとわかる。

〈減債基金係数（期首法）〉

（i＝利率、n＝期間）

n＼i	0.2	0.4	0.6	0.8	1.0	2.0	3.0	4.0	5.0
1	0.9980	0.9960	0.9940	0.9921	0.9901	0.9804	0.9709	0.9615	0.9524
2	0.4985	0.4970	0.4955	0.4941	0.4926	0.4853	0.4783	0.4713	0.4646
3	0.3320	0.3307	0.3294	0.3281	0.3268	0.3203	0.3141	0.3080	0.3021
4	0.2488	0.2475	0.2463	0.2451	0.2438	0.2379	0.2321	0.2264	0.2210
5	0.1988	0.1976	0.1964	0.1953	0.1941	0.1884	0.1829	0.1775	0.1724
6	0.1655	0.1644	0.1632	0.1621	0.1609	0.1554	0.1501	0.1450	0.1400
7	0.1417	0.1406	0.1395	0.1384	0.1373	0.1319	0.1267	0.1217	0.1170
8	0.1239	0.1228	0.1217	0.1206	0.1195	0.1142	0.1092	0.1044	0.0997
9	0.1100	0.1089	0.1078	0.1067	0.1057	0.1005	0.0956	0.0909	0.0864
10	0.0989	0.0978	0.0967	0.0957	0.0946	0.0895	0.0847	0.0801	0.0757
15	0.0656	0.0646	0.0635	0.0625	0.0615	0.0567	0.0522	0.0480	0.0441
20	0.0490	0.0479	0.0469	0.0459	0.0450	0.0403	0.0361	0.0323	0.0288
25	0.0390	0.0380	0.0370	0.0360	0.0351	0.0306	0.0266	0.0231	0.0200
30	0.0323	0.0313	0.0303	0.0294	0.0285	0.0242	0.0204	0.0171	0.0143

〈減債基金係数（期末法）〉

（i＝利率、n＝期間）

n＼i	0.2	0.4	0.6	0.8	1.0	2.0	3.0	4.0	5.0
1	1.0000	1.0000	1.0000	1.0000	1.0000	1.0000	1.0000	1.0000	1.0000
2	0.4995	0.4990	0.4985	0.4980	0.4975	0.4950	0.4926	0.4902	0.4878
3	0.3327	0.3320	0.3313	0.3307	0.3300	0.3268	0.3235	0.3203	0.3172
4	0.2493	0.2485	0.2478	0.2470	0.2463	0.2426	0.2390	0.2355	0.2320
5	0.1992	0.1984	0.1976	0.1968	0.1960	0.1922	0.1884	0.1846	0.1810
6	0.1658	0.1650	0.1642	0.1634	0.1625	0.1585	0.1546	0.1508	0.1470
7	0.1420	0.1412	0.1403	0.1395	0.1386	0.1345	0.1305	0.1266	0.1228
8	0.1241	0.1233	0.1224	0.1215	0.1207	0.1165	0.1125	0.1085	0.1047
9	0.1102	0.1093	0.1085	0.1076	0.1067	0.1025	0.0984	0.0945	0.0907
10	0.0991	0.0982	0.0973	0.0965	0.0956	0.0913	0.0872	0.0833	0.0795
15	0.0657	0.0648	0.0639	0.0630	0.0621	0.0578	0.0538	0.0499	0.0463
20	0.0491	0.0481	0.0472	0.0463	0.0454	0.0412	0.0372	0.0336	0.0302
25	0.0390	0.0381	0.0372	0.0363	0.0354	0.0312	0.0274	0.0240	0.0210
30	0.0324	0.0314	0.0305	0.0296	0.0287	0.0246	0.0210	0.0178	0.0151

10 普通預金の利子計算

　ここまでの元本・金利・利率・期間の関係はいずれも、元本が固定されているか、規則的に変動することが前提だった。しかし、残高（元本）が不規則に変動する普通預金のようなタイプの資産もある。

　このようなケースでの基本的な考え方は、当日の残高に対して適用利率を日歩（1日あたりの利率）に換算したうえで1日ごとに利息を求め、この利息の累積金額を、半年ごとの利息支払日（一般的には2月と8月）に支払えばいい。

　ただし、金利が低い普通預金の年利率を日歩に直して以上のような操作を行うことは実務上適切ではない。そこで一般に使われるのが日積数による計算だ。

　日積数とは1日ごとの残高を次々に足して（積んで）いき、利息計算期間最終日における日積数の金額を一日だけ預け入れたと考える。

　例で示したほうがわかりやすいと思う。

〈設問〉

　次ページ数表のように預け入れられた普通預金の利息は、どのようにして求めればいいか。100日目に利息の支払いが行われるとする。

　毎日、その日の残高を新たに積み上げた数字が日積数。ただし一般に、日積数計算では当日の預金残高のうち付利単位未満の金額（たとえば100円未満）は切り捨てられる。

　たとえば、1日目は27,820円だが、これは27,800円としてカウント。同じく2日目の31,680円は31,600円とみなし、2日目の日積数は59,400円となる。

　このようにして求められた100日目の日積数が8,000,000円になったとしよう。このとき利息を求めるには、8,000,000円のお金を1日だけ預金

〈数表〉日積数による計算（単位・円）

	当日残	百円未満切り捨て	日積数
1日目	27,820	27,800	27,800
2	31,680	31,600	59,400
3	9,610	9,600	69,000
4	45,300	45,300	114,300
5	50,550	50,500	164,800
6	50,550	50,500	215,300
7	72,220	72,200	287,500
8	72,220	72,200	359,700
9	81,630	81,600	441,300
10	81,730	81,700	523,000
〜	〜	〜	〜
100	69,220	69,220	8,000,000
1日平均	－	800,000	－

したと考えてもいい。だから、次の式で預金利息は1315円と計算できる。利回りは6％とした。

$$利息 = 8,000,000 \times \left(\frac{6}{365 \times 100} \right) = 1315.068\cdots$$

　このような日積数の考え方を使うと、毎日データを更新していって、利息支払日になればその時点での日積数に対し利率をかけるだけで利息の計算が行えるというメリットがある。任意の時点で利息計算ができるわけだ。

　実は、日積数計算は預金担保で行われる当座貸し越しの利息計算などでも使われている。

　あるいは、民間銀行は顧客から受け入れている預金残高に応じて日銀に設定してある当座預金口座に準備預金を積むことが義務付けられている。準備預金制度だ。毎月15日までに所定の金額をこの口座に積むことになっているが、この準備預金の平均残高を把握するためにも、この考え方が使われている。

巻末付録②

金利データをチェックする ための厳選14サイト紹介

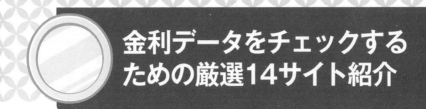

金利データをチェックする ための厳選14サイト紹介

（1）　主要銀行の普通預金・１年定期預金利率

　我が国の預貯金金利の時系列データは、日本銀行が公開している資料で閲覧可能。このサイトでは、普通預金、１年定期預金の店頭表示金利（1,000万円以上、主要銀行の平均）の推移がわかる。基準は毎週月曜日（週次）で2007年まで遡れる。

https://www.stat-search.boj.or.jp/ssi/mtshtml/ir02_w1_1.html

（2）　日本の長短プライムレートの推移

　日本の主要金融機関の貸出金利の指標となるのが長短プライムレート。この時系列データも公開されている。日次ベースで1966年まで遡れる。

　ただし、最近では、実際の企業向け貸出金利などは、この長短プライムレ

ートからは大きく乖離している。つまり、プライムレートは建前としての金利と化しており、事実上形骸化している。個人向けの変動金利型住宅ローン金利も、短期プライムレートの１％上、というのが一応のルールとなっているが、実際にはそれから相当低い金利で貸し出されている。

https://www.boj.or.jp/statistics/dl/loan/prime/prime.htm/

　実際の貸出金利の推移を知るには、次の「貸出約定平均金利」のデータを見るのがいい。

	貸出約定平均金利（月次）	貸出約定平均金利（月次）	貸出約定平均金利（月次）	貸出約定平均金利（月次）	貸出約定平均金利（月次）
系列名称	新規/短期/国内銀行	新規/長期/国内銀行	新規/総合/国内銀行	ストック/短期/国内銀行	ストック/長期/国内銀行
データコード	IR04'DLLR2CIDBNL2-	IR04'DLLR2CIDBNL3-	IR04'DLLR2CIDBNL1-	IR04'DLLR2CIDBST2-	IR04'DLLR2CIDBST3-
単位	年%	年%	年%	年%	年%
収録開始期	1993/10	1993/10	1993/10	1993/10	1993/10
収録終了期	2022/04	2022/04	2022/04	2022/04	2022/04
最終更新日	2022/06/13	2022/06/13	2022/06/13	2022/06/13	2022/06/13
1993/10	3.949	4.39	4.043	4.175	5.091
1993/11	3.793	4.14	3.861	4.046	4.988
1993/12	3.611	3.828	3.661	3.903	4.802
1994/01	3.597	3.871	3.653	3.823	4.706
1994/02	3.51	3.811	3.582	3.695	4.628
1994/03	3.327	3.859	3.475	3.634	4.573
1994/04	3.482	4.04	3.611	3.602	4.551
1994/05	3.446	3.939	3.552	3.589	4.537
1994/06	3.358	3.836	3.469	3.563	4.504
1994/07	3.443	3.963	3.56	3.546	4.485
1994/08	3.424	3.954	3.545	3.546	4.473

https://www.stat-search.boj.or.jp/ssi/mtshtml/ir04_m_1.html

（1） 日経デジタル新聞（無料版）で金利を読む

　日経電子版の内容は、無料でもある程度閲覧可能だ。内外のマーケットデータを一覧表で見れる。ただ、金利情報については、日米欧の国債利回りが掲載されているだけ。

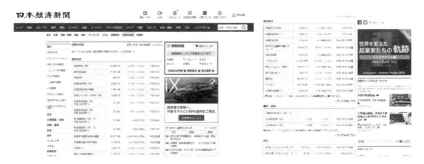

https://www.nikkei.com/markets/worldidx/

（2） 日経デジタル新聞（有料版）で金利を読む（ログインして利用）

　有料版では、日米欧ほか主要国の長短金利、政策金利の最新データが掲示されている。日米欧の長短金利についてはその推移がグラフで示されるなど、無料版に比べ圧倒的に使い勝手がいいのは当然か。

https://www.nikkei.com/markets/
marketdata/bonds/

03 主要国の政策金利等の推移を一覧する・外務省

外務省の＜経済関連指標＞のトップページから「▶主要経済指標（PDF）」をクリックすると、世界主要国の長期金利、政策金利につき、月次ベースでの推移が数表（テーブル）ならびにグラフとしてコンパクトにまとめられている。

なお、金利情報以外にも世界主要各国のGDPや鉱工業生産指数、物価など各種主要経済、マーケットデータも豊富。

初心者が、世界各国の主要な経済データを横断的に閲覧するには便利なサイト。ただし、いずれも月次データであり、データの更新は1か月近く遅れるのが難点だ。

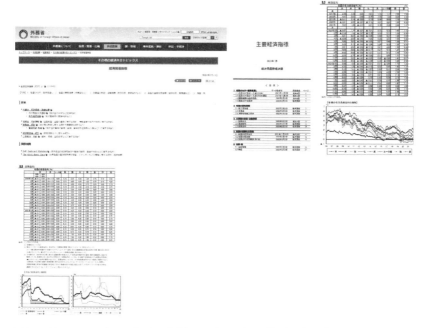

https://www.mofa.go.jp/mofaj/area/ecodata/index.html

04 米国政策金利（FFレート）推移を読む・investing.com

いきなり言ってしまうが、「investing.com」が提供する諸データはとても使いやすい。

ここでは、金利のうち米国の政策金利（FF金利）の時系列データの画面を示しておいたが、これ以外にも金融・証券、景気関連指標に至るまで、投資分析に重宝する膨大なデータを無料で閲覧できる。

このURLで表示される画面では、BOJ（日本銀行）の政策金利の時系列グラフが現れるが、タブを選択することで同様に米国連銀（FED）、欧州中央銀行（ECB）などの主要12カ国の政策金利について時系列グラフの閲覧が可能。

さらには、グラフ下のつまみを左右に操作すれば、任意の期間のデータだけを拡大表示できるなど、ニーズに応じて柔軟な使い方が可能。いずれも、グラフ上にカーソルを置けば（クリックすれば）データ値が表示される。

https://jp.investing.com/central-banks/

05　日本国債利回りの長期推移を読む・財務省

（1）　既発国債の流通利回り

　「国債金利情報」のトップページから最上部の「▶金利情報」クリックで、当月の国債の利回り推移一覧表を取得できる（年限別）。「▶過去の金利情報」からは1974年以降の利回り推移一覧が取得可能。

https://www.mof.go.jp/jgbs/reference/interest_rate/index.htm

（2）　新規発行国債（新発債）の入札＝発行利回り

　＜入札カレンダー＞⇒＜任意の月（直近月）＞⇒＜国債の種類＞⇒＜入札結果＞と進めば、新規発行国債の落札、発行条件がわかる。

https://www.mof.go.jp/jgbs/auction/calendar/index.htm

（1）　業者間取引相場（数表）

　日本の債券市場の中核を占めるのが国債流通市場。ここで取引された国債の利回りがチェックできるのが日本相互証券のサイトだ。証券会社、金融機関などは頻繁に大量の国債取引を行っている。その結果ついた利回りの一覧が示されている。新聞、テレビ等で報じられる10年の日本国債利回りは、このデータに拠る。

　そのほか、代表的な年限の国債についても、日次ベースの利回りが当月を含む過去３か月につき公開されている。

https://www.bb.jbts.co.jp/ja/historical/main_rate.html

（2）　業者間取引相場（グラフ）

　ここでは、主要年限別（２～40年の６種類）に、国債の利回りの推移をグラフで見ることができる。表示期間は「直近20日」「過去１年」「過去10年」の３つ。デフォルトでは、「２年」から「40年」までの６つの年限の国債利回りが同一画面で表示されているが、凡例のチェックボタンを操作することで、任意の（例えば10年債）国債利回りだけを表示させることも可能だ。

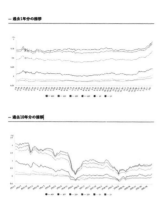

https://www.bb.jbts.co.jp/ja/historical/marketdata01.html

（3） 物価予想が反映されるBEIグラフ

　日本相互証券のサイトで見るべき３つめのデータがこれ。これからのインフレ率の動きにつき債券市場参加者（プロ）はどう見ているかが、このBEIの動きに反映する。2020年12月ごろからすでにプロはインフレを予想していたことがわかる。

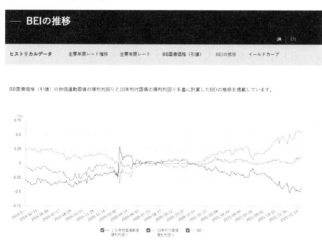

https://www.bb.jbts.co.jp/ja/historical/marketdata05.html

　BEIについては「物価連動国債の複利利回りと10年利付国債の複利利回りを基に計算したBEIの推移」と記されているがこれは、詳細は第10章05項で説明したとおり（P295）。

（4）　日本国債のイールドカーブ

イールドカーブは金利予測になくてはならない道具（p274〜参照）。最新のイールドカーブが示されているのがこのサイト。ここでいう「スポットレート」とは通常の最終利回りのこと。

https://www.bb.jbts.co.jp/ja/historical/yieldcurve.html

07　公社債店頭売買参考統計値を読む・日本証券業協会

（1）　公社債店頭売買参考統計値

　日本で発行された債券銘柄は6万を優に超えるが、そのほとんどは上場されていない。つまり店頭取引による売買がもっぱらだ。

　そこで（社）日本証券業協会では、毎営業日、主要証券会社からの報告をもとに、国債、地方債、特殊債、社債など膨大な銘柄について、価格並びに利回りを公表している。実際に取引がなくても「これくらいなら取引が成立するであろう」と証券会社が考える「気配」に基づくものである。

　ちなみに、財務省が公表している国債利回りは、このデータによっている。
https://market.jsda.or.jp/shijyo/saiken/index.html?_ga=2.207649616.373262812.1644976540-246596295.1644976540

＞公社債店頭売買参考統計値関係＞公社債店頭売買参考統計値／格付けマトリクス表へと進み、希望するフォーマットをクリックすれば以下のデータが現れる。スマホの場合はPDFファイルがおすすめ。

（2）　格付けマトリクス表を読む

　毎営業日発表している銘柄を格付けによって分類、格付けごとに年限別の平均利回りなどの情報も公開されている。債券発行者の信用度が劣る債券銘柄は、たとえば景気悪化時には利回りが上がる（国債など信頼度が高い債券利回りは逆に下がる）といったことを発見するために利用できる。
＞公社債店頭売買参考統計値関係＞公社債店頭売買参考統計値／格付けマトリクス表へと進めばいい。

格付マトリクス表

日本証券業協会

○ 本表は発表日の前日の午後3時現在における報告気配及び格付けに基づき作成したものです。

■ 表の見方

	複利利回り(%)
	銘柄数 (標準偏差)

○ 複利利回り‥‥報告された気配に基づき算出された複利利回りの算術平均値
○ 標準偏差‥‥報告された気配に基づき算出された複利利回りの標準偏差
○ 銘柄数‥‥格付け・残存年数毎に区分した際の該当銘柄数

2022年6月20日（月）発表

		格付け					
		AAA	AA	A	BBB	BB	B
残存	1年	0.072 14 (0.030)	0.083 208 (0.073)	0.169 365 (0.110)	0.414 14 (0.285)		
	2年	0.133 5 (0.033)	0.147 98 (0.083)	0.269 201 (0.137)	0.447 14 (0.185)		
	3年	0.186 5 (0.029)	0.207 71 (0.105)	0.338 193 (0.142)	0.674 12 (0.321)		
	4年	0.226 3 (0.047)	0.260 102 (0.122)	0.425 203 (0.148)	0.769 12 (0.240)		
	5年	0.343 4 (0.036)	0.360 42 (0.107)	0.515 101 (0.120)	0.608 5 (0.101)		
	6年	0.426 2 (0.023)	0.441 52 (0.110)	0.609 104 (0.151)	0.991 4 (0.172)		
	7年		0.507 53 (0.096)	0.679 108 (0.137)	0.897 6 (0.113)		
	8年	0.477	0.505	0.698	0.953		

08 世界の最新金利を読む①・Bloomberg（ブルームバーグ）

　世界の金融・マーケットデータを広範囲にフォローするbloombergの債券・金利の総合サイト。国名タブをクリックすることで、各国のより詳細な最新の金利データが取得できる。

https://www.bloomberg.co.jp/markets/rates-bonds

09 世界の最新金利を読む②・REUTERS（ロイター）

　経済金融分野に強いことで定評のあるロイター通信社が提供するサイト。各種金利情報が詳しい。「概要」では主要国の10年国債利回りが示されるだけだが、左袖の国名をクリックすると、各国の長短金利についての詳細な最新データが取得可能だ。

　本サイトでは、数値データのほか、債券、金利をめぐるニュース、解説を＜マーケットアイ＞として掲載しているのが特徴。金利動向を巡る背景を理解するうえではとても便利。

https://jp.reuters.com/markets/bonds

10　世界各国の債券利回りをチェック・CNBC

　CNBCは、米国の経済専門チャンネル。「BONDS」（債券）のデフォルト画面では米、英、ユーロの諸金利が表示されるが、上部左右に並んだタブをクリックすることで、カナダ、ブラジルなど各国の金利データを取得できる。

https://www.cnbc.com/world/

https://www.cnbc.com/bonds/

11 米国国債利回り推移・FRB（米連邦準備制度理事会）

FRB（米連邦準備制度理事会）が公式に発表している国債（財務省証券）の金利データがこれ。＜FOMCのデータダウンロードプログラム＞の右下から＜Direct download for automated systems（自動化システムの直接ダウンロード）＞をクリックすると、米国債の年限別の利回り（日次）のエクセルファイルが得られる。1962年までに遡ってデータの取得が可能。

FOMCのデータダウンロードプログラム

https://www.federalreserve.gov/datadownload/Download.aspx?rel=H15&series=bf17364827e38702b42a58cf8eaa3f78&lastobs=&from=&to=&filetype=csv&label=include&layout=seriescolumn&type=package

12 主要国の国債利回り、イールドカーブを入手・MARKET WATCH

米国の金利の先行きを読むにはどうするか。まずはイールドカーブを見る。金利の先行きを見るためにプロが常にチェックしている一番大事なデータがこれだから。

じゃあ、どこで見るか。一番手っ取り早いのはこのサイトだ。米国の有名な金融情報サイト「.MarketWatch」が提供しているこのページ。米国国債のイールドカーブが直近データと1年前のデータが並べて描かれている。なお、その上には10年国債の時系列データがグラフで示されている。

https://www.marketwatch.com/

https://www.marketwatch.com/investing/bonds?mod=investing

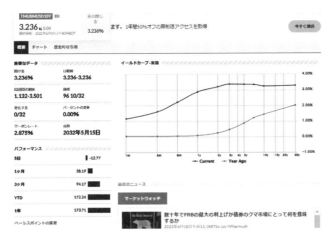

https://www.marketwatch.com/investing/bond/tmubmusd10y?countryc
ode=bx&mod=market-data-center

ちなみに日本国債のイールドカーブと時系列データは以下で閲覧可能だ。

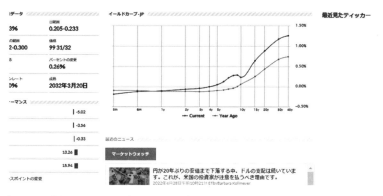

https://www.marketwatch.com/investing/bond/tmbmkjp-10y?countrycode=bx

13 スマホで最新景気データを5秒でチェック！

　前項までは、金利情報についてのサイトをご紹介したが、金利に影響を与える多くの景気関連指標の最新データ、過去の時系列データもネットでチェックしておきたい。

　多くの人に一番馴染みがあるサイトといえば、Yahoo！ファイナンスだ。ここでは、世界主要国の主な経済統計データにつき、リアルタイムで発表された実績値が事前予想値とともに一覧できるページが用意されている。

　ともすれば金利のほか株、為替、原油などマーケットの短期的な動きに目が向かいがちだが、マーケットの基調を形作るのは実体経済。そのリアルデータにわずか数秒でアクセスできるようになったことは隔世の感あり、だ。

　スマホだったらこのQRコード先へ。パソコンだったら「Yahoo！JAPAN」＞「Yahoo！ファイナンス」＞「FX・為替」へ進めばいい。ちょっと下にスクロールすると「経済指標」とあり、主要なデータ項目が並ぶ。

　ただ、どういうわけか。しばらく前まではこの「経済指標」だけが独立し

たページとして表示され、かつ、主要なデータについてはグラフ入りで過去の時系列データを参照できた。が、2022年6月現在では最新データだけしか示されない。

　各種経済指標のリアルタイムとともに、過去の時系列データをチェックするのなら、前出のinvesting.comが無料で提供しているサイトが断然使い勝手がいい。個別指標をクリックすると、過去データがグラフ入りで表示される。なお、いくつかのFX会社もこの種のサイトを開設しているので、気になる人はぜひアタックすればいい。

　ぜひ、"お気に入り"あるいは、画面トップにアイコンを表示させておくことをお勧めする。

（スマホ版）

https://finance.yahoo.co.jp/fx

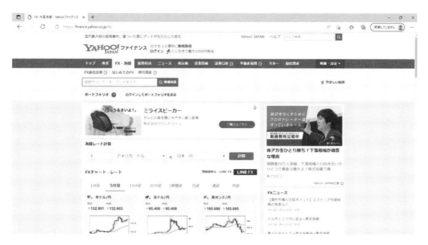

PC版

https://info.finance.yahoo.co.jp/fx/marketcalendar/

investings.com

https://jp.investing.com/economic-calendar/

　これらの統計データを見るポイントは、事前予想に比べ実際の発表値がどうであったかという視点で見ること。なぜならマーケット参加者は、事前予想値との比較で実績値の意味を判断するからだ。

14 | 日米独の金利と主要マーケットデータを横断的に読む・著者のサイトから

　金利の動きを見るときに重要なのは、ほかのマーケットデータの動きとの関係。そのためには同じテーブル（あるいはグラフ）中に、金利データに加え、株価、為替などのデータが記されていることが望ましい。

　この筆者のサイトでは、ダウンロード用Excelデータの「日次」「月次」ファイル中に日本、米国、ドイツ３国の期間10年の国債利回推移データとともに、日米欧の株価、為替相場、原油価格などのデータを横断的に読むことができる（１週間ごとに更新）。

http://data.s-kadokawa.com/

http://data.s-kadokawa.com/?cid=1#data-pdf

参考01　新発10年国債利回り・無担保コール翌日物金利

　以上、インターネット上で金利情報をキャッチするための代表的なサイトを紹介してきたが、最後に新聞等で掲載される内外の金利データの読み方について記しておこう。

（1）　新発10年国債利回り

　日本政府がほぼ毎月発行する期間10年の国債。発行されるに先立って、メガバンクなどの大手金融機関は、この銘柄を頻繁に売買しており、その結果ついた利回り（新発債利回り）がこれ。我が国の中長期金利の中枢に位置するきわめて重要な金利です。

　①日本の債券市場での取引の過半はこの銘柄に集中している、②あらゆる中長期金利のなかで最初に動く──という２点において特記される。毎年払われる利子は満期まで変わらない固定金利。個人向け国債10年もの（変動金利型）ではないことに注意が必要だ。

（2）　無担保コール翌日物金利

　ズバリ日本の政策金利。金融機関が互いに資金の過不足を調整するために１日限りのごく短期の資金の貸し借りを行うに際してつく金利。金融市場の金融の繁閑（資金の過不足）を端的に示すとともに、日銀の日々の金融調整の姿勢を端的に示すという意味できわめて重要な指標だ。

　表中では、様々な期間が表示されているが、このうち通常、最も取引が多い無担保翌日ものがコール取引の中心。日銀はこの金利をコントロールすることで、金融政策のかじ取りを行う。「オーバーナイト物」とも呼ばれる。

（3）　中国150（5）

　5年債として最近発行された中期国債銘柄。5年債の代表。5年もの個人向け国債の発行条件を決める基準になることで注目度が高い。掲載される債券の銘柄回号（150）は、随時変更される。

〈外国為替〉

ド　ル／円　　1ド　ル＝120.47〜120.48円
ユーロ／円　　1ユーロ＝132.32〜132.36円
ユーロ／ドル　1ユーロ＝1.0983〜1.0984ドル
　　　　　　（17時、銀行間直物、日銀公表）

〈金利〉

新発国債利回り　0.125%　（＋0.010）
　　　　　　（365回債、日本相互証券、終値）
無担保コール翌日物金利　−0.005%　（＋0.001）
　　　　　　（短資協会、加重平均、速報）

〈商品〉

金（1グラム）　　7489円（＋129円）
原油（1キロリットル）　65360円（＋2860円）
　　　　　　（日本取引所グループの期先清算値）

〈日経・JPX商品指数〉02年＝100
　　　　　　　505.39（＋27.54）
工業品　　　506.46（＋28.40）

〈債券市場〉　　　　　　　（○日）

■新発10年国債（店頭売買参考統計値）
　　　　　　利回り（終値）　　前日比
365回債　　0.00125%　　　　＋0.010
　　　　　　（日本証券業協会発表、単利）

■公社債店頭売買参考統計値
　（日本証券業協会）

銘　柄	償還年月	利率(%)	平均値	平均値利回り(%)
国　債				
国庫短期証券1063	22/6	—	100.01	-0.085
国庫短期証券1061	22/8	—	100.03	-0.083
国庫短期証券1069	23/2	—	100.06	-0.070
中　国145（5）	25/9	0.1	100.34	0.002
中　国150（5）	26/12	0.005	99.83	0.040
長　国360	30/9	0.1	99.58	0.149
長　国365	31/12	0.1	98.90	0.214
超長国179	41/12	0.5	96.61	0.683
超長国（30）73	51/12	0.7	94.99	0.892
超長国（40）14	61/3	0.7	93.04	0.912

※上記各図表の数値は参考例

〈海外為替〉

■ニューヨーク　　　　　前日
日本円　　　　120.75—120.85　119.50
ユーロ（＝米ドル）　1.1025—1.1035　1.1015
英ポンド（＝米ドル）1.3255—1.3265　1.3170
■ロンドン
日本円　　　　120.60—120.70　119.15
ユーロ（＝米ドル）　1.1020—1.1030　1.1045
英ポンド（＝米ドル）1.3250—1.3260　1.3205
■SDR相場（IMF）　1.37967ドル　　165.561円

〈海外金利〉　　　　　（○日、％）

■米国長期金利　　　　　　　前日
米国債　　10年　2.38　　2.29
30年　　　　2.60　　2.52
■米国長期金利
英国債　　10年　1.69　　2.29
独連邦債　10年　0.500　 0.440

■米国短期金利　　　　前日
プライム　3.50　　3.50
FF　　　　0.33　　0.33
TB　　3カ月　0.53—0.51　0.47—0.45
　　　　6カ月　0.95—0.93　0.90—0.88

■米国短期金利（ICE LIBOR）
ドル　1カ月　　0.45486　　0.44400
　　　3カ月　　0.95371　　0.95757
　　　6カ月　　1.38457　　1.33614
円　　1カ月　 −0.06375　 −0.06375
　　　3カ月　 −0.00743　 −0.00821
　　　6カ月　　0.0426　　 0.04267
〈注〉円はシンセテックLIBOR

※上記図表の数値は参考例

（1）　米国債　10年

　米国の中長期金利の指標とされる国債銘柄。中長期金利の代表であるとともに、すべての金利のなかで最も先行的に動くことで知られる。その性格は日本の10年国債と酷似し、注目度は極めて高い。本書でも随所で取り上げたが、株式投資、FX投資を行う上では必須のデータです。

（2）　独連邦債　10年

　ユーロを代表する長期金利。やはり中長期金利の指標として注目度は高い。

（3）　米国短期金利　FF

　フェデラルファンドレート。米国の政策金利である。金融機関同士で行なわれる短期の金融取引に適用される金利のこと。米国の中央銀行であるFRB（連邦準備制度理事会）はこの金利をコントロールすることで、日々の細かな金融調整を行う。つまり「利上げ」「利下げ」の対象になる金利。日本の無担保コール翌日物とほぼ同じ機能を果たす金利です。

〈著者略歴〉

角川　総一（かどかわ・そういち）

昭和24年、大阪生まれ。証券関係専門誌を経て、昭和60年、（株）金融データシステムを設立し代表取締役就任。わが国初の投信データベースを開発・運営。マクロ経済から個別金融商品までにわたる幅広い分野をカバーするスペシャリストとして、各種研修、講演、テレビ解説の他、FP等通信教育講座の講師としても活躍。主要著書に、『為替が動くとどうなるか』（明日香出版社）、『金融データに強くなる投資スキルアップ講座』（日本経済新聞社）、『日本経済新聞の歩き方』（ビジネス教育出版社）、『ニュースに出る経済数字の本当の読み方』（WAVE出版）等がある。

なぜ日本の金利は常に米国より低いのか
──131のステップで誰でもできる金利予想の教科書

2022年9月15日　初版第1刷発行
2023年4月25日　初版第2刷発行

著　者	角　川　総　一
発行者	中　野　進　介

発行所　　株式会社ビジネス教育出版社

〒102-0074　東京都千代田区九段南4-7-13
TEL 03（3221）5361（代表）／FAX 03（3222）7878
E-mail▶info@bks.co.jp　URL▶https://www.bks.co.jp

印刷・製本／萩原印刷株式会社
装丁／目黒眞（ヴァイス）
本文デザイン・DTP／株式会社明昌堂
落丁・乱丁はお取替えします。

ISBN 978-4-8283-0940-8